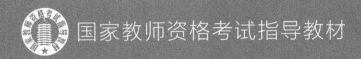

国家教师资格考试指导教材

保教知识与能力（幼儿园）

（第二版）

主　　编	王俏华
副 主 编	魏正子　宋　兵　周　萍
参　　编	李齐杨　唐　峰　陈司远　汪　波
	孙增荣　张琰慧　倪素娟　陈玮玮
	田晨曦　包海诚　梁　静

图书在版编目(CIP)数据

保教知识与能力：幼儿园/王俏华主编. —2版. —北京：北京大学出版社，2021.10
国家教师资格考试指导教材
ISBN 978-7-301-31069-4

Ⅰ.①保… Ⅱ.①王… Ⅲ.①学前教育—幼教人员—资格考试—教材 Ⅳ.①G61

中国版本图书馆CIP数据核字（2020）第017594号

书　　名	保教知识与能力（幼儿园）（第二版） BAOJIAO ZHISHI YU NENGLI（YOU'ERYUAN）(DI-ERBAN)
著作责任者	王俏华　主编
丛书策划	姚成龙（yaobianji@163.com）
责任编辑	桂　春
标准书号	ISBN 978-7-301-31069-4
出版发行	北京大学出版社
地　　址	北京市海淀区成府路205号　100871
网　　址	http://www.pup.cn　新浪微博：@北京大学出版社
电子信箱	zyjy@pup.cn
电　　话	邮购部 010-62752015　发行部 010-62750672　编辑部 010-62756923
印 刷 者	北京虎彩文化传播有限公司
经 销 者	新华书店 787毫米×1092毫米　16开本　14.75印张　371千字 2017年5月第1版 2021年10月第2版　2023年8月第3次印刷 (总第5次印刷)
定　　价	42.00元

未经许可，不得以任何方式复制或抄袭本书之部分或全部内容。
版权所有，侵权必究
举报电话：010-62752024　电子信箱：fd@pup.pku.edu.cn
图书如有印装质量问题，请与出版部联系，电话：010-62756370

第二版前言

中小学和幼儿园教师资格考试(以下简称教师资格考试)是评价申请教师资格的人员是否具备从事教师职业所必需的教育教学基本素质和能力的考试。参加教师资格考试合格是教师职业准入的前提条件。申请幼儿园、小学、初级中学、普通高级中学、中等职业学校教师和中等职业学校实习指导教师资格的人员须分别参加相应类别的教师资格考试。教师资格考试实行全国统一考试。考试坚持育人导向、能力导向、实践导向和专业化导向,坚持科学、公平、安全、规范的原则。

教师资格考试包括笔试和面试两部分。

笔试主要考查:申请人从事教师职业所应具备的教育理念、职业道德、法律法规知识、科学文化素养、阅读理解、语言表达、逻辑推理和信息处理等基本能力;教育教学、学生指导和班级管理的基本知识;拟任教学科领域的基本知识,教学设计实施评价的知识和方法,运用所学知识分析和解决教育教学实际问题的能力。

幼儿园教师资格考试笔试科目为"综合素质""保教知识与能力"两科;小学教师资格考试笔试科目为"综合素质""教育教学知识与能力"两科;初级中学、普通高级中学教师和中等职业学校文化课教师资格考试笔试科目为"综合素质""教育知识与能力""学科知识与教学能力"三科;中等职业学校专业课教师和实习指导教师资格考试笔试科目为"综合素质""教育知识与能力""专业知识与教学能力"三科。

面试主要考查:申请教师资格人员应具备的新教师基本素养、职业发展潜质和教育教学(或保教)实践能力。

幼儿园教师资格考试面试采取结构化面试和展示相结合的方法,通过展示、回答问题、陈述等方式进行;小学和中学教师资格考试面试采取结构化面试和情景模拟相结合的方法,通过抽题备课、试讲、答辩等方式进行。

为了配合教师资格考试在全国推广后师范院校的课程设置和教学计划的调整,方便师范院校对报名参加教师资格考试的在校学生进行有效指导和系统培训,提高教师资格考试的通过率,方便考生系统复习,提高考试成绩,北京大学出版社组织全国数十所师范院校的教师及部分中小学、幼儿园一线教师联合编写了"国家教师资格考试指导教材",并陆续出版。

这套教材出版后,受到了全国各地参加教师资格考试考生及辅导老师的广泛好评,并被二十多所师范院校指定为师范生的备考教材。这套教材也多次加印,成为一套享有良好声誉的教师资格考试辅导教材。

这次改版修订,在保持第一版教材优势的基础上,第二版教材突出了以下特色:

一、突出体系完整性

与第一版相比，第二版教材在编写时更加注意并把握教材的系统性、知识性、科学性的统一，并以现行考试大纲为编写依据，科学、系统、严谨地阐释大纲对各学段教师资格考试所要求的知识体系。教材总体结构、章节布局合理，内容详略得当，繁简适宜，概念、定义、名词等准确、规范，以帮助考生提高其自身教育理念、职业道德、科学文化素养以及相关教育教学能力。

二、突出教材的指导性

本系列教材的重要功能之一是指导考生有效而科学地掌握、运用教师资格考试所要求的教育知识与教学能力。在教材修订过程中，编者力图贯彻考试大纲对于知识、能力"了解、理解、熟练、掌握、运用"等各个层级的要求，在体例设置与内容表达上突出重点，提纲挈领，避免罗列与堆砌，并对核心考点进行提炼，科学地指导考生掌握各学段教育教学的基本素养、基本原理，以及学科专业领域的基本框架、基本知识。

三、突出能力拓展性

第二版教材更加注重对考生拓展性思维的启发与创造性能力的培养。新的考试标准、考试大纲对于教师实践素养与能力有较高要求，强调教师要具备"自主发展意识和自我教育的能力"，拓展性思维与创造性能力是自主发展与自我教育的重要构成与体现，第二版教材据此在相关章节增加了能力拓展性的内容，并结合考试真题，重点进行讲解与强化。

四、突出备考实效性

本系列教材经过修订后，注重把握好素质培养与应试备考之间的平衡，在内容与形式上兼顾教材的考试指导属性，以利于考生理顺考试理念、要求，了解考试趋向、动态，熟悉考试内容、方法，掌握考试重点、难点，帮助考生深入学习、有效应考。

本系列教材在编写过程中得到了各参编院校和参编老师的大力支持，在此一并表示感谢。

本教材配有教学课件或其他相关教学资源，如有老师需要，可扫描右边的二维码关注北京大学出版社微信公众号"未名创新大学堂"（zyjy-pku）索取。

- 课件申请
- 样书申请
- 教学服务
- 编读往来

目 录

第一章 学前儿童发展概述 (1)
- 第一节 学前儿童发展的含义 (1)
- 第二节 学前儿童发展的基本规律 (3)
- 第三节 影响学前儿童发展的因素 (4)
- 第四节 学前儿童发展的理论流派 (6)

第二章 学前儿童的一般发展 (21)
- 第一节 学前儿童发展的年龄特征和发展特点 (21)
- 第二节 学前儿童的身体发育和动作发展 (25)
- 第三节 学前儿童的心理发展 (29)
- 第四节 学前儿童发展的个体差异 (62)

第三章 学前儿童发展的问题 (73)
- 第一节 学前儿童身体发育中的问题 (73)
- 第二节 学前儿童心理发展的问题 (76)
- 第三节 学前儿童发展的研究方法 (79)

第四章 学前教育原理 (88)
- 第一节 教育概述 (88)
- 第二节 学前教育与学前教育发展史 (91)
- 第三节 幼儿园教育 (98)
- 第四节 《幼儿园教育指导纲要(试行)》 (105)
- 第五节 我国学前教育改革动态与发展趋势 (112)

第五章 生活指导 (126)
- 第一节 幼儿园一日生活 (126)
- 第二节 学前儿童身体发育的特点与规律 (131)
- 第三节 学前儿童的饮食营养及指导 (135)
- 第四节 学前儿童常见疾病及其预防和护理 (137)
- 第五节 幼儿园常见的安全问题与处理 (142)

第六章 学前儿童游戏活动的指导 (151)
- 第一节 学前儿童游戏概述 (151)
- 第二节 学前儿童游戏的年龄特点与指导策略 (156)
- 第三节 游戏过程中的教师 (160)

第七章　幼儿园环境创设 (169)
  第一节　幼儿园环境创设的基本原理 (169)
  第二节　幼儿园常见活动区的环境创设 (174)
  第三节　幼儿园精神环境的营造 (179)
  第四节　幼儿园的社会环境创设 (183)

第八章　教育活动的组织和实施 (193)
  第一节　幼儿园教育活动设计的基本流程 (193)
  第二节　综合性主题活动的意义和设计 (200)
  第三节　教学活动的设计 (204)

第九章　幼儿园教育评价 (212)
  第一节　幼儿园教育评价概述 (212)
  第二节　幼儿园教育评价的基本过程和方法 (217)
  第三节　幼儿园教育评价的内容 (218)

参考文献 (228)

第一章 学前儿童发展概述

考纲内容

● 理解婴幼儿发展的含义、过程及影响因素。
● 了解儿童发展理论主要流派的基本观点及其代表人物,并能运用有关知识分析论述儿童发展的实际问题。

考纲解读

教育的目的在于促进儿童全面充分的发展。促进儿童的发展,首先要了解儿童发展的基本原理,即儿童发展的概念、儿童发展的过程、儿童发展的规律、儿童发展的影响因素等。因此,考纲的内容之一是理解婴幼儿发展的含义、过程和影响因素。这是考试的三个重要知识点。此外,历史上关于儿童发展的问题,有各种各样的见解,因此必须理清儿童发展的几种主要流派,并熟记其代表人物与基本观点。在此基础上能够运用相关原理解释教育现场中的各种现象与问题。本章的知识点主要属于记忆与理解层次,适当注意理论的运用。

第一节 学前儿童发展的含义

人的发展是指人类身心的生长和变化过程,学前儿童的发展是个体生命全程发展的一个重要组成部分。学前儿童发展因具有基础性、迅速性、易感性等特点,在个体发展中具有独特的地位。

一、人的发展

发展是指事物连续不断地由低级向高级、由旧质到新质的有规律的变化运动过程。而人的发展是指作为复杂整体的个人在从生命开始到生命结束的全部人生中,不断发生的身心两方面的整体的、积极的变化过程。这里的"身"指的是人的身体发展,具体指机体的各种组织系统,如骨骼、肌肉、心脏、神经系统、呼吸系统等正常发育及其体质的增强,它是人的生理方面的发展;这里的"心"指的是人的心理发展,如感觉、知觉、注意、记忆、思维、想象、情感、意志、性格等方面的发展,它是人的精神方面的发展。

人的身体发展和心理发展是相互影响、相互作用的,它们是不可分割的统一体。一方面,身体的发展,特别是神经系统的发展,制约着心理的发展。如果人的身体有缺陷,如大脑发育不正常,那么人的认知、性格、能力等都会受到影响;另一方面,身体的发展也会受到人的认识、情感、意志等心理过程和特征的影响。据一项研究资料显示,对于正在成长发育期的少年儿童来说,如果长期处于心理压抑状态和缺少温暖的家庭环境中,其身高会低于遗传身高2厘米左右。

人的发展是一个过程。人的发展过程的特点包括以下几点。

(1)社会性。马克思曾得出结论,指出人是"一切社会关系的总和"。[①] 因此,人作为个体,其发展必然离不开社会。

(2)能动性。人和动物最大的区别就是人是理性的动物,每个人都有主观意志,可以根据自己的需要发展自己。

(3)动态性。在人的发展过程中,影响人的发展的因素很多,各种因素对人的发展也产生着动态的变化。

(4)活动性。人的发展是在活动中实现的,通过活动把人的潜在素质变成现实素质。

需要区别的是,人的"发展"与"生长""成长""成熟"等概念是不同的。"生长"主要指身体方面的发展,如身高、体重、骨骼构造等机体方面的发育过程;"成长"主要指身体和心理的共同动态变化;"成熟"则是指身体和心理发展的一种状态和程度。

二、学前儿童发展

学前教育阶段的儿童通常指的是6周岁以前的婴幼儿。学前儿童发展包括婴幼儿的生理发展和心理发展。生理发展指的是婴幼儿的身体的正常发育和体质增强,即婴幼儿的大脑和身体在形态、结构及功能上的生长发育过程,包括大脑的发育、身高和体重的变化、骨骼和肌肉的发展;心理发展主要指婴幼儿的心理过程和个性心理方面的发展。婴幼儿的心理过程包括认知过程、情绪情感过程和意志过程。个性心理包括个性心理倾向性和个性心理特征两个方面。要准确理解学前儿童发展的概念,必须注意下列几个重要的概念:

(一)转折期或危机期

在儿童心理发展过程中,有时会出现心理发展在短时期内急剧变化的情况,称为儿童心理发展的转折期。

儿童在心理发展的转折期,往往容易产生强烈的情绪表现,也可能出现儿童和成人关系的突然恶化。3岁儿童常常出现反抗行为或执拗现象,常常对成人的任何指令都会说"不""偏不",以示反对。

由于儿童在心理发展的转折期常常会出现对成人的反抗行为,或各种不符合社会行为准则的表现,因此,也有人把"转折期"称为"危机期"。

儿童心理发展的转折期,并非一定出现"危机"。转折期是儿童心理发展过程中必然出现的,但"危机"却不是必然出现的。"危机"往往是由于儿童心理发展迅速而导致心理发展上的不适应。如果成人在掌握儿童心理发展规律的情况下,正确引导儿童心理的发展,化解其一时产生的尖锐矛盾,"危机"是可以不出现的。

(二)关键期

"关键期"这一概念最早是从动物心理的实验研究中提出的。著名生态学家劳伦兹在

---

① 马克思,恩格斯.马克思恩格斯全集:第1卷[M].北京:人民出版社,1972:18.

研究小动物发育的过程中发现,刚出壳的小鹅(或其他幼雏)会把它们出壳时几小时内看到的活动对象(人或其他东西)当作是母鹅一样紧紧尾随(尾随反应)。这种现象仅在极为短暂的关键期内发生,错过了这个时期,尾随反应则不会发生,劳伦兹把这段时间称为"关键期"。

儿童心理发展的关键期是指儿童在某个时期最容易学习某种知识技能或形成某种心理特征,一旦过了这个时期,发展的障碍就难以弥补。儿童心理发展的关键期主要表现在语言发展和感知觉方面。相关资料表明,学前期是儿童学习口语的关键期,如果错过了这个时期,就难以学会人类的语言。例如,印度曾有一个被狼哺育长大的孩子卡玛拉,在8岁后才获救回到人类社会,她开始学习人类的语言,但始终不能学会说话。

(三)敏感期或最佳期

敏感期或最佳期是指儿童学习某种知识和行为比较容易、儿童心理某些方面的发展最为迅速的时期。其与关键期的不同在于,错过了敏感期或最佳期,儿童不是不可以学习或形成某种知识或能力,只是与敏感期或最佳期比起来,较为困难或发展比较缓慢。

整体来说,学前期是儿童心理发展的敏感期或最佳期。

(四)最近发展区

心理学家维果茨基通过研究表明:教育对儿童的发展能起到主导和促进作用,但需要确定儿童发展的两种水平:一种是原先已经达到的发展水平;另一种是儿童可能达到的发展水平,这种水平表现为"儿童还不能独立地完成任务,但在成人的帮助和指导下,在集体活动中,通过模仿,却能够完成这些任务"。这两种水平之间形成的距离,就是"最近发展区"。儿童能够独立表现出来的心理发展水平,一般都低于他在成人的指导下所能够表现出来的水平。

最近发展区既是儿童心理发展潜能的主要标志,也是儿童可以接受教育程度的重要标志。如果能查明儿童心理发展的最近发展区,则可以向其提出稍高的,但是力所能及的任务,促其达到新的发展水平。最近发展区是儿童心理发展每一时刻都存在的,同时,又是每一时刻都在发生变化的。最近发展区因人而异。家长、教师如果时时关注儿童,把握好儿童心理发展的最近发展区,并加以利用,就可以有效地促进儿童心理的发展。总之,教师如要把握儿童的最近发展区,就能加速其发展。成人或教师的指导应当走在儿童发展的前面。

第二节 学前儿童发展的基本规律

学前儿童发展的过程有着自身的规律,基本表现在以下几个方面:

一、学前儿童发展的顺序性

学前儿童发展的顺序性是指儿童的身心发展遵循着一定的顺序。在婴幼儿期,人体的发展先从头部开始,然后逐渐延伸到尾部(下肢),即"首尾律",也称"头尾律";另外,婴幼儿的发展也遵循着"近远律",也称"中心四周律",即婴幼儿从靠近头部和躯干的部位先发展,然后是双臂和腿部的发展,最后才是手的发展。在心理发展上,学前儿童的心理过程也有自己的发展顺序,如儿童的记忆一般从机械记忆开始发展,逐渐过渡到意义记忆的发展。

二、学前儿童发展的阶段性

学前儿童发展的阶段性是指不同年龄阶段的儿童表现出的身心发展的一般特征或共同特征,即儿童的年龄特征。详见第二章第二节相关内容。

三、学前儿童发展的不平衡性

学前儿童发展的不平衡性是指在儿童发展的过程中,儿童在身心发展上所表现出来的发展起止时间、发展速度以及达到成熟的时期都是不同的。从总体上看,儿童在人生各阶段的发展速度是不均匀的。一般来说,年龄越小,发展的速度越快。幼儿阶段,儿童的身心发展快速;小学阶段,儿童的身心发展较为平缓;青春期是人生中的第二个加速期,之后,人的发展逐渐平缓;老年期则开始出现下降趋势。以儿童的大脑发展为例,新生儿的脑重量约为350～400克,1岁时约为900克,3岁时约为1000克,6岁时约为1300克,是成人脑重量的90%。

四、学前儿童发展的个体差异性

学前儿童发展的个体差异性是指不同的儿童由于先天素质、内在机能、生长环境及自身主观能动性的不同,在发展中存在着差别的现象。如有的儿童天资聪颖,有的儿童大器晚成;有的儿童活泼,有的儿童内向;有的儿童音乐素质高,有的儿童逻辑思维能力强,等等。由于学前儿童发展的个体差异,因而在教育中应当根据儿童的特征对其进行因材施教。

五、学前儿童发展的稳定性和可变性

学前儿童发展的稳定性是指在发展过程中,儿童心理发展的年龄特征具有相对的稳定性。几十年前甚至一百年前儿童心理学所揭示的儿童心理发展年龄特征的基本点,至今仍然适用于当代儿童。但是,由于儿童心理发展的年龄特征是在一定的社会和教育条件下形成的,不同的社会和教育条件会使儿童心理发展的特征有所变化,这又构成了儿童心理年龄特征的可变性。从儿童个体的角度看,儿童的个性心理特征中有些因素较为稳定,如气质,但有些因素却在不断变化,如需要、动机等。

另外,学前儿童发展还具有互补性的特征,个体的某一方面机能受损或者缺失,可通过其他方面的超常发展得到部分补偿,如盲人的听力会异常敏锐等。

第三节 影响学前儿童发展的因素

影响学前儿童发展的因素既有主观因素,即学前儿童心理本身内部的因素,也有客观因

素,即学前儿童心理以外的因素。这两者相辅相成,共同影响学前儿童的发展。

一、个体发展的主观因素

个体发展的主观因素是指个体心理本身内部的因素,也称个体的主观努力、个性因素。个体的主观努力是个体发展的内部动因,最终决定了个体的发展。个体的主观因素包括个体的需要、兴趣、能力、努力状况、自我意识、实践活动等,其中,需要是最活跃的因素,实践活动是最关键的因素。主体需积极作用于外部世界的表现,才能最终决定个体发展的样貌。

(一)儿童心理本身内部的因素是儿童心理发展的内部原因

遗传和生理成熟是促进儿童心理发展的自然物质基础,环境和教育是促进儿童心理发展的社会条件。前者为儿童的心理发展提供可能性,后者使这种可能性转变为现实性。儿童心理发展还需要儿童自身内部因素的积极参与和努力,因为心理是人脑对客观现实的能动地、主动地反映。如要训练儿童的口语表达能力,最终必须使儿童产生愿意学习说话的需要或愿望。

(二)儿童心理的内部矛盾是推动儿童心理发展的根本动力

儿童心理的内部矛盾是指新的需要和旧的心理水平之间的矛盾。新的需要总是否定着已有的心理水平,或者说现有的心理发展水平无法满足日益增长的需要,必须提高现有的心理水平,去满足新的需要,适应新的环境。如儿童学会了爬,能够在一定范围内自主活动,但随着成长,他又想去探索更多的周围世界,就需要学会走路,才能满足他的探索需要。儿童心理的内部矛盾不断促进儿童朝着更高水平发展。

二、个体发展的客观因素

个体发展的客观因素是指个体心理以外的因素,它是个体发展必不可少的外在条件。

(一)生物因素

生物因素包括遗传和生理成熟。

1. 遗传

遗传是指个体从上代继承下来的与生俱来的生理解剖上的特点,也叫遗传素质,如机体的构造、形态、感官和神经系统的特征等。一方面,遗传为儿童的身心发展提供了可能性,而不是现实性。另一方面,遗传是儿童的身心发展的最基本的自然物质前提,是奠定儿童身心发展个体差异的最初基础。遗传素质具有一定程度上的可塑性,随着环境、教育和实践活动的作用,人的遗传素质会发生一些改变。

2. 生理成熟

生理成熟是指个体身体生长发育的程度或水平,也称生理发展。生理成熟因素对学前儿童发展的作用表现为:第一,生理成熟的顺序制约着儿童心理发展的顺序;第二,生理成熟为儿童的心理发展提供物质前提;第三,生理成熟的个别差异是儿童心理发展的个别差异的生理基础。

美国著名儿童心理学家格塞尔所做的双生子爬楼梯实验说明,生理成熟是婴幼儿学习的前提。格塞尔让双生子T和C在不同年龄学习爬楼梯,先让T在出生第48周起开始训练爬楼梯,每日练习10分钟,连续6周;而C则在出生后第53周开始学习,C仅训练了2周,就赶上了T的水平。

(二)社会因素

环境和教育是影响儿童心理发展的社会因素,并提供了儿童心理发展的决定性条件,也将遗传提供的可能性转变为现实性。

1. 环境

环境是指儿童生活的周围客观世界,包括自然环境和社会环境。自然环境提供儿童生存所需的物质条件,如阳光、空气、水分等。社会环境则包括儿童所在的家庭环境和社区环境,还包括社会大环境,其中,家庭环境对儿童的影响最为突出。人成长的首要环境是家庭,而家庭是一个复杂的环境系统,其中由物、人、关系构成的家庭的结构、人际关系、社会地位、父母的教养方式和期望等都会影响儿童的成长。儿童从婴儿期步入幼儿期,随着年龄的增长,终将由家庭这个小环境步入大社会,接触家庭外的人群和事物。

2. 教育

教育通常指学校教育,在儿童的成长中有着非常重要的作用。它对儿童实施的教育影响是有意识、有计划、有明确目的的。学校教育中的教师、同伴、教学内容和校风都会对儿童的发展产生影响。一方面,教育通过教育过程中的人际交往、集体活动等促进儿童的社会化;另一方面,教育也可以促进儿童的个性化。

三、主客观因素相互作用

总的来说,影响个体发展的因素可以总括为遗传、环境、教育和个体的主观努力,四者相互作用、相互影响。其中,遗传是个体发展的物质前提,为个体的发展提供了可能性;环境将遗传提供的可能性转化为现实性,决定了个体发展的方向和速度;教育在人的发展中起主导作用,促进个体的个性化和社会化;个体的主观努力是个体发展的内部动因,最终决定了个体的发展。

任何单一因素决定个体发展的观点都是错误的。

第四节 学前儿童发展的理论流派

在心理学产生和发展过程中,出现了许多有着重要影响的经典流派,如精神分析学派、行为主义学派、认知心理学派等。本节主要介绍学前儿童发展中的主要心理学流派。

一、精神分析学派

精神分析学派是现代西方心理学的主要流派之一,代表人物是弗洛伊德和埃里克森。

（一）弗洛伊德的心理发展理论

奥地利精神病学家弗洛伊德是精神分析学派的创始人。他认为，人格是一个整体，在这个整体之内包含着彼此关联且相互作用的部分。早期，弗洛伊德提出了"二部人格结构"说，即无意识和意识的结构说，实际上他把人的心理机制视为由意识、前意识和潜意识三个系统所构成。晚期，弗洛伊德在《自我与伊底》（1923年）中对他的理论做了修正，提出了新的"三部人格结构"说，即人格是由伊底（本我）、自我和超我三个部分组成，分别遵循着快乐原则、现实原则和道德原则。

弗洛伊德认为，性欲是指人们一切追求快乐的欲望，性本能的冲动是人一切心理活动的内在动力。当这种能量积聚到一定程度就会造成机体的紧张，这时机体就要寻求途径释放能量。弗洛伊德将儿童心理发展分为五个阶段。

1. 口唇期（0~1岁）

这个时期的动欲区是嘴。在口唇期的初期（0~8个月），快感主要来自唇与舌的吮吸活动，吮吸本身可产生快感，婴儿不饿时也有吮吸手指的现象就是例证。根据弗洛伊德的观点，一个被"停滞"在口唇期的初期的人可能会从事大量的口唇活动，诸如沉溺于吃、喝、抽烟与接吻等，这种人的人格被称为口欲综合型人格。在口唇期的晚期（8个月~1岁），体验的感受部位主要是牙齿、牙床和腭部，快感来自撕咬活动，一个被"停滞"在口唇期晚期的人会从事那些与撕咬行为相等同的活动，如挖苦、讽刺与仇视。这种人的人格被称为口欲施虐型人格。

2. 肛门期（1~3岁）

这个时期动欲区在肛门。在这一时期，儿童必须学会控制生理排泄，使之符合社会的要求，也就是说儿童必须形成卫生习惯。在肛门期，快感主要来自对粪便的排出与克制，如果这一时期出现停滞现象，可能使人格朝着慷慨、放纵、生活秩序混乱、不拘小节或循规蹈矩、谨小慎微、吝啬、整洁两个方向发展，形成"肛门排泄型"或"肛门滞留型"人格。

3. 性器期（3~6岁）

这个时期动欲区在生殖器区域，它是弗洛伊德的心理发展阶段理论中最复杂和争议最大的阶段。在这个阶段，最显著的两个行为现象是"恋亲情结"和"认同作用"。恋亲情结因儿童性别的不同有"恋母情结"和"恋父情结"之分。根据弗洛伊德的说法，一方面，男孩子到了这个年龄，开始对自己的母亲产生一种爱恋的心理和欲求，同时又有消除父亲以便独占母亲的心理倾向。另一方面，男孩子因为上面所说的一些想法而产生"阉割恐惧"，害怕自己的性器会被父亲割掉。为了应付由此产生的冲突和焦虑，男孩子终于抑制了自己对母亲的占有欲，同时与自己的父亲产生认同作用，学习男性的行为方式，这对个人的成长和社会化极为重要。弗洛伊德认为，与此类似的心理过程和行为反应也在女孩子身上发生，这就是所谓的"恋父情结"。女孩子最后也与母亲发生认同作用，而开始习得女性的行为方式。

4. 潜伏期（6~12岁）

这里所谓的"潜伏"，指的是儿童对性器官兴趣的消失。这种情形的发生可能与儿童因年龄增大而其生活圈也随之扩大有关。儿童到了这个年龄，他们的兴趣不再局限于自己的身体,对于外界环境,也逐渐有了探索的倾向。由于这个时期的行为较少与身体某一部位快感的满足有直接关系,于是乃有"潜伏"的说法。

5. 青春期(12岁以后)

在这个时期,由于个体的兴趣逐渐地从自己的身体刺激的满足转变为异性关系的建立与满足,所以又称两性期。儿童这时已从一个自私的、追求快感的孩子转变成具有异性权利的、社会化的成人。弗洛伊德认为这一时期如果不能顺利发展,儿童就可能产生性犯罪、性倒错,甚至患精神疾病。

弗洛伊德强调"早期经验"在个体发展中的作用。他认为,早期经验发生于儿童人格尚未完全发展的时候,更容易对将来产生重大的影响,人格障碍产生的原因之一就是早期经验产生的心理印记或创伤。

(二)埃里克森的心理社会发展理论

埃里克森是美国著名的精神病医师、新精神分析派的代表人物。他认为,人的自我意识发展持续一生,他把自我意识的形成和发展过程划分为八个阶段,这八个阶段的顺序是由遗传决定的,但是每一个阶段能否顺利度过却是由环境决定的,所以这个理论又被称为"心理社会"阶段理论。这几个阶段中,每一个阶段都是不可忽视的。

1. 婴儿期(0~1.5岁):基本信任感与不信任感的冲突

这一时期,不要认为婴儿是一个不懂事的小动物,只要吃饱不哭就行,这就大错特错了。此时是基本信任感不信任感的心理冲突期,因为这期间孩子开始认识人了,当婴儿哭或饿时,父母是否出现则是建立信任感的重要问题。信任感在人格中形成了"希望"这一品质,它起着增强自我力量的作用。具有信任感的儿童敢于希望,富于理想,具有强烈的未来定向。反之则不敢希望,时时担忧自己的需要得不到满足。埃里克森把"希望"定义为:对自己愿望的可实现性的持久信念,反抗黑暗势力,标志生命诞生的怒吼。

2. 儿童早期(1.5~3岁):自主感与害羞、怀疑的冲突

这一时期,儿童掌握了大量的技能,如爬、走、说话等。更重要的是,他们学会了怎样坚持或放弃,也就是说儿童开始"有意志"地决定做什么或不做什么。这时候父母与子女的冲突很激烈,也就是第一个反抗期的出现:一方面,父母必须承担起控制儿童行为使之符合社会规范的任务,即养成良好的习惯,如训练儿童大小便,使他们对肮脏的随地大小便感到羞耻,训练他们按时吃饭、节约粮食等;另一方面,儿童开始产生自主感,他们坚持自己的进食、排泄方式,所以训练良好的习惯不是一件容易的事。这一时期儿童会反复使用"我们""不"等语言来反抗外界控制,若父母听之任之、放任自流,这将不利于儿童的社会化。反之,若过分严厉,又会伤害儿童的自主感和自我控制能力。如果父母对儿童的保护或惩罚不当,儿童就会产生怀疑,并感到害羞。因此,把握好"度"的问题,才有利于在儿童人格内部形成意志品质。埃里克森把"意志"定义为:不顾不可避免的害羞和怀疑心理而坚定地自由选择或自我抑制的决心。

3. 幼儿期或学前期(3~6岁):主动感与内疚感的冲突

在这一时期,如果幼儿表现出的主动探究行为受到鼓励,幼儿就会形成主动性,这为他

将来成为一个有责任感、有创造力的人奠定了基础。如果成人讥笑幼儿的独创行为和想象力,那么幼儿就会逐渐失去自信心,这使他们更倾向于生活在别人为他们安排好的狭窄圈子里,缺乏自己开创幸福生活的主动性。当幼儿的主动感超过内疚感时,他们就有了"目的"的品质。埃里克森把"目的"定义为:一种正视和追求有价值目标的勇气,这种勇气不为幼儿想象的失利、内疚感和惩罚的恐惧所限制。

4. 童年期(6～12岁):勤奋感与自卑感的冲突

这一时期的儿童都应在学校接受教育。学校是训练儿童适应社会、掌握今后生活所必需的知识和技能的地方。如果他们能顺利地完成学习课程,那么他们就会获得勤奋感,这使他们在今后的独立生活和承担工作任务中充满信心。反之,他们就会产生自卑。另外,如果人养成了过分看重自己的工作的态度,而对其他方面漠然处之,这种人的生活是可悲的。埃里克森说,如果他把工作当成他唯一的任务,把做什么工作看成是唯一的价值标准,那么他就可能成为自己工作技能和老板们最驯服和最无思想的奴隶。当儿童的勤奋感大于自卑感时,他们就会获得有"能力"的品质。埃里克森把"能力"定义为:不受儿童自卑感削弱的,完成任务所需要的自由操作的熟练技能和智慧。

5. 青少年期(12～18岁):自我同一感与角色混乱的冲突

这一时期,一方面,青少年本能冲动的高涨会带来问题;另一方面,青少年对新的社会要求和社会冲突感到困扰和混乱。所以,青春期的主要任务是建立一种新的自我同一感(一个人心理上的自我)或自己在别人眼中的形象,以及他在社会集体中所占的情感位置。这一阶段的危机是角色混乱。这种自我同一感也是一种不断增强的自信心,一种在过去的经历中形成的内在持续性。如果这种自我同一感与一个人在他人心目中的感觉相称,很明显这将为一个人的生涯增添绚丽的色彩。埃里克森把同一性危机理论用于解释青少年对社会不满和犯罪等社会问题上,他认为:如果一个儿童感到他所处的环境剥夺了他在未来发展中获得自我同一感的种种可能性,他就将以令人吃惊的力量抵抗社会环境。在人类社会的丛林中,没有自我同一感,就没有自身的存在,所以,他宁愿做一个坏人,或干脆如死人般地活着,也不愿做不伦不类的人,他自由地选择这一切。随着自我同一感,就形成了"忠诚"的品质。埃里克森把"忠诚"定义为:不顾价值系统的必然矛盾,而坚持自己确认的同一性的能力。

6. 成年早期(18～35岁):亲密感与孤独感的冲突

只有具有牢固的自我同一性的青年人,才敢于冒与他人发生亲密关系的风险。因为与他人发生爱的关系,就是把自己的同一性与他人的同一性融合一体。这里有自我牺牲或损失,只有这样才能在恋爱中建立起真正亲密无间的关系,从而获得亲密感,否则将产生孤独感。埃里克森把"爱"定义为:压制异性间遗传的对立性而永远相互奉献。

7. 成年中期(35～55岁):繁殖感与停滞感的冲突

当一个人顺利地度过了自我同一性时期,以后的岁月中将过上幸福充实的生活,他将生儿育女,关心后代的繁殖和养育。他认为,生育感有生和育两层含义:一个人即使没生孩子,只要能关心孩子、教育指导孩子也可以具有生育感。反之,没有生育感的人,其人格贫乏和停滞,是一个自我关注的人,他们只考虑自己的需要和利益,不关心他人(包括儿童)的需要和利益。在这一时期,人们不仅要生育孩子,同时还要承担社会工作,这是一个人对下一代的关心和创造力最旺盛的时期,人们将获得关心和创造力的品质。埃里克森把"关心"定义为:一种对由爱、必然或偶然所造成结果的扩大了的重视,它消除了那种由不可推卸的义务所产生的矛盾心理。

8. 成年后期(55岁以上):完善感与绝望感的冲突

这一时期,人的体力、心理和健康每况愈下,对此他们必须做出相应的调整和适应,所以被称为完善感与绝望感的心理冲突阶段。完善感是一种接受自我、承认现实的感受,是一种超脱的智慧之感。如果一个人的自我调整大于绝望,那么他将获得智慧的品质。埃里克森把"智慧"定义为:以超然的态度对待生活和死亡。

埃里克森认为,在每一个心理社会发展阶段,解决了核心问题之后所产生的人格特质,都包括了积极与消极两个方面的品质,只有各个阶段都保持向积极品质发展,才能完成这个阶段的任务,逐渐形成健全的人格,否则就会产生心理危机,出现情绪障碍,形成不健全的人格。

二、行为主义学派

行为主义是美国现代心理学的主要流派之一,也是对西方心理学影响最大的流派之一。行为主义的发展可以分为早期行为主义、新行为主义和新的新行为主义。早期行为主义的代表人物以华生为首,新行为主义的主要代表人物则为斯金纳等,新的新行为主义则以班杜拉为代表。

(一)华生的早期行为主义理论

美国心理学家华生在巴甫洛夫条件反射学说的基础上提出了自己的行为主义理论。他认为,一切行为都是刺激(S)和反应(R)之间的联结(S-R)。在儿童发展过程中,环境是最重要的影响因素,成人可以通过控制环境刺激与反应的联结来塑造儿童的行为。他还认为,人类的行为都是后天习得的,环境决定了一个人的行为模式,无论是正常的行为还是病态的行为都是经过学习而获得的,也可以通过学习而更改、增加或消除。另外,掌握了环境刺激与行为反应之间的规律性关系,就能根据刺激预知反应,或根据反应推断刺激,达到预测并控制动物和人的行为的目的。

(二)斯金纳的操作性条件反射理论

"操作性条件反射"这一概念是斯金纳新行为主义学习理论的核心。斯金纳把行为分成两类:一类是应答性行为,这是由已知的刺激引起的反应,如学生听到上课铃声后迅速安静地坐好的行为;另一类是操作性行为,是有机体自身发出的反应,与任何已知的刺激物无关,如书写、讨论、演讲等是操作性行为(S-O-R)。这种操作性行为的形成过程就是学习,其关键是强化的作用。在教学方面,斯金纳主张通过机器进行程序教学,教师应充当学生行为的设计师和建筑师,根据小步子原则把学习目标分解成很多小任务并且逐个地予以强化,学生通过操作性条件反射逐步完成学习任务。

(三)班杜拉的社会学习理论

美国心理学家阿尔伯特·班杜拉于1977年提出了社会学习理论。社会学习理论着眼于观察学习和自我调节在引发人的行为中的作用,重视人的行为和环境的相互作用。观察学习是班杜拉社会学习理论的一个基本概念,强调学习者通过观察他人(榜样)的行为及其结果而进行学习;自我调节是进行模仿学习的内部动力。班杜拉的主要观点如下:

1. 儿童的社会行为主要是通过观察、模仿他人(示范者)而获得

班杜拉认为,人的行为,特别是人的复杂行为主要是后天习得的,既受遗传因素和生理因素的制约,又受后天经验和环境的影响。生理因素和后天经验的影响在决定行为上微妙地交织在一起,很难将两者分开。行为习得有两种不同的过程:一种是通过直接经验获得行为反应模式的过程,班杜拉把这种行为习得过程称为通过反应的结果所进行的学习,即我们所说的直接经验的学习;另一种是通过观察他人的行为而习得行为的过程,班杜拉将它称为通过示范所进行的学习,即我们所说的间接经验的学习。

2. 观察学习包括注意、保持、动作再现、动机四个过程

(1)注意过程。班杜拉认为,注意学习的对象是观察学习的第一步,观察学习的方式和数量都是由注意过程筛选和确定的。什么样的榜样更容易引起人的注意从而加以模仿呢?班杜拉认为,应该从观察者的心理特征、榜样的活动特征和观察者与榜样的关系特征三个方面来考虑。首先,这三个方面中,观察者与榜样之间的关系在某些方面对注意的影响更重要。如果榜样与观察者经常在一起,或者两者相似,那么观察者就经常或容易学会榜样的行为。例如:子女较多地模仿父母,学生较多地模仿教师,斗殴者则更易于模仿电视剧中的攻击性行为,其原因就在于此。其次,观察者的特征,如觉醒水平、价值观念、态度定势、强化的经验也会影响观察学习的注意过程。例如,观察者对榜样行为价值的认识会直接影响他是否集中注意观察榜样的行为。如果他认为榜样的行为非常重要,注意就会集中;反之,注意则容易分散。这显然是心理因素对行为的影响,班杜拉称之为自我调节。最后,榜样的活动特征,如行为的效果和价值,榜样人物具有的魅力,示范行为的复杂性和生动性等,也会影响注意过程。

(2)保持过程。学习者对榜样的行为的注意是观察学习的第一步,要使榜样的行为对学习者的行为发生影响,学习者还必须记住榜样的行为,即将其保持在头脑中。班杜拉认为,这种保持过程是先将榜样的行为转换成记忆表象,然后记忆表象再转换为言语编码(形成动作观念),最后表象和言语编码同时储存在头脑中,对学习者以后的行为起指导作用。

(3)动作再现过程。动作再现过程是将记忆中的动作观念转换为行为,这是观察学习的中心环节。动作再现过程主要包括动作的认知组织、实际动作和动作监控三步。动作的认知组织就是将保持中的动作观念选择出来加以组织。实际动作就是将认知组织的动作表现出来。动作监控是对实际动作的观察和纠正,它分为自我监控和他人监控两种。观念在第一次转化为行为时很少是准确无误的,所以仅仅通过观察学习,技能是不会完善的,需要经过一个练习和纠正的过程,动作观念才能转换为正确的动作。

(4)动机过程。动机是推动人行动的内部动力。动机过程贯穿于观察学习的始终,它引起和维持着人的观察学习活动。

3. 替代性强化是儿童进行观察学习的关键

人活动的动机来自过去别人和自己在类似行为上受到的强化，包括替代性强化、直接强化与自我强化，其中前两种属于外部强化，第三种属于内部强化。

替代性强化是指儿童通过观察到他人的行为及其受到的后果（如奖励或惩罚），从而决定自己类似的行为应当得到加强或削弱。例如，儿童看到别人成功的行为得到肯定，就加强产生同样行为的倾向；反之，看到别人的某种行为受到处罚，他就会避免那样做。这种榜样可以扩大到电影、电视、小说中的人物。

直接强化就是学习者行为本身受到强化，如教师对取得优秀学习成绩的学生进行表扬。直接强化的作用是明显的，教师常通过运用表扬、评分、升级等强化手段来强化学生的学习行为和控制学生的课堂行为。

自我强化是指个体依靠信息反馈进行自我评价和自我调节并以自己确定的奖励来加强和维持自己行为的过程。它是通过成人向儿童提供有价值行为的标准来实现的，对达到标准的行为给予表扬，对未达到标准的行为加以批评，使儿童逐渐掌握这种标准，从而用自我肯定或自我否定的方法对自己的行为做出反应。以后，儿童就形成了自我评价的标准，并用来调节行为。自我强化系统包括自我评价、调节和自己规定的奖励。这里，强调了学习的认知性和学习者的主观能动性。

三、日内瓦学派

日内瓦学派是当代儿童认知心理学和发展心理学中的主要派别，又称皮亚杰学派，为瑞士心理学家皮亚杰所创立。该学派的主要代表人物也是皮亚杰，其主要工作是通过对儿童科学概念以及心理运算起源的实验分析，探索智力形成和认知机制的发生、发展规律。

（一）儿童认知发展阶段理论

皮亚杰（J·Piaget，1896～1980）的儿童认知发展阶段理论，是20世纪影响最为广泛的儿童思维发展理论。他认为，儿童的思维发展具有阶段性，可以分为四个阶段：感知运动阶段、前运算阶段、具体运算阶段和形式运算阶段①。

1. 感知运动阶段（0～2岁）

感知运动阶段是儿童思维发展的萌芽阶段。在这个阶段，儿童依靠感知和动作来适应外部环境。儿童从完全不能分清主客体、不能意识到自己、完全以自己的身体动作为中心、没有客体的世界，发展到把自己看作是由许多永恒性的客体组成的世界中的一个客体。大约9个月左右的婴儿开始发声，并试图将语言和物体进行联结，标志着儿童智慧的萌芽。

2. 前运算阶段（2～7岁）

所谓运算是指智力的或内化的操作，即逻辑推理将一种状态转化成另一种状态。前运算阶段是感知运动阶段和具体运算阶段的过渡，又称"自我中心的表征活动阶段"。前运算阶段又分为两个阶段：

---

① Anita. Woolfolk. Education Psychology (Ninth Edition)[M]. Pearson Education, Inc, 2004:32.

(1)前概念阶段(2~4岁)。这一阶段儿童思维的主要特征是开始运用象征性符号进行思考,出现表征功能,儿童用信号物来代表被信号化之物,即通常所说的"以物代物""以人代人"。如儿童会将香蕉当作麦克风,会将椅子当作火车等。这个阶段,儿童的思维具有较强的拟人化和"泛灵论"特征,任何事物都可以具有生命,如路灯、栏杆等都可以与其对话。这一阶段的另一个重要特征就是思维的自我中心,凭着自己的经验和认识,而不是依据事物的客观联系来解决问题。如晚上8点钟了,小孩会问妈妈:"为什么月亮还不睡觉呢?"另外,这一阶段的儿童需要依靠动作来展开直觉思维,即通常所说的"大脑跟不上行动",行动快于大脑的思维。

(2)直觉思维阶段(4~7岁)。借助于具体形象和表象是这一阶段儿童思维的主要特征,因而其带有浓厚的具体性、形象性。这一阶段儿童的思维虽然有了一定的逻辑性,但还不能抽象地看待事物。例如,对"影子"的认识,儿童可能知道人有影子、云有影子、车有影子,然后知道事物都会有影子,但是却不知道影子和光的关系。这个阶段,儿童的思维逐渐向现实靠近,逐渐去自我中心,但自我中心的特征依然明显(三山实验)①。单向性也是这个阶段儿童思维的重要特点。单向性是指儿童思考问题时通常只能考虑到事物某一个属性,而不能全面把握本质特征。如皮亚杰问5岁的女儿安娜:"你有叔叔吗?"安娜回答:"有"。皮亚杰问:"那你有几个叔叔呢?"安娜说:"两个"。皮亚杰再问:"那你的叔叔有兄弟吗?"安娜毫不犹豫地回答:"没有"。这个阶段的思维能反映事物的一些客观逻辑,但同时还受直接感知形象的影响,也称"半逻辑思维"。总的来说,这个阶段儿童的思维仍然具有具体形象性、直觉动作性、单向性、刻板性、表面性、不灵活性以及自我中心性等特征。

三山实验

心理学家皮亚杰曾做过一个著名的三山实验,如图所示。他在一个立体沙丘模型上错落摆放了三座山丘,首先让儿童从前后、左右不同的方位观察这座模型,然后让儿童看四张从前后、左右四个方位拍摄的沙丘的照片,让儿童指出和自己站在不同方位的另外一人(实验者或娃娃)所看到的沙丘与哪张照片一样。

实验中发现,处于前运算阶段的儿童很难理解他人的观点和角度,而是根据自己的经验和角度理解感知到的世界。儿童认为对面娃娃看到的小山的样子就是自己看到的小山的样子,其他人应该拥有跟自己一样的情感、反应和观点。可以说,7岁以前的儿童具有明显的自我中心特征。

3. 具体运算阶段(7~11岁)

7岁以后,儿童的思维进入具体运算阶段,外部的动作逐渐内化为头脑内部的动作,概念的作用加强,但仍然需要借助一定的具体形象和表象。这个阶段的主要特征是:

---

① Anita Woolfolk. Educational Psychology 9th[M]. Boston:Pearson Education,Inc,2004:34-36.

(1)思维具有可逆性。可逆性是指儿童能够根据一个概念中各种具体变化来把握其本质关系。这个阶段的儿童对客观事物有了较稳定的认识,不会被其非本质的变化所迷惑,即出现了"守恒概念"。例如,把同样多的两杯水倒进两个大小不同的杯子里,前运算阶段的儿童会认为不一样多,但具体运算阶段的儿童会认为是一样多的。处于前运算阶段的儿童的思维没有可逆性。

(2)思维的去自我中心。当儿童能从不同的角度(如从他人的角度)来看待问题时,就能知道对面人的左右手,并且进一步掌握并排放着的东西的左右关系,这时儿童已经学会了"换位思考"。例如,幼儿园小朋友会将自己喜爱的洋娃娃作为生日礼物送给妈妈,小学高年级的儿童则会询问妈妈喜欢什么礼物。

(3)思维依靠概念进行。在前运算阶段,儿童主要依靠动作、表象和具体形象进行思维。具体运算阶段初期,儿童还不能离开具体形象和表象的支撑。到了后期,儿童可以依靠概念进行思维,如对于交通工具,儿童不仅可以掌握其各种形象,而且也可以了解其本质属性。

4. 形式运算阶段(11~15岁)

形式运算阶段是儿童思维发展的最高阶段,其主要特点是儿童可以运用抽象逻辑思维,思维不受具体事物和内容的局限,可以通过假设和命题的方式进行逻辑推理。

(二)几个重要概念

皮亚杰认为,所有的生物包括人,在与周围环境的作用中都有适应和建构的倾向。一方面,由于环境的影响,生物有机体的行为会产生适应性的变化;另一方面,这种适应性的变化不是被动的过程,而是一种内部结构的积极的建构过程。皮亚杰用适应的观点解释个体发展。

1. 图式

图式是指人们适应某一特定情境的内在结构,是皮亚杰用来解释人的认知结构的概念。人最初的图式来源于先天遗传,其结构与功能比较简单。在应付周围环境的过程中,个体不断建构和完善自己的认知结构,形成了一系列图式。其中,运算图式是人最重要的图式,它体现着人的智慧发展水平。儿童的运算图式在不同的年龄阶段会表现出不同的特点。

2. 同化和顺应

皮亚杰认为,发展就是个体在与环境的不断相互作用中其内部心理结构不断变化的过程。所有生物都有适应和建构的倾向。生物有机体的适应机能包括同化和顺应两种过程。同化指的是外部环境中的有关信息吸收进来并结合到已有的认知结构中,即个体把外界刺激所提供的信息整合到自己原有认知结构中的过程。在此过程中,原先的认知结构无须发生变化。例如,在原有认知结构中,已有"水果"的概念,也知道西瓜、桃子是水果,现在学习一种水果"山竹",山竹的特征完全符合水果的本质特征,即"一种多汁带有甜味的植物果实",因而"水果"的概念无须作出调整,只是类的增加。顺应指的是外部环境发生变化,而原有认知结构无法同化新环境提供的信息时所引起的认知结构发生重组与改造的过程。在顺应过程中,认知结构需要发生重组或改变,如在正数环境中,被减数要大于减数,现在有一道数学题,3－5＝？在这道数学题中,减数大于被减数,因而需要将原先的认知结构作出调整。

3. 平衡

平衡过程是指不断成熟的内部组织在与外界物理和社会环境相互作用中不断调整认知结果的过程,也就是心理不断发展的过程。

四、自然成熟理论

格塞尔认为,儿童心理发展由生理成熟所规定,有着自己的阶段性和顺序性。他认为,支配儿童心理发展的是成熟和学习两个因素。其中,成熟是推动儿童发展的主要动力。前文提及的他所做的双生子爬楼梯实验有力地支持了这一观点,说明生理成熟是婴幼儿学习的前提,即发展是遗传因素的主要产物。因为成熟是一个由内部因素控制的过程,呈现出较强的顺序性。外部环境给儿童的发展提供了适当的时机和条件,学习作为一种与外部环境有关的因素,仅在个体成熟时发生,且只是对成熟起到促进作用。格塞尔的自然成熟理论又称"成熟势力说"。他还认为,儿童生理和心理发展应遵循以下原则:①发展方向的原则;②相互交织的原则;③机能不对称的原则;④个体成熟的原则;⑤自我调节的原则。

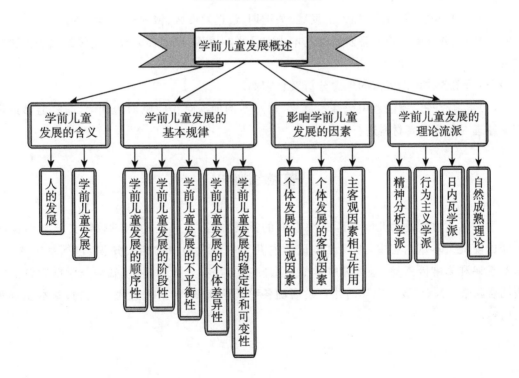

本章知识结构

本章小结

(一) 本章主要内容

(1) 学前儿童发展的含义,以及转折期或危机期、关键期、敏感期或最佳期、最近发展区等概念。

(2) 学前儿童心理发展的五大基本规律。

(3) 影响学前儿童发展的主客观因素及相互作用。

(4) 学前儿童发展理论的四大理论流派:

①精神分析学派,包括弗洛伊德的心理发展理论,埃里克森的心理社会发展理论;

②行为主义心理学流派,包括华生的行为主义理论,斯金纳的操作性条件反射理论,班杜拉的社会学习理论;

③日内瓦学派,皮亚杰的儿童认知发展阶段理论;

④自然成熟理论,格塞尔的观点。

(二) 本章的重点、难点

本章的重点是学前儿童发展的含义和心理发展的基本规律,特别是关键期、最近发展区;难点是根据不同的理论观点解释和分析教育现实。

(三) 学习时要注意的问题

本章学习时要注意下列几个方面:

(1) 熟记一些关键概念,如人的发展、关键期、最近发展区、精神分析学派等。

(2) 识记并理解学前儿童发展的基本规律及影响因素;识记各大理论流派的代表人物与主要观点。

(3) 运用各种理论流派的理念分析教育案例。

(4) 学习时一定要注意识记基本概念,通过案例加深对相应原理的理解,同时能够运用相关原理对保育教育材料进行分析。

备考指南

学前儿童发展是幼儿园教师必须掌握的重要内容之一,是幼儿园教师实施学前保教工作的前提。本章内容中,不仅要牢记学前儿童一般发展中的相关知识,包括基本含义、基本规律和影响因素等,重点理解学前儿童发展的基本规律,并将该知识与学前教育的实践结合起来。同时,要熟记学前儿童发展的各种理论流派,特别注意代表人物、基本观点两大内容。

自测训练

一、单项选择题

1. 儿童心理发展受多方面因素的影响,其中影响儿童心理发展的客观因素有(　　)。
   A. 生物因素、环境、教育
   B. 家庭环境、个体、教育
   C. 自然环境、个体、教育
   D. 物理环境、实践、教育

2. 下列关于学前儿童发展的阶段的说法正确的是(　　)。
   A. 有个孩子听到妈妈说:"你是个好孩子",他说:"不,我是坏孩子",这个孩子正处在危机期
   B. 学前儿童教育中提出"跳一跳就摘到桃子"体现的是发展的关键期
   C. 《学记》中说"时过而后学,则勤苦而难成"体现的是最近发展区
   D. 以上说法都不对

3. 美国儿童心理学家格塞尔设计的著名的儿童心理实验是(　　)。
   A. 视崖实验
   B. 双生子爬梯实验
   C. 守恒实验
   D. 早期隔离实验

4. 学前晚期的儿童能够对物体进行分类。例如,区分菜时能把菜分为素菜和荤菜,素菜又能分为白菜、萝卜等,荤菜又能分为肉类、蛋类等。对肉类又可以进行猪肉、牛肉等的划分。这表明学前晚期的儿童具有的显著特征是(　　)。
   A. 形象思维高度发展
   B. 抽象思维开始发展
   C. 语言能力明显提高
   D. 判断能力初步形成

5. 思维往往具有刻板性,注意力不能转移,不善于分配,在概括事物的性质时缺乏等级的观念。根据皮亚杰的理论,具有这种特点的儿童处于(　　)。
   A. 感知运动阶段
   B. 前运算阶段
   C. 具体运算阶段
   D. 形式运算阶段

6. 如果儿童上课扮鬼脸是为了得到老师或同学的关注,老师与同学可以不予理睬,不给予其希望得到的强化,那么此类行为就会逐渐减少。这种减少不良行为的方法是(　　)。
   A. 正强化
   B. 负强化
   C. 惩罚
   D. 消退

7. "道而弗牵,强而弗抑,开而弗达"这里的"强"相当于(　　)。
   A. 最近发展区
   B. 关键期
   C. 转折期
   D. 敏感期

8. 人的大脑皮层由枕叶(O)→颞叶(T)→顶叶(P)→额叶(F)逐步发展的。这说明人的身心发展具有(　　)。
   A. 顺序性
   B. 阶段性
   C. 差异性
   D. 稳定性

9. 认为人类的一切行为都是刺激(S)和反应(R)之间的联结(S-R)。这种理论属于( )。

A. 精神分析心理学流派　　　　　B. 行为主义心理学流派

C. 差异性日内瓦学派　　　　　　D. 自然成熟理论

10. 给我一打健康的没有缺陷的儿童,把他们放在我所设计的环境里面,我可以把他们培养成任何一个我想培养的角色,医生、律师、艺术家、小偷、强盗等,无论他们的天资、爱好、脾气,以及他们祖先的才能、职业和种族如何。这种观点属于( )。

A. 遗传决定论　　　　　　　　　B. 环境决定论

C. 教育万能论　　　　　　　　　D. 教育无用论

11. 通常所说的"跳一跳,摘桃子"暗含了( )。

A. 多元智能理论　　　　　　　　B. 最近发展区理论

C. 认知理论　　　　　　　　　　D. 全面发展理论

12. "道而弗牵,强而弗抑,开而弗达"中"强而弗抑"的理论基础是( )。

A. 精神分析理论　　　　　　　　B. 建构主义理论

C. 最近发展区理论　　　　　　　D. 观察学习理论

13. 创立了精神分析学派的心理学家是( )。

A. 弗洛伊德　　　　　　　　　　B. 埃里克森

C. 华生　　　　　　　　　　　　D. 皮亚杰

14. 斯金纳操作性条件反射学习理论的核心基础是( )。

A. 动机　　　　　　　　　　　　B. 模仿

C. 强化　　　　　　　　　　　　D. 练习

15. "机器教学"借助了下列哪位心理学提出的学习理论?( )

A. 巴甫洛夫的经典型条件反射理论

B. 斯金纳的操作性条件反射

C. 班杜拉的社会观察学习理论

D. 皮亚杰的建构主义理论

16. 认为成熟在儿童发展中有重要作用的心理学家是( )。

A. 皮亚杰　　　　　　　　　　　B. 弗洛伊德

C. 高尔顿　　　　　　　　　　　D. 格塞尔

17. 小明总是一边画画,一边喊"气球",随着又喊"小孩",结果画出来时又要惊讶地喊"房子",说明小明的思维处于( )。

A. 前运算阶段　　　　　　　　　B. 感知运动阶段

C. 具体运算阶段　　　　　　　　D. 形式运算阶段

18. 有机体不能利用原有图式接受和解释当前的刺激情景时,其认知结构由于刺激的影响而发生改变的心理过程是( )。

A. 图式　　　　B. 同化　　　　C. 顺应　　　　D. 平衡

19. 下列属于负强化的例子是（　　）。
A. 杀鸡儆猴
B. 学生搞怪时，教师不予理睬
C. 教师不再批评按时完成作业的小明
D. 教师对迟到的小明罚站

20. 教师通过树立榜样，让同学们好好学习的理论核心是（　　）。
A. 直接强化　　　　　　　B. 替代强化
C. 自我强化　　　　　　　D. 及时强化

21. 小强不按时完成作业，妈妈就禁止他看动画片，一旦按时完成就取消这一禁令，随后小强按时完成作业的次数增加了，这属于（　　）。
A. 正强化　　　　　　　　B. 负强化
C. 自我强化　　　　　　　D. 替代强化

22. 妈妈要求小华必须完成作业以后才能看动画片。这种做法符合（　　）。
A. 负强化原则　　　　　　B. 替代强化原则
C. 自我强化原则　　　　　D. 普雷马克原则

23. 将强化分为直接强化、替代强化和自我强化的心理学家是（　　）。
A. 罗杰斯　　　　　　　　B. 斯纳金
C. 班杜拉　　　　　　　　D. 桑代克

24. 根据班杜拉的理论，观察者虽然没有亲自受到酬赏或惩罚，但榜样得到的结果被他体验到了，这种强化属于（　　）。
A. 替代强化　　　　　　　B. 外部强化
C. 自我强化　　　　　　　D. 观察强化

25. 下列针对幼儿个体差异教育观点，哪种不妥？（　　）
A. 应关注和尊重幼儿不同的学习方式和认知风格
B. 应支持幼儿富有个性和创造性的学习与探索
C. 应确保每位幼儿在同一时间达成同样目标
D. 应对有特殊需要的幼儿给予特别关注

26. 遗传素质是人身心发展的（　　）。
A. 主导因素　　　　　　　B. 决定因素
C. 物质前提　　　　　　　D. 内部动力

27. "近朱者赤，近墨者黑"说明在人的身心发展中起决定作用的是（　　）。
A. 遗传　　　　　　　　　B. 环境
C. 个体差异　　　　　　　D. 个人努力

28. 个体的身心发展有两个高速发展期：新生儿与青春期，这是身心发展（　　）规律的反映。
A. 顺序性　　　　　　　　B. 不平衡性

C. 阶段性   D. 个别差异性

29. 有人少年早慧,有人大器晚成,有人善于言辩,有人长于数理运算。上述现象表明,人的心理发展具有(　　)。

 A. 连续性   B. 顺序性
 C. 不平衡性   D. 差异性

30. 人们常说的"聪明早慧""大器晚成"是指个体身心发展具有(　　)。

 A. 连续性   B. 顺序性
 C. 不平衡性   D. 差异性

31. 儿童发展是一个持续不断的过程,在不同的年龄阶段表现出不同的特征,儿童发展的阶段性特点决定了教育工作要(　　)。

 A. 循序渐进   B. 有针对性
 C. 因材施教   D. 抓关键期

32. "唯上智与下愚不移""生而知之"等反映了影响人的发展因素的哪一理论?(　　)

 A. 环境决定论   B. 遗传决定论
 C. 教育万能论   D. 儿童学理论

33. 如果让六个月的婴儿学走路,不但徒劳而且无益,同理,让四岁的儿童学高等数学,也难以成功。这说明(　　)。

 A. 遗传素质的成熟程度制约着人的发展过程及其阶段
 B. 遗传素质的差异性对人的发展有一定的影响
 C. 遗传素质具有可塑性
 D. 遗传素质决定着人发展的最终结果

34. 在儿童心理发展中起主导作用的是(　　)。

 A. 家庭   B. 遗传   C. 生活条件   D. 教育

二、简答题

1. 简述学前儿童发展的基本规律。
2. 简述影响学前儿童发展的因素。
3. 简述自然成熟理论的主要观点。

三、论述题

结合实例评价班杜拉的社会学习理论。

四、材料题

材料:

镜头1:大班十几名幼儿家长联名强烈要求幼儿园大班教汉语拼音、书写汉字、计算等知识。

镜头2:学期末,幼儿园中班教师进行期末考试,考试内容为汉字听写和数学题。

问题:

请运用皮亚杰的认知发展阶段理论分析家长和幼儿园的做法是否合理。

第二章　学前儿童的一般发展

考纲内容

- 了解婴幼儿身心发展的年龄阶段特征、发展趋势,能运用相关知识分析教育的适宜性。
- 掌握幼儿身体发育、动作发展的基本规律和特点,并能够在教育活动中应用。
- 掌握幼儿认知发展的基本规律和特点,并能够在教育活动中应用。
- 掌握幼儿情绪、情感发展的基本规律和特点,并能够在教育活动中应用。
- 掌握幼儿个性、社会性发展的基本规律和特点,并能够在教育活动中应用。
- 理解幼儿发展中存在个体差异,了解个体差异形成的原因,并能运用相关知识分析教育中的有关问题。

考纲解读

　　幼儿园教育是为了促进儿童体、智、德、美的全面发展,要促进儿童的发展,就必须采用适合儿童的保教方式,因此首先要对儿童的发展规律有一个全面的了解,这样才能依据儿童的身心发展特点开展有效的教育活动。具体而言,幼儿园教师必须熟悉学前儿童身心发展的年龄阶段特征和发展趋势,包括学前儿童的年龄分期和生理、心理的发展特点;熟记和理解学前儿童身体发育、动作发展的基本规律和特点。学前儿童的发展包括身体和心理两个方面,而且两者相互影响、相互促进。因此,还要熟悉学前儿童的心理发展规律与特点,具体包括认知发展、情绪情感发展、个性发展、社会性发展等方面。此外,特别要注意学前儿童的感知觉、注意、记忆、想象、思维、语言等方面的发展特点,这些内容是本章的重要知识点。在学习中,除了要从整体上掌握学前儿童发展的特点,还要了解学前儿童的发展存在个体差异及其原因,并学会运用相关知识解决保教活动中的具体问题。本章涉及的考试知识点较多,复习时应注意在识记、理解的基础上,学会运用基本原理解决实际问题。

第一节　学前儿童发展的年龄特征和发展特点

　　年龄特征是代表同一年龄阶段的人所表现出来的典型特征。学前儿童发展的年龄特征是指0~6岁的学前儿童所特有的不同于成人的特征,包括学前儿童生理发展的年龄特征和心理发展的年龄特征。学前儿童生理发展的年龄特征是指与0~6岁学前儿童生理成熟有关的年龄特征;学前儿童心理发展的年龄特征是指0~6岁学前儿童在一定的社会和教育条件下,在每个年龄阶段中形成并表现出来的一般的、典型的、本质的心理特征。

一、学前儿童身心发展的年龄阶段划分及特征

学前儿童身心发展的年龄特征具有稳定性和可变性。学前儿童的心理发展以生理发展为基础,年龄越小,生理年龄特征对学前儿童心理发展的制约相对就越大。但年龄对每个个体的影响是有差异的,因而年龄只在一定程度上制约而不能决定儿童心理发展的特征。

(一)婴儿期(乳儿期):0~1岁

这一时期是学前儿童心理开始发生和心理活动开始萌芽的阶段,是学前儿童心理发展最为迅速和心理特征变化最大的阶段。这个时期又可分为新生儿期、婴儿早期与婴儿晚期三个阶段。

1. 新生儿期(0~1个月)

新生儿期具有下列特点:

(1)出现了本能反应。这些本能反应包括达尔文反射、巴宾斯基反射、莫罗反射和巴布金反射。

达尔文反射:又称抓握反射。触摸新生儿的手掌时,他就会紧握拳头。

巴宾斯基反射:用物体由新生儿的脚跟部沿足掌外侧缘向前划,会引起拇趾背屈、其余4趾跖屈及扇形展开。

莫罗反射:这是人类新生儿反射的一种,又称惊跳反射。这是一种全身动作,在新生儿仰躺着的时候看得最清楚。新生儿受到突如其来的刺激时,双臂伸直,手指张开,背部伸展或弯曲,头朝后仰,双腿挺直,双臂互抱。这种反射在新生儿出生后3~5个月内会消失。

巴布金反射:如果新生儿的一只手或双手的手掌被压住,他会转头张嘴。当手掌上的压力减去时,他会打呵欠。

(2)条件反射的出现。条件反射的出现,对新生儿的意义很大。无条件反射是一种本能的活动,不是心理活动。而条件反射既是生理活动也是心理活动。新生儿通过学习所获得的一切知识和能力都是条件反射活动。条件反射的出现标志着个体心理活动的发生。

(3)开始认识世界。知觉的发生意味着新生儿开始认识世界。刚出生的新生儿,最发达的感觉是味觉。视觉、听觉的集中标志着新生儿注意的发生。在所有感官中,视觉出现较晚。

(4)人际交往的开端。新生儿从出生开始,就表现出和别人交往的需要。

2. 婴儿早期(1~6个月)

婴儿早期的发展突出表现在视觉和听觉上。在视听发展的基础上,婴儿依靠定向活动来认识世界,眼手动作逐渐协调,开始分辨熟悉的人和陌生的人。其具体特点如下:

(1)视觉和听觉迅速发展。半岁以内的婴儿认识世界主要靠视觉和听觉,2~3个月的婴儿对声音的反应积极,视线能追随物体。

(2)手眼动作逐渐协调(4~5个月以后)。手眼动作协调是指婴儿眼和手的动作能够配合,手的运动能够和眼球的运动(即视线运动)一致,按照视线去抓住所看见的东西。手眼协调动作的发生,大致需经历以下几个阶段:动作混乱阶段→无意抚摸阶段→无意抓握阶段→

手眼不协调的抓握→手眼协调的抓握。

(3)主动招呼人。5~6个月的婴儿会主动去招呼周围的人,以引起成人的注意。

(4)开始认生(5~6个月)。5~6个月的婴儿开始认生。这是婴儿认识能力发展过程中的重要变化。它一方面明显地表现了感知辨别和记忆能力的发展;另一方面,也表现了婴儿情绪和人际关系发展上的重大变化,表现出对亲人的依恋和对熟悉程度不同的人的不同态度。

3. 婴儿晚期(6~12个月)

婴儿晚期的发展具有以下特点:

(1)身体动作迅速发展。

(2)手的动作开始形成。五指分工动作发展,出现双手配合、摆弄物体的情况,并能重复连续的动作。

(3)言语开始萌芽。

(4)依恋关系发展,在1岁左右分离焦虑明显发展。

(二)幼儿早期(先学前期):1~3岁

幼儿早期的发展具有以下特点:

(1)学会直立行走。

(2)学会使用工具。

(3)言语和思维真正出现。2岁左右的儿童喜欢自言自语,喜欢模仿大人说话,思维随着言语和动作显现,能根据性别、年龄在称呼上进行分类。

(4)自我意识开始发展。2~3岁的儿童出现了最初的独立性。这种独立性的出现,标志着儿童自我意识开始发展。2岁左右的儿童能分清你我,有了初步的自我意识。

(三)幼儿期(学前期):3~6、7岁

3~6、7岁是学前儿童个体心理活动系统形成的奠定时期,也是个性形成的最初阶段。

1. 幼儿初期(幼儿园小班,3~4岁)

幼儿初期的发展具有以下特点:

(1)具有初步的生活自理能力。3岁左右的儿童,逐渐学会初步的生活自理能力,能进餐、控制大小便,能在成人的帮助下穿衣,能通过语言表达自己的想法和要求,能与他人进行游戏。

(2)认知依靠动作或行动。3~4岁的儿童认知主要依靠动作或行动进行,其思维特点是先做后想,或者边做边想,而不会想好再做。

(3)情绪不受理智支配。3~4岁儿童的情绪往往不受理智支配,而受兴趣左右,往往只注意自己感兴趣及喜欢的事物。

(4)爱模仿。模仿是小班儿童学习的主要方式。

2. 幼儿中期(幼儿园中班,4~5岁)

(1)更加活泼好动。反应、动作更加灵活。

(2)思维具体形象,能够根据具体的事物进行简单的推断。

(3)开始接受任务。儿童的有意注意、记忆、想象有较大发展,坚持性行为发展迅速;体现学前儿童最初的责任感开始发展。

(4)开始自己组织游戏。4岁左右的儿童会自己分工,安排角色并组织游戏。人际关系由亲子关系、师生关系发展到同伴关系,同伴的影响逐步增大。

3. 幼儿晚期(幼儿园大班,5~6、7岁)

(1)好问好学。5~6岁的儿童有强烈的求知欲望和认知兴趣,喜欢探索和动脑筋。

(2)抽象思维开始萌芽。5~6岁的儿童知道了一些相对的概念,如多少、冷热等,能根据概念进行分类,对因果关系开始有所了解。

(3)开始掌握认知方法。5岁左右的儿童已经掌握了一些认知方法,能按照一定的顺序进行观察,如从左到右、从上到下等。

(4)个性初具雏形。5~6岁的儿童开始有了自己的兴趣和较为稳定的态度。情绪相对稳定,在生活和游戏中形成了对人对事的态度和较为稳定的习惯。大班的儿童开始初步形成自己的个性。

二、学前儿童身心发展的特点

(一)学前儿童生理发展的特点

学前儿童生理发展表现出首尾律和中心四周律的特征。首尾律是指身体发展从头到脚,即头部发育最早,其次是躯干,再次是上肢,然后是下肢。中心四周律又称"近远原则",首先发展的是靠近中轴的躯干,然后向身体的边缘延伸,即四肢。儿童体内各大系统成熟的顺序是:神经系统最早成熟,骨骼肌肉系统次之,最后是生殖系统。儿童的生长中心点随着年龄的增长下移。体围发育的顺序是由上而下,由中心而末梢。

(二)学前儿童心理发展的特点

学前儿童心理发展呈现出以下特点:

1. 从简单到复杂

儿童最初的心理活动,只是非常简单的反射活动,以后越来越复杂化。这种发展趋势又表现在两个方面:一是从不齐全到齐全,二是从笼统到分化。儿童最初的心理活动是笼统、弥漫而不分化的。无论是认识活动还是情绪,发展趋势都是从混沌或暧昧到分化和明确。也可以说,最初是简单和单一的,后来逐渐复杂和多样化。例如,幼小的婴儿只能分辨颜色的鲜明和灰暗,3岁左右才能辨别各种基本颜色。又如,最初婴儿的情绪只有笼统的喜怒之别,以后几年才逐渐分化出愉快、喜爱、惊奇、厌恶以及妒忌等各种各样的情绪。

2. 从具体到抽象

儿童的心理活动最初是非常具体的,以后越来越抽象和概括化。儿童思维的发展过程就典型地反映了这一趋势。幼小的儿童对事物的理解是非常具体形象的。比如,他认为儿子总是小孩,他不理解"长了胡子的叔叔"怎么能是儿子呢。成人典型的思维方式——抽象逻辑思维在学前晚期才开始萌芽发展。

3. 从被动到主动

儿童心理活动最初是被动的,其主动性是后来才发展起来的。这种主动性逐渐提高,到成人时便形成极大的主观能动性。儿童心理发展的这种特点主要表现在两个方面:一是从无意向有意发展。如新生儿会紧紧抓住放在他手心的物体,这种抓握动作完全是无意识的,是一种本能活动。随着年龄的增长,儿童逐渐开始出现了自己能意识到的、有明确目的的心理活动。如大班学前儿童不仅能知道自己要记住什么,而且知道自己是用什么方法记住的,这就是有意记忆。二是从主要受生理制约发展到自己主动调节。幼小儿童的心理活动,在很大程度上受生理局限,随着生理的成熟,心理活动的主动性也逐渐增长。比如两三岁的孩子注意力不集中,主要是由于生理上不成熟所致,随着生理的成熟,心理活动的主动性逐渐增长。四五岁的孩子在有的活动中注意力集中,而在有的活动中注意力却很容易分散,表现出个体主动的选择与调节。

4. 从零乱到成体系

儿童的心理活动最初是零散杂乱的,心理活动之间缺乏有机的联系。比如,幼小的儿童一会儿哭,一会儿笑,一会儿说东,一会儿说西,都是心理活动没有形成体系的表现。正因为不成体系,所以儿童的心理活动非常容易变化。随着年龄的增长,儿童的心理活动逐渐被组织起来,有了系统性,形成了整体,有了稳定的倾向,出现每个人特有的个性。

第二节 学前儿童的身体发育和动作发展

学前儿童的身体发育是学前儿童各方面发展的基础,学前儿童的动作运动能力的发展以及感知觉等心理发展都从身体发育开始,"身体"是人真正"存在"的处所。

一、学前儿童的身体发育

身体发育是学前儿童心理发展的物质基础和前提,良好的身体素质为学前儿童的发展奠定了基础和方向。

(一)学前儿童身体发育的基本情况

学前儿童的身体发育主要体现为身高和体重的变化、骨骼和肌肉的生长和身体各系统的发育等方面。

1. 身高和体重的变化

身高和体重的变化是学前儿童身体发育最为明显的标志。婴儿的生长发育的速度比较快:在1岁时,身长约为75cm,体重约为9kg;2岁以后,生长发育的速度下降,每年身高增加4~5cm,体重增加1.5~2kg。直到青春发育期,个体的生长发育会再次加快。

2. 骨骼和肌肉的生长

婴儿出生后,骨骼发育得非常迅速,其中骨龄是身体发育成熟度的最重要指标。刚出生时,女孩的骨龄比男孩超前,随着年龄的增长,这一差距逐渐扩大,到青春期,女孩较男孩平均超前2年。骨骼系统发育的另一个重要指标就是牙齿的生长,约5~6岁时,儿童开始换牙。

学前儿童肌肉组织的生长发育也相当迅速。学前儿童的体重每年都在增加,而其中75%的增加是肌肉发育的结果。3岁左右,儿童的大肌肉群发育迅速,肌肉组织纤维在长度和力量上不断增加,因而儿童喜欢整天不停地活动,如跑、跳、拍球等。大约4岁左右,儿童肌肉发育的速度已能跟上整个身体生长的速度。儿童的小肌肉群在5~6岁才开始发育,此时儿童能够从事一些精细的动作,如写字、做手工和弹琴等。儿童的小肌肉群虽开始发育,但并不发达,而且精细动作的协调性差,因而对他们的动作质量不宜要求过高。

3. 身体各系统的发育

儿童从出生开始,身体不同的系统开始出现不同程度的发育。身体各系统主要包括神经系统、淋巴系统、一般系统和生殖系统。

神经系统发育较早,包括脑、脊髓和周围神经等。从脑和头部的发育看,尤其是大脑在整个生命的前几年发育得最早,速度也最快,达到成熟的水平也最快。

儿童自身的免疫系统处于发育的起始阶段,婴儿会经常生病,特别是呼吸系统感染,在儿童7个月后至12岁前是人体一生中免疫功能最差、呼吸系统性疾病最多的发生期。比如,儿童小的时候很容易扁桃体发炎,长大了发病率就少了。儿童自身的免疫依靠淋巴系统来辅助完成,儿童的淋巴系统在学龄期发育迅速,12岁达到高峰,以后逐渐下降至成人水平。如扁桃体在2岁以后明显增大,近青春期开始萎缩至成人水平。

一般系统的发育,包括身体外形以及内脏各系统(呼吸系统、消化系统、泌尿系统、肌肉等)的发育。儿童的心脏、肝脏、肾脏、肌肉的发育与体格生长平行。比如,胸廓与肺发育了,胸围也相应增加。又如,3~7岁儿童的心脏发育速度较前缓慢,心肌柔弱,心壁薄,容积小,此时植物性神经对心脏的调节功能在发育当中,当肌肉、肢体的负荷增加时,儿童主要是依靠提高心率来增加供血量。

儿童的生殖系统在幼儿期处于潜伏期,基本没有发育。

(二)学前儿童身体发育的特点

学前儿童身体发育有其自身的特点,主要表现在身长中点、体围和各系统等方面。

1. 身长中心点随着年龄的增长下移

学前儿童身长的增长主要是下肢长骨的增长。刚出生时,婴儿的身体比例不协调,下肢很短,身长的中心点位于肚脐以上。随着年龄的增长,下肢增长的速度加快,身长的中心点逐渐下移,1岁时身长中点移至肚脐;6岁时移到下腹部;青春期身长的中心点近于耻骨联合的上缘。两上肢左右平伸时两中指间的距离叫指距,主要代表两上肢长骨的增长。婴儿出生时的指距约为48厘米。上肢长骨增长的情形与身长相似,在一生中指距总比身长略短。

2. 体围发育的顺序是由上而下、由中心而末梢

体围是指绕身体某个部位周围线的长度,通常由头围、胸围、腰围、臀围等指标组成。但对学前儿童的体围一般只测量其头围、胸围、腰围等。学前儿童身体发育的顺序是由上而下、由中心而末梢。头部最先发育,然后是躯干、上肢,最后才是下肢。2个月时的胎儿头长

相当于身长的1/2,婴儿初生时头长约为身长的1/4,而到成人时头长仅为身长的1/8,这说明头的发育最早。头脑是人整个身体的"司令部",它的成熟程度直接影响和制约着整个身体的生长发育。婴儿手的发育较早,在其会走路以前几乎已经掌握了手的各种功能。如在婴儿刚刚学会爬的时候,主要是靠手的力量向前爬行,而此时腿部还不会与手的力量相互协调。婴儿下肢的发育较晚,主要是在会直立行走后,才开始逐渐发育的。学前儿童四肢的发育,无论是骨骼、肌肉、血管还是神经,都是按先中心后末梢的顺序进行的。

3. 学前儿童各器官系统的发育不平衡,有先后快慢的差别

学前儿童各器官系统的发育呈现出不平衡的特点。其神经系统最先发育成熟,而生殖系统到儿童期末期才加快发育。当其生殖系统发育成熟也就是性成熟的时候,就会让人感觉到孩子一下子长大并进入青春期了。儿童肌肉的发育有两个高峰,一个是在五六岁以后,一个是在性成熟期以后。肺的发育要在青春期才完全成熟。婴儿出生后的几个月内,心脏的大小基本维持原状;2~3岁时,它的重量迅速增加到初生时的3倍,以后生长速度减慢,到青春期又激增到出生时的10倍。

二、学前儿童动作发展的规律

学前儿童最初的动作,是身体个别部分的简单动作,如伸伸手、踢踢脚、转头等,逐渐发展到同时转头、伸手、手眼协调地拿取物体,进一步发展到能从事由多种动作组成的游戏活动。学前儿童动作发展呈现出以下五个规律:

(一) 从上到下——首尾律

学前儿童动作发展,身体上部的发展先于身体下部的发展,呈现出从头部到下部、从上肢到下肢逐渐发展的规律。婴儿最早出现的是眼部的动作和嘴的动作。上肢动作发展先于下肢动作。婴儿先学会抬头,然后俯撑、翻身、坐、爬,最后学会站和行走,即从离头最近的部位开始发展。

(二) 从大到小——大小律

学前儿童动作的发展,先从粗大的动作开始,然后学会比较精细的动作。也就是说,儿童最初发展的是与大肌肉群相联系的动作,逐渐发展到与小肌肉群相联系的动作。如儿童手的动作的发展,先发展起来的是与手臂大肌肉群相联系的伸臂动作,以后逐渐发展起来与手指小肌肉群相联系的抓、握、拿等动作。在生活中,我们可以看到婴儿通常先用整只手臂和手去够物体,然后才会用手指拿东西。粗大的动作也是大肌肉群的动作,包括抬头、翻身、坐、爬、走、跑、跳等。大肌肉群动作常常伴随着强有力的伸缩和全身神经的活动,以及活动的能量消耗。精细的动作指小肌肉群的动作,如吃、穿、画画、剪纸、翻书、串珠子等。

(三) 由近而远——中心四周律

学前儿童动作的发展先从头部和躯干的动作开始,然后发展到双臂和腿部的动作,最后是手的精细动作,即靠近脊椎中央部分(头和躯干)的动作先发展,然后才发展边缘部分(臂、手、腿)的动作。婴儿看见物体时一般先是移动肩肘,用整只手臂去接触物体,然后才会用手

腕和手指去接触并抓取物体。

(四) 从无意到有意——无有律

学前儿童的动作最初是从无意动作向有意动作发展,以后则是从以无意动作为主向以有意动作为主的方向发展。动作的无意性和有意性,是从动作的主动性和目的性来区别的。儿童的动作,最初是无意动作,无目的、由客观刺激引起,头会随着光线的方向转动;当有东西接触儿童的手时,儿童就去抓、摸。以后,有意动作逐渐发展起来,这时客观刺激不在眼前或没有直接接触儿童,动作也会出现,而且通过动作,儿童会主动地、有目的地去接触事物,认识事物。如儿童在"藏猫"的活动中,主动地把头转来转去寻找"猫"。这就是一种有意动作。

(五) 从整体到局部的规律

学前儿童最初的动作是全身性的、笼统性的、弥散性的,以后动作逐渐分化、局部化、准确化和专门化,学前儿童动作发展的趋势体现了从整体到局部的规律。

三、影响学前儿童动作发展的因素

影响学前儿童动作发展的因素不是单一的,是多个系统协调作用的结果。学前儿童个体的遗传、环境、教育以及活动等都会对学前儿童个体的动作发展产生重要影响。

(一) 生物学因素

生物学因素为学前儿童动作的发展提供必要的物质前提和可能性,包括来自儿童遗传因素、各身体系统的成熟,如神经系统、运动系统、器官系统等。

1. 遗传

遗传因素是个体成长和发展的主要生物学基础,行为动作产生的主要物质基础是神经系统,尤其是中枢神经系统。神经元和神经系统的分化、发育以及最终形成的行为功能等都受到遗传基因的调控。如有些儿童的动作迟缓,有些儿童的动作灵活,这些可能都与神经类型有关。

2. 成熟

成熟也是影响学前儿童动作的一个很重要的因素,诸如坐、站立、行走等动作的里程碑很大程度上取决于神经系统的成熟程度。[1] 格塞尔的双生子爬楼梯实验充分说明,肌肉、骨骼、神经的成熟程度可以加速或延缓儿童的某种动作。因为儿童大部分的肌肉运动由中枢神经系统控制,如果中枢神经系统本身不够成熟,会直接影响儿童的肌肉发展,从而延缓儿童的动作发展。

(二) 非生物学因素

除了遗传和成熟等生物学因素外,环境以及个体自身的努力等非生物学因素也会对儿童的动作发展产生重要影响。

---

[1] Eva L. Essa. 儿童早期教育导论(第六版)[M]. 马燕,等译. 北京:中国轻工业出版社,2012:274.

环境的影响既有来自自然环境的,也有来自社会心理、文化背景和家庭方面的因素,并通过接受教育和不断的练习来影响儿童的动作发展。自然环境方面的因素,如气候、饮食、地理特征等都会影响儿童动作的发展。一般来说,气候寒冷地区的儿童常年穿着较厚,因而会延缓其动作发展;来自山区的孩子在攀爬方面的动作表现更佳;生活在海边的孩子游泳技能相对较好。社会文化背景、生活方式和风俗习惯等也对学前儿童的动作有一定的影响,如在崇尚滑雪运动的社会生活背景中,经过不断的练习后学前儿童的滑雪技巧会相对较好,牧民家的孩子会表现出较高的骑马动作技能和技巧。家庭环境和教育方面的因素对儿童的动作技能也有极大的影响。父母良好的动作示范与教养方式可以促进儿童的动作发展,如我们熟悉的篮球明星姚明,其父母均是篮球运动员,早期对姚明的篮球动作进行了准确的指导与示范,极大地提高了其篮球运动的能力。

另外,学前儿童自身的努力和面临的动作任务等也是动作发展的动力。学前儿童在特定情境中的动作活动特点在很大程度上取决于个体自身的努力状态和外部环境提出的要求。

第三节 学前儿童的心理发展

学前儿童的心理发展是学前儿童发展的主要内容,研究学前儿童心理的发生和发展的过程,包括学前儿童认知、情绪和情感,个性心理以及社会性的发展等。

一、学前儿童认知的发展

学前儿童认知的发展包括感知觉、注意、记忆、想象、思维和语言六个方面。

(一)学前儿童感知觉的发展

感知觉是感觉和知觉的统称。感知觉是人在一生中最早出现的认知过程,在学前儿童的认知结构中,感知觉始终占据着主导地位。感知觉是一切复杂、高级心理活动的基础,是人认识世界的开端,是一切知识的源泉。

1. 感觉

感觉是人脑对直接作用于感觉器官的客观事物的个别属性的反映。感觉是最直接和最及时的基本经验,是一切高级心理现象的基础。感觉一般分为视觉、听觉和触觉,以及痛觉、嗅觉和味觉等。

(1)视觉。视觉是婴儿感觉中较晚出现的。儿童视觉的发展主要表现在视敏度和颜色视觉上。视敏度指个体能精确辨别物体在体积和形状上差别的能力,俗称"视力"。新生儿的视敏度只有成人的1/10,7岁左右是其视敏度发展最快的时期。

颜色视觉能力的发展主要表现在把握颜色辨别与颜色命名之间的关系。3岁之前的儿童可以辨别不同的颜色,但对颜色命名的准确性不高;3~6岁的儿童对红、黄、绿3种颜色辨认的正确率最高,对其他颜色的辨认及命名能力随年龄的增长逐步提高。

(2)听觉。听觉是个体对声音的高低、强弱、品质等特性的感觉。新生儿出生后就能听到声音,5~6岁的儿童平均能在55~65厘米处听到钟表摆动的声音,6~8岁的儿童在100~110厘米处就能听到声音。

(3)触觉。新生儿的手掌、脚掌和面颊相当敏锐,1岁时,只用手摸索就能认识规则物体;3~6岁趋向于用手指摸索物体的外形,触觉能力随着年龄的增长会稳步提高,儿童能越来越熟练地用手指探索物体、认识物体。

另外,痛觉、嗅觉和味觉也是儿童感觉发展的组成部分。有研究表明,新生儿具备疼痛的敏感性,这在早产儿的身上尤为明显,疼痛特征也表现很多,如哭闹、心率增快、面色青紫、掌心出汗、呕吐等。痛觉虽是生存必需的保护性感受,但反复的疼痛刺激会影响新生儿的大脑发育。随着年龄的增长,儿童的痛觉感受性逐渐提高,并与情绪状态密切相关。

新生儿能对不同的气味做出反应,3个月左右能分辨不同的气味,4个月左右嗅觉的分化相对稳定。通过气味,婴儿能区分配方奶和母乳,能分辨母亲和其他成人。味觉和嗅觉可以互通,其主要通过味蕾区分不同的食物。新生儿的味觉发达,喜欢吃甜的东西,4个月以后,开始喜欢摄入咸味的食物。婴儿对味觉上的差异比较敏感,3个月左右能分化不同程度的甜。随着年龄的增长,儿童逐渐形成自己的口味习惯,清淡适宜的味道更能保护儿童味觉的发展。

2. 知觉

知觉是人脑对直接作用于感觉器官的客观事物的整体反映。儿童知觉具有整体性、选择性、理解性、恒常性等特征,知觉大致有整体知觉与部分知觉、空间知觉、时间知觉几种。

(1)整体知觉与部分知觉。4~5岁的儿童最先关注物体的个别部分;6岁左右开始关注物体的整体部分;7~8岁既能看到整体又能看到部分,但不能把整体和部分结合起来,出现了"逻辑上的慢动作";8~9岁一眼就能看到部分和整体上的关系,实现了二者的统一。

(2)空间知觉。空间知觉主要包括形状知觉、方位知觉和深度知觉。①形状知觉是个体对物体各部分排列组合的认识,儿童最先认识的图形是圆形、正方形。4岁是儿童的形状知觉发展的敏感时期。②方位知觉是指个体对物体在空间中所处的方向和位置的知觉。儿童在3岁时已经可以正确地辨别上下方位,4岁时则能够正确地辨别前后方位;在5~7岁时,初步掌握左右方位,因而幼儿园教师需要通过"镜面示范"的方式让儿童掌握动作要领;在7~9岁时,渐渐掌握左右的相对性,但还不能灵活运用。③深度知觉是个体判断自身与物体或物体与物体之间距离的认识。吉布森和沃克发明了"视崖"装置,把儿童放在厚玻璃板的平台中央,平台一侧下面紧贴着方格图案,造成视觉上的"悬崖"。实验时,母亲轮流在两侧呼唤婴儿。实验结果表明,6~14个月的婴儿,大多数只能爬到浅滩,即使母亲在深侧一旁呼唤,婴儿也不愿意爬过去,说明6个月以上的婴儿已经具有深度知觉能力。

(3)时间知觉。时间知觉是个体对客观事物运动过程的先后和时间长短的辨认,即对客观现象的顺序性和延续性的反映。时间是非直观的,我们无法直接感知,总要借助一些媒介来认识它,如太阳升起又落下,月亮阴晴圆缺。

学前儿童的时间知觉发展较迟,5岁儿童的时间知觉不准确、不稳定,不会使用时间标尺;6岁儿童对短时距(如3秒、5秒)判断的准确性和稳定性有所提高,7岁儿童大多能利用时间标尺,长时距知觉的准确性较高。7岁是学前儿童的时间观念发生质变的年龄。

3. 感知觉规律在教育中的应用

在儿童的认知活动中,感知觉占据重要地位。以感知和思维相比,感知在3~6岁儿童的认知活动中仍占优势。可以说,儿童依靠感官获得关于物体的形状、颜色、声音等属性的直接经验,从而认识世界。儿童的思维活动虽有一定程度的发展,但仍需依靠感知的帮助。可以说,儿童的感知是记忆、思维、情绪等心理活动发展的基础。

(1)利用感知觉规律组织教学活动。感知觉的发生和发展具有一定规律,教师组织教育和教学活动时,如果运用这些规律,可以提高活动效果,对儿童感知觉的发展也有积极作用。儿童的感知觉能力可以通过活动来培养,每次新的感知对儿童来说,都是一次有用的经验。教师在日常活动中应引导儿童说出自己的感受,多启发儿童思考、记忆这些感受,帮助儿童正确地表达自己的体验。

教师可以利用知觉的选择性原理和感觉对比规律组织教学活动,往往有着意想不到的效果。因为人在感知事物时,并非面前所有的刺激都能同时被清楚地反映,人总是只能清晰地感知一些刺激,这些刺激便成为知觉对象;其余的成为背景,对背景的反映则不甚清晰。对象是感知的中心,背景则是衬托的部分。例如,教师上图画课,画在黑板上的图是儿童知觉的对象,而黑板与墙壁等是作为背景呈现在儿童的视野中。如果儿童注视图中的一个人像,这个人像便成为知觉的对象,而图中的其他人或物便成为背景。应当注意,在一般情况下,对象与背景的差别越大,对象就越容易被区分出来。这种差别可以是颜色上的差别,也可以是形状、大小以及声音高低等方面的差别。反之,对象与背景的差别越小,则对象越难从背景中分辨出来。"万绿丛中一点红"中的红花之所以容易被感知,就是因为它和绿叶有明显差别。

此外,在固定不变的背景上,活动的刺激容易被知觉为对象。如仲夏之夜,繁星满天,一颗流逝的陨星很容易被人感知。刺激物本身的组合形式,也是使一些刺激构成对象的重要条件。在视觉刺激中,凡是距离接近或颜色、形式相同或相似的容易成为完整的知觉对象。例如,在行人如流的大街上,一队上穿白衬衣,下穿蓝裤子,胸前飘着红领巾的少先队员排队前进,很自然地会引人注意,成为知觉对象,在满街行人的背景中被区分出来。又如,站在原野上遥望一条伸向远方的公路,路旁两排整齐的树木,容易成为知觉对象,从整个原野的背景中区分出来。假如远远驶来一辆汽车,这个正在运动着的汽车也很容易从静止的背景中区分出来,成为知觉对象。

在听觉方面,刺激物在时间上的接近,也是从背景中分出知觉对象的条件。例如,儿童刚刚唱出一首儿歌,很容易在喧闹的背景中被分出,成为知觉对象。

教师可以利用知觉理解性原理来组织保教活动。过去经验和对对象理解的规律在儿童知觉事物时,不仅能反映对象整体,也能反映对象的意义,而且往往只要感知对象的某些部分或一些主要属性,就可以把整个对象完整地反映出来。例如,我们听别人说"儿童是祖国的希望,民族的未来""教师是园丁"等语句时,虽然没有把每个字都感知清楚,却能将全句完整反映出来。这就是因为有过去经验的补充,凭着过去形成的暂时联系,能够充实当前知觉的内容,理解当前知觉对象的意义。因此,要使儿童能够正确而迅速地理解当前的知觉对象,平时就必须从各方面丰富儿童的生活经验。例如,组织儿童参观、游览,扩大儿童的视野。在教学中，教师要尽量充实教材内容，并与儿童的实际生活相结合，丰富儿童的生活经验，这样有利于儿童对知觉对象的理解。

(2)根据儿童感知觉的发展特点来组织教学活动。学前期是儿童感知觉发展的主要时期，学前儿童感知觉的发展主要表现在分析综合水平的提高和感知过程主动性的增强。其主要的发展特点和趋势是：感知的分化日益细致；感知的过程趋向组合和协调；感知过程出现概括化和系统化；感知过程的主动性不断加强以及感知过程的效率不断提高。根据以上趋势，学前儿童的感知发展大约要经过三个发展阶段，分别是原始的感知阶段、从知觉的概括向思维的概括过渡阶段、掌握感知标准和观察方法阶段。原始的感知阶段通常为新生儿期和婴儿早期，约为0~1岁，其主要特征是感知觉不断发展，日益分化，并出现手眼协调等现象。第二阶段约为1~3岁，出现了知觉的概括性。随着语言的萌芽和发展，儿童反映客观事物的概括性水平不断提高，出现对物体的形状、大小、空间关系的空间知觉。2岁左右，儿童对事物的概括性水平逐渐向思维的概括性过渡。3岁以后，儿童对物体的感知逐渐和概念联系起来，即开始掌握"感知标准"，标志着儿童的感知觉进入第三阶段。4~5岁以后，儿童感知的目的性增强，开始掌握了一定的观察方法。

因而，在幼儿园的一日活动中，教师可以根据儿童时间知觉的发展特点，开设"上午"和"下午"的课程活动。在户外体育中，要依据儿童知觉发展的特点进行示范，如在体育游戏中，要根据儿童方位知觉发展的特点，以儿童为中心做镜面示范。在园区内，教师可以设定专门的感知觉活动区域，突出主题，投放丰富的材料，按不同年龄儿童感知觉发展的特点引导儿童进行操作。在课外，教师可以结合相关课程，有针对性地给儿童布置课外感知觉活动作业，如观察秋天树叶颜色的变化，观察家中玩具的形状，感觉自己每天的餐饮食物的味道等。

(二)学前儿童注意的发展

注意是心理活动对一定对象的指向和集中，是人的心理活动的一种能动的积极的状态。注意是伴随着感知觉、记忆、思维、想象等心理过程而产生的一种伴随性的心理状态，具有选择性和集中性两个基本特性。注意一般分为无意注意和有意注意。无意注意是事先没有预定目的，不需要意志努力的注意。有意注意，又称随意注意，有特定目的，需要一定意志努力，是人类所特有的一种注意形式。2岁以后的儿童有意注意开始萌芽。学前儿童注意的发展表现为：无意注意的发生、发展早于有意注意的发生、发展。

1. 3~6岁的儿童注意发展的特征

(1)3~6岁的儿童无意注意占主导地位，有意注意逐渐发展。引起儿童的无意注意的主要因素是刺激物的物理特征，次要因素是与兴趣和需要相关联的刺激物。①小班儿童的无意注意较突出，不稳定，面对新异的刺激时，很容易转移注意目标。②中班儿童的无意注意进一步发展，比较稳定，儿童对于自己感兴趣的事物能保持较长的注意时间。③大班儿童的无意注意高度发展，并且相当稳定。相对于中班儿童，他们对于自己感兴趣的活动，能保持更长时间的注意。

(2)3~6岁的儿童有意注意初步形成，但水平差，稳定性低，依赖成人的组织和引导。①小班儿童的有意注意初步形成，需要在成人的帮助下，主动调节自己的注意。②中班儿童的有意注意进一步发展。他们可以通过用手指指着看书帮助自己提高注意,在适当条件下,注意集中的时间可以达到10分钟左右。注意对象的范围扩大,能够同时注意几种对象。③大班儿童的有意注意迅速发展。他们可以长时间地投入到某一游戏中,能够遵守游戏规则,可以观察到事物的细节,注意集中时间可达10~15分钟。

2. 注意的规律与学前儿童的活动

幼儿园教师要想培养学前儿童的注意力,提升其专注力,首先要了解学前儿童注意力发展的特点,然后才能有针对性地培养、提升学前儿童的注意力。

(1)利用注意的品质发展规律开展教育。注意的品质主要有注意的广度、稳定性、分配和转移四个规律。幼儿园教师应充分认识到学前儿童注意的品质发展规律,并结合学前儿童注意品质发展状况,设计教学过程和环境。根据学前儿童的注意范围的特征,儿童在同一时间能注意的对象相当有限,因而不能同时呈现数量过多的刺激给儿童,否则儿童就会进入注意选择困难,不能将注意力指向并集中到某一个对象上。

根据注意的稳定品质,小班儿童的注意力大约能维持3~5分钟,中班儿童的注意力大约在8~10分钟,大班儿童的注意力大约能维持10~15分钟,因而幼儿园教师在设计和安排不同年龄阶段的课程时应充分考虑这一特点。小班的集体活动一般以15分钟为宜,中班的集体活动以15~25分钟为宜,大班的集体活动以20~30分钟为宜。幼儿园教师应当把握学前儿童的注意时间,优化课堂结构,提高教学质量。根据注意的分配和转移的品质,单调的教学易引起学前儿童大脑的疲劳,从而分散注意。幼儿园教师如果能在教学过程中注意联合儿童的视觉、听觉、触觉等感觉和小肌肉群运动,如幼儿园教师不仅注意训练儿童的听、说、读、唱,而且也能结合写、画等小肌肉群运动,那么将能有效引起学前儿童的注意、减轻其疲劳感,并提高其兴趣。

(2)利用学前儿童注意发展的特征开展教育。幼儿园教师应灵活运用学前儿童无意注意和有意注意的发展特点。对于年幼的儿童,需要集中注意时,应当尽量避免无关刺激的干扰,用完的教具应立即收起。对于年长的儿童,应明确教学目的,除了设计生动形象的教学环节以外,还需有意强调知识的重要性,激发学前儿童集中注意的自觉性和自制性。

由于无意注意是学前儿童注意发展的主要方面,幼儿园教师应当更多地利用无意注意特征吸引儿童的注意力,提高教学效果。幼儿园小班时,幼儿园教师可以利用快速闪躲法以及刺激物特点中的"刺激物之间的对比关系"来教学前儿童认识颜色和形状。刺激物在强度、形状、大小、颜色和持续时间等方面与其他刺激物存在显著差别时,更会引起学前儿童的无意注意。

同样,幼儿园教师可以在讲故事片时突然提高或降低声音,这样也可以让学前儿童集中注意,就是利用刺激物特点中的"刺激物的强度"。强烈的刺激物比如一道强光、一声巨响、一种浓烈的气味,都会不由自主地引起人们的注意。在喧闹的大街上,大声说话不大会引起注意,但在寂静的夜晚,轻微的耳语声也可能引起注意。

幼儿园教师还可以利用玩具进行教学,引起儿童的注意。因为活动的刺激物、变化的刺激物比不活动、无变化的刺激物更容易引起儿童的注意。

3~6岁的儿童的有意注意也有了一定程度的发展。幼儿园教师也应充分认识这一特征,有意识地引导学前儿童在活动之前明确目的,根据目的有针对性地开展活动,也可以发展学前儿童对这一活动的间接兴趣。在活动过程中,幼儿园教师应不断观察儿童的表现,当儿童出现松懈、不能坚持等状态时,应适当地开展意志训练,通过多种方式鼓励儿童坚持,并将其注意力调节回到活动中来。

(三)学前儿童记忆的发展

记忆是人脑对经历过的事物的反映。所谓经历过的事物,是指过去感知过的事物,如见过的人或物、听过的声音、嗅过的气味、品尝过的味道、触摸过的东西、思考过的问题、体验过的情绪和情感等。这些经历过的事物都会在头脑中留下痕迹,并在一定条件下呈现出来,这就是记忆。例如,我们读过的小说,看过的电视节目或电影,其中某些情景、人物和当时激动的情绪等都会在头脑中留下各种印象,当别人再提起时或在一定的情境下,这些情景、人物和体验过的情绪就被重新唤起,出现在头脑中。因此,记忆是个体对其经验的识记、保持和再认。儿童在新生儿期已经出现了记忆。

1. 记忆的种类

从记忆内容来看,记忆可以分为运动记忆、情绪记忆、形象记忆和语词记忆。学前儿童的记忆内容随着年龄的变化,最早出现的是运动记忆,接着是情绪记忆,而后出现形象记忆,最后出现语词记忆。

运动记忆是指以个体的运动或动作作为识记内容的记忆。这种记忆很大程度上是一种自动化学习,学习的结果不容易消退,在遗忘相当长时间后,仍然比较容易恢复。

情绪记忆是指个体对体验过的情绪或情感的记忆。学前儿童对带有情感色彩的东西,容易识记和保持。如对自己喜欢的和讨厌的人或物记忆特别深刻。

形象记忆是指个体以感知过的事物的具体形象为内容的记忆。学前儿童的形象记忆占主导地位,主要依靠表象进行。

语词记忆是指个体以语言材料作为内容的记忆。

2. 3~6岁的学前儿童记忆的特点

从整体看,3~6岁的学前儿童的记忆以无意识记、机械记忆和形象记忆为主,记忆不精确。

(1)以无意识记为主,有意识记逐步发展。3岁以前的儿童基本上只有无意识记,他们不会进行有意识记。在整个幼儿期,无意识记的效果都优于有意识记,无意识记的效果随着年龄的增长而提高。例如,给小班、中班、大班的儿童讲同一个故事,事先不要求记忆,过了一段时间后进行检查,结果发现,年龄越大的儿童无意识记的效果越好。无意识记是积极的认知活动的副产物。儿童的无意识记不是由于儿童直接接受记忆任务和完成记忆任务而产生的,而是学前儿童在完成感知和思维任务过程中附带产生的结果,是一种副产物。学前儿童的认知活动越积极,其无意识记的效果越好。

随着年龄的增长,儿童的有意识记也逐渐发展。有意识记的发展,是学前儿童记忆发展中最重要的质的飞跃。儿童的有意识记是在成人的教育下逐渐产生,如在日常活动中,成人经常预先向儿童提出复述故事的要求,背诵儿歌时也要求儿童尽快记住等。有意识记的效果则依赖于学前儿童对记忆任务的理解和活动的动机。

（2）以机械记忆为主，意义记忆逐步发展。机械记忆是指个体对所记材料的意义和关系不理解，采用简单的、机械重复的方法进行记忆，而意义记忆是个体根据对所记材料的内容、意义和逻辑关系的理解而进行的记忆，也称理解记忆。3～6岁的儿童经常运用机械记忆，反复背诵一些他们并不理解的材料，并容易记住。但由于学前儿童并不理解其中的含义，遗忘也很容易发生。整个幼儿阶段，学前儿童的机械记忆和意义记忆都在不断发展，两种记忆开始相互渗透，其效果都随年龄的增长而有所提高。

（3）以形象记忆为主，语词-逻辑记忆逐步发展。儿童最早出现的是运动记忆，最晚出现的是语词记忆。形象记忆是根据各种具体的事物形象来进行记忆，在语言发生之前，其记忆的内容需要依靠事物的形象，带有直观性和鲜明性。语言发生之后的整个幼儿阶段，形象记忆仍占主导地位，比重最大。语词-逻辑记忆在3岁之后逐步开始发展，如熟悉的词汇记忆效果较好，生疏的词汇记忆效果较差。

（4）记忆不精确，是一种自传体记忆。自传体记忆是婴儿对发生在自己身上的具体事件的记忆，与记忆的自我体验紧密相连，记忆并不精确，有时表现为缺失性记忆。儿童自传体记忆与言语发展水平有密切关系，对话和交流能促进自传体记忆的发展。3～6岁学前儿童的自传体记忆总体表现出随着年龄的增长而发展的特征，对于事件描述出现一定的逻辑顺序性，内容也不断丰富。

3. 学前儿童记忆的特点在教育中的应用

（1）在游戏、活动中记忆。学前儿童有一种特殊的记忆恢复（回涨）现象。记忆恢复（回涨），是指学习某种材料后，相隔一段时间所测量到的保持量，比学习后立即测量到的保持量要高。在学前儿童的日常生活和游戏中经常可以看到，如讲完故事以后，立即要孩子复述，有时效果不如隔一天的好。如，参观动物园后，要学前儿童立刻说出看见了什么，他们往往说不出，但第二天讲述时学前儿童讲述的内容会比头一天更多、更生动。

（2）培养学前儿童的有意记忆。学前儿童的有意记忆需要教师进行专门的训练，事先告知记忆的目的，提醒学前儿童集中注意力，克服外界的干扰，并培养学前儿童的意志力。

（四）学前儿童想象的发展

想象是人脑对已经储存的表象进行加工改造，形成新形象的心理过程。想象的发生与儿童大脑皮质的成熟有关。想象的生理基础是大脑皮质上已经形成的暂时联系进行新的结合。两岁左右大脑神经系统趋于成熟，这使得儿童在头脑中可能会储存较多的信息材料，所以，想象在儿童1～2岁开始萌芽，主要是通过动作和语言表现出来，如学前儿童将凳子当作火车、汽车，一边"开车"一边嘴里还"呜呜……嘀嘀……"说个不停，非常投入地扮演司机的角色。

1. 想象的种类

根据产生想象时有无目的意图，想象可以划分为无意想象和有意想象。无意想象是指没有预定目的和计划，只是在一定刺激的影响下，不自觉地创造新形象的想象。它是学前儿童想象的典型形式。有意想象是指根据一定的目的，在意识的控制下，自觉进行的想象。

根据有意想象的新颖性、独特性和创造性程度的不同，想象可以划分为再造想象和创造想象。再造想象是指个体依据语言描述或图画的描绘，在头脑中产生有关事物新形象过程的一种想象。创造想象是指个体不依据现成的描述而在头脑中独立创造出新形象的过程。

2. 学前儿童想象的发展特点

学前期是儿童想象非常活跃的时期。儿童的想象从2岁左右开始发生，其一般规律是：由简单到复杂；由低级到高级；由被动到主动；由凌乱到成体系，主要表现在以下3个方面。

(1)从想象的无意性，发展到有意性。学前儿童的想象基本上是以无意想象为主，到3岁时开始出现有意想象。学前儿童的无意想象呈现出三个特点：①想象无预定目的，由外界刺激或情境直接引起，如3~4岁的学前儿童看见小汽车或者是小凳子，就开着"车"当司机，然后"上车""下车"忙个不停。②想象的主题不稳定，内容零散。学前儿童由于身心发展的不成熟，其无意想象表现出不稳定的现象。如在游戏中，学前儿童正在当"妈妈"，忽然看见别的小朋友在给娃娃打针，她也跑去当"医生"，加入打针的行列。在绘画活动中，一会儿画房子，一会儿画海底世界，一会儿又去画小鸡，当说他画的不像小鸡时，他会立刻说"这是气球"，其想象主题经常变换，无规律可循。③以想象过程为满足。由于学前儿童的想象主要是无意想象，因而一般没有什么目的，更多的是从想象的过程中得到满足。如小朋友讲故事时，有声有色，有表情，还有动作，听故事的小朋友也相当投入，听得津津有味，但教师一听，却不知道他在讲什么，完全没有情节。幼儿就在这种讲和听的过程中进行想象，并得到满足。

有意想象在幼儿期开始萌芽，幼儿晚期有了比较明显的表现。在大班儿童的活动中出现了更多有目的、有主题的想象，但这种有意想象的水平还很低，并且受条件的左右。如在游戏状态下，即使4岁左右的学前儿童有意想象的水平都较高，而在实验条件下，想象的有意水平就很低。在教育的作用下，有意想象逐渐发展起来，并且逐渐占主导地位。

(2)从简单的再造想象，发展到出现创造想象。3岁左右的学前儿童基本上以重现生活经验的再造想象为主；4岁左右，随着知识经验的累积和语言的逐渐丰富，想象有了创造的成分；5岁时，能更多地运用创造想象进行高水平的创造性游戏。学前期再造想象的特点是：常常依赖于成人的语言描述，会根据外界情境的变化而变化，并根据实际行动进行想象。学前期，学前儿童的再造想象的特点是：常常依赖于成人的语言描述，会根据外界情境的变化而变化，并根据实际行动进行想象。实际行动是幼儿想象的必要条件。学前儿童的创造想象主要有以下特点：最初的创造想象是无意的自由联想，这种最初级的创造，严格来说，还只是创造想象的萌芽或雏形；学前儿童创造想象的形象与原型只是稍有不同，是一种典型的不完全模仿；想象情节逐渐丰富，从原型发散出来的数量和种类增加。

(3)从想象的极大夸张，发展到符合现实的想象。学前儿童的想象经常脱离现实，往往带有夸张的成分。学前儿童的夸张表现为：①通常夸大事物的某个部分或特征，如会说"我家的阳台好大呀，像天空一样大"；②也经常会混淆假想与真实，常常把想象的事情当作真实的事情，如"我妈妈从国外给我买了一个电动飞机，我坐着电动飞机去国外了"，事实上，孩子的妈妈正准备去国外，孩子因渴望得到玩具而混淆了想象与真实。随着生活经验的积累、认知水平以及表达能力的提高，学前儿童的想象逐渐符合现实逻辑，能够区分想象和现实。

3. 学前儿童的想象特点在教育中的应用

(1)根据学前儿童想象的特点进行教育。由于学前儿童的想象以无意想象和再造想象为主,教师应当丰富学前儿童的表象,发展学前儿童的语言表现力,让学前儿童多获得可以进行想象加工的"原材料"。同时,教师应当在文学、艺术等多种活动中,通过创设具有想象空间的情境、利用故事、音乐、绘画等手段丰富学前儿童的感性经验,创造学前儿童想象发展的条件。

(2)重视学前儿童想象的夸张进行教育。如前所述,学前儿童的想象通常有夸张的成分,教师应当先了解学前儿童夸张的原因,而不能武断地认为学前儿童是在说谎。学前儿童夸张的原因有很多,首先是学前儿童的认知水平的限制。学前儿童的思维发展水平决定其将注意力放在新颖、具体、形象、夸张、有趣的事物上。在观察事物时,学前儿童往往注意到事物的突出特点,即使不是事物的本质特点也无所谓,对于其他特点则很少顾及。其次是受到情绪的影响。学前儿童的想象具有一定的逻辑和现实成分,但是又常常表现为夸张形式,其中原因之一就是情绪对学前儿童的想象产生了一定的影响。如教师在讲《小鸡快跑》的故事时,小朋友们都会很激动,一会儿小朋友们就会喊"小鸡全跑光了""小鸭全跑光了",然后"小朋友们也全跑光了",再然后就是小朋友们全跑到窗帘后等着鸡妈妈来找。最后是学前儿童想象表现能力的局限。想象总是通过一定手段来表现的,学前儿童想象的夸张与事实不符,往往受表现能力的限制。这一点在各种造型活动中尤为突出。由于学前儿童的语言表达能力有限,有时学前儿童想象的事物无法用准确的语言表达出来,例如,小聪想要得到小红花或者想得到教师的关注,却不会用准确地用语言表达出来。

教师在了解学前儿童想象夸张原因的基础上,分析学前儿童的认知水平,注意学前儿童的情绪状态,通过引导和训练来提升学前儿童的想象表现能力。

(五)学前儿童思维的发展

1. 学前儿童思维发展的一般特征

从思维发展的方式看,学前儿童的思维最初是直观行动的,然后出现具体形象的,最后发展起来的是抽象逻辑思维。以下我们将对直觉行动思维、具体形象思维和抽象逻辑思维这三种不同水平的思维过程进行分析,以进一步了解学前儿童思维发展的一般特征。

(1)直觉行动思维。直觉行动思维,也称直观行动思维,指依靠对事物的感知,依靠人的动作来进行的思维。直觉行动思维是最低水平的思维,这种思维方式在2~3岁学前儿童的身上表现最为突出,在3~4岁学前儿童的身上也常有表现。

第一,直觉行动思维的产生。

直觉行动思维是在学前儿童感知觉和有意动作,特别是一些概括化的动作的基础上产生的。学前儿童摆弄一种东西的同一动作会产生同一结果,这样在头脑中形成了固定的联系,以后遇到类似的情境,就会自然而然地使用这种动作,而这种动作已经可以说是具有概括化的有意动作。例如,学前儿童经过多次尝试,通过拉桌布取得放在桌布中央的玩具,下次看到在床单上的皮球,就会通过拉床单去拿皮球。这种概括性的动作就成为学前儿童解决同类问题的手段,即直觉行动思维的手段。学前儿童有了这种能力,我们就称其有了直觉行动水平的思维。

第二,直觉行动思维的特点。

直觉行动性是学前儿童思维的基本特征,也是直觉行动思维的重要特征。学前儿童的思维与他的感知和动作密不可分,他不可能在动作之外思考,是在行动中利用动作进行思考,也就是说,学前儿童思考和解决问题的行为还没有分开来,因此,他不可能预见、计划自己的行动。学前儿童的思想只能在活动本身展开,他们不是先想好了再行动,而是边做边想。

出现了初步的间接性和概括性,是直觉行动思维的又一特点。直觉行动思维的概括性表现在动作之中,还表现在感知的概括性。学前儿童常以事物的外部相似点为依据进行知觉判断。

虽然直觉行动思维具有一定的概括性,在刺激物的复杂关系和反应动作之间形成联系,但由于缺乏词作为中介,学前儿童对外部世界的反应只是简单运动性和直觉性质的,而不是概念的。因此,它只能是一种"行动的思维""手的思维"。

(2)具体形象思维。具体形象思维是指依靠事物的形象和表象来进行的思维。它是介于直觉行动思维和抽象逻辑思维之间的一种过渡性的思维方式。具体形象思维是幼儿期典型的思维方式。

第一,具体形象思维的产生。

具体形象思维是在直觉行动思维之中孕育出来并逐渐分化的。随着动作的熟练,一些动作(试误性的无效动作)逐渐被压缩和省略,而由经验来代替。这样一些表象就可以代替一些实际动作,遇到问题时就可以不再试误,而是先在头脑中搜索表象,以便采取相应有效的动作,这时,学前儿童不再依靠动作而是依靠表象来思考。学前儿童思考和解决问题的动作开始分离,其内部表象已经可以支配外部行动。从某种意义上讲,真正的思维开始产生,其标志是由"手的思维"转为"脑的思维"。

第二,具体形象思维的特点。

具体形象思维的特点主要可以总结为思维动作的内隐形、具体形象性、自我中心性、单向性(不可逆性)、拟人性(泛灵性)、经验性等。

①思维动作的内隐性。即学前儿童在直觉行动思维中多采用"尝试错误"法,当用这种思维方式解决问题的经验积累多了以后,学前儿童便不再依靠一次又一次的实际尝试,而开始依靠关于行动条件以及行动方式的表象来进行思维。思维的过程从"外显"转变"内隐"。

②具体形象性。学前儿童的思维内容是具体的。他们能够掌握代表实际东西的概念,不易掌握抽象概念。比如,"家具"这个词比"桌子""椅子"等抽象,学前儿童较难掌握。在生活中,抽象的语言也常常使幼儿难以理解,学前儿童依靠事物在头脑中的具体形象来思维。因此,学前儿童的思维往往只是反映事物的表面联系,而不反映事物的本质联系。例如,学前儿童不理解词的转义。学前儿童听妈妈说:"看那个女孩长得多甜!"他问:"妈妈,你舔过她吗?"

③自我中心性。所谓自我中心,是指主体在认识事物时,从自己的身体、动作或观念出发,以自我为认识的起点或原因的倾向,而不太能从客观事物本身的内在规律以及他人的角度认识事物。学前儿童自我中心的特点表现在以下几个方面:

④单向性(不可逆性):单向性是指不能转换思维的角度。例如,教师问学前儿童:"你有姐姐吗?""有,我姐姐是××。"过了一会问她:"××有妹妹吗?"学前儿童摇头。她只从自己

的角度看到××是姐姐,而不知从姐姐的角度看到自己是妹妹。由于缺乏逆向思维的能力,使得学前儿童很难获得物质守恒的概念,不懂得一定量的物体的形状改变是可以变回原状的,形状的改变并不影响其量的稳定性。

⑤拟人性(泛灵论)。自我中心的特点常常使学前儿童由己推人,自己有意识、有情感、有言语,便以为万事万物也应和自己一样有灵性。因此,他们常常有一种看待事物的独特眼光和一颗敏感、善良、充满幻想的心。

⑥经验性。学前儿童的思维是根据自己的生活经验来进行的。比如,听奶奶抱怨小鸡长得慢,就把小鸡埋在沙里,把鸡头留在外面,还用水浇,并告诉奶奶:"您的小鸡一定会长得大大的。"

(2)抽象逻辑思维。

抽象逻辑思维是指用抽象的概念(词),根据事物本身的逻辑关系来进行的思维。抽象逻辑思维是人类特有的思维方式。学前儿童大约5~6岁时,出现了抽象逻辑思维的萌芽。整个学前期都还没有这种思维方式,只有这种方式的萌芽。

随着抽象逻辑思维的萌芽,学前儿童自我中心的特点逐渐开始消除,即开始"去自我中心化"。学前儿童开始学会从他人以及不同的角度考虑问题,开始获得"守恒"观念,开始理解事物的相对性。所谓守恒,是皮亚杰理论中的重要概念,是衡量儿童运算水平的标志之一。守恒是个体对概念本质的认识能力或概念的稳定性,具体指对物体的某种本质特征(如重量、体积、长度等)的认识不因其他非本质特征的变化而改变。

如前所述,学前儿童思维发展的总趋势,是按直觉行动思维在先,具体形象思维随后,抽象逻辑思维最后的顺序发展起来的。学前儿童的思维结构中占优势地位的是具体形象思维。但这并不意味着这三种思维方式之间是彼此对立、相互排斥的。事实上,它们在一定条件下往往相互联系、相互配合、相互补充。

2. 学前儿童思维形式的发展

(1)学前儿童分类的发展。分类能力是逻辑思维发展的一个重要标志,分类活动表现为思维概括性水平。分类或归类能力是学前儿童思维能力的重要方面,对学前儿童进行分类和归类能力的训练是发展学前儿童思维能力的重要组成部分。4岁之前的学前儿童基本不能分类,4~6岁的学前儿童已经具备了初步的分类能力,但其对物体的分类往往根据物体的外部特征和具体情境进行,主要有以下几个特征:

第一,具体性。

4岁之前的学前儿童基本不具备分类的能力,4岁左右学前儿童的分类能力受其具体形象思维的特点约束,主要按照颜色、形状、大小分类到逐渐发展成按照事物的属性以及事物自身隐蔽的内部特点来进行分类。

第二,情境性。

5~6岁的学前儿童具有初步的分类能力,主要依据物体感知特点和情境联系起来进行分类。学前儿童能识别不同情境而对事物进行分类,如公园、运动场景等。

第三,具有一定程度的抽象性。

6岁左右的学前儿童逐渐摆脱具体感知和情境性的束缚,能从依靠外部特点向依靠内部隐蔽特点分类的转变,即能按照物体的功能和内在联系分类。学前儿童能根据物体的某个属性或标记进行分类,如交通工具、学习用品等。

第四,个体差异性。

学前儿童的身心发展具有很大的差异性,因而分类能力也各不相同。

为提高学前儿童的分类能力,教师应当有意识地为学前儿童提供不同的操作材料和方法,以学前儿童的兴趣为出发点在日常生活中发展其分类能力。同时,教师也可以在学习活动中发展学前儿童的分类能力,通过提问等方法引导学前儿童用语言描述事物的异同。当学前儿童进行探究活动时,成人要给以积极的语言支持。

(2)学前儿童概念的发展。概念是思维的基本形式,是人脑对客观事物的本质属性的反映。概念是用词来标示的,词既是概念的物质外衣,也就是概念的名称。学前儿童掌握概念的方式大致有两种类型:一种是通过实例获得概念,学前儿童获得的概念几乎都是这种学习方式的结果;另一种是通过语言理解获得概念,即通过讲解的方式帮助儿童掌握概念。科学概念的掌握往往需要用语言理解的方式进行。但学前儿童由于抽象逻辑思维刚刚萌芽,很难用这种方式获得概念。

第一,学前儿童掌握概念的特点。

学前儿童对概念的掌握受其概括能力发展水平的制约。一般认为,学前儿童概括能力的发展可以分为三种水平:动作水平概括、形象水平概括和本质抽象水平的概括,它们分别与三种思维方式相对应。学前儿童的概括能力主要属于形象水平,后期开始向本质抽象水平发展,这就决定了他们掌握概念具有以下基本特点:

①以掌握具体实物概念为主,向掌握抽象概念发展。

根据抽象水平的不同,学前儿童获得的概念可分为上级概念、基本概念、下级概念三个层次。学前儿童最先掌握的是基本概念,由此出发,上行或下行到掌握上级、下级概念。比如,"树"是基本概念,"植物"是上级概念,"松树""柳树"是下级概念。学前儿童先掌握的是"树",然后才是更抽象或更具体些的上级、下级概念。

②掌握概念的名称容易,真正掌握概念困难。

学前儿童由于语言的限制,对事物的概括性水平往往较低,需要依靠具体形象去感知事物,因而很难将一类事物的特征抽象地概括出来。例如,老师带孩子们去动物园,一边看猴子、老虎、大象等,一边告诉他们这些都是动物。回到班上,老师问孩子们"什么是动物"时,很多孩子都回答"是动物园里的,让小朋友看的""是狮子、老虎、大象……"。老师又告诉孩子们"蝴蝶、蚂蚁也是动物"。很多孩子觉得奇怪,老师又告诉他们"人也是动物",孩子们就更难理解,无法抽象出动物的本质特征,因而甚至有的孩子会争辩说"人是到动物园看动物的,人怎么是动物呢,哪有把人关在笼子里让人看的!"学前儿童对概念的理解表现为内涵不精确,只反映事物外部的表面特征,而不能反映事物的本质特征,外延不适当,往往失之过宽或过窄,因而概念往往不准确或内容贫乏。

第二,学前儿童数的概念的发展。

学前儿童掌握数的概念也是一个从具体到抽象的发展过程。数的概念的掌握是以事物的数量关系能从各种对象中抽出,并和相应的数字建立联系为标志的。学前儿童数的概念的形成是先从口头数数开始的,然后凭物数数,最后掌握数的概念。学前儿童数的概念的发展大约经历了三个阶段:对数量的动作感知阶段(3岁之前)、数词和物体数量间建立联系的阶段(4~5岁)和数的运算的初期阶段(5~7岁)。2~3岁和5~6岁是儿童形成和发展数的概念的两个关键年龄阶段,前者是数的感知和萌芽关键期,后者是数的概念形成和发展的关键期。

第三,学前儿童空间概念的发展。

学前儿童的空间、时间知觉发展较早,而掌握空间、时间概念较晚。儿童掌握空间概念和时间概念与掌握相应的词相联系。学前儿童较易掌握"上下"(3岁左右)、"前后"(4岁左右)的概念,较难掌握"左右"(5~6岁)的概念,这与学前儿童思维的直观性和具体形象性有关。

5~6岁的学前儿童基本还不具备长度的概念,但能根据知觉判断面积的大小;6~7岁是学前儿童长度概念发展的关键期。7岁左右的学前儿童能掌握体积的守恒概念。

第四,学前儿童时间概念的发展。

时间概念较抽象,时间不断在流动,有一定的延续性和顺序性,学前儿童较难掌握时间概念。学前儿童掌握时间概念的特点有:对时间顺序的概念明显受时间循环周期长短的影响;对一日时间的延伸的认知低于当日之内时序的认知,对过去的认知低于对未来的认知;对时序的认知带有固定性;以自身生活经验作为时间关系的参照物;不能对有关时间的刺激物进行归类,等等。

4岁左右的学前儿童对时间的认知比较困难,5~6岁的学前儿童对一日之内的上午、下午和晚上等概念能正确认知,但对一周的时序概念、四季和昨天、明天等时间概念的认知水平较低。7岁左右的学前儿童能将时间和空间概念区分开来。学前儿童对时间概念的掌握通常以自己的生活经验作为参照物。

(3)学前儿童理解的发展。理解是指个体运用已有的知识经验去认识事物的联系、关系乃至其本质和规律的思维活动。学前儿童的理解主要是直接理解,即与知觉过程融合在一起,以后逐渐出现间接理解,通过一系列较复杂的分析、综合活动进行。学前儿童对事物的理解有以下发展特点或趋势:

第一,从对个别事物的理解发展到对事物关系的理解。

从学前儿童对图画和故事的理解中可以看出,学前儿童通常先理解图画或故事中的个别人物,然后理解人物形象的姿势和位置,最后再理解人物和物体之间的关系。学前儿童理解故事的过程是先理解个别的词,然后是句子,最后建立整个故事的框架。

第二,从主要依靠具体形象的理解发展到开始依靠语词的理解。

3岁左右的学前儿童常常依靠具体形象或者是实际行动来理解事物,如讲到"大象把狼扔到河里去",学前儿童需要做出"扔"的动作,大约到了5~6岁,学前儿童开始理解语词等抽象符号。

第三,从简单的、表面的理解发展到比较复杂的、深刻的理解。

学前儿童在初期往往只理解事物的表面现象,难以理解事物的内部联系。例如,看图讲述中,学前儿童往往只对图中的人物形象做表面的描述,并不能理解人物的内心活动。对于寓言、比喻等较深刻的内容,他们往往不能理解。

第四,从情绪性的理解发展到比较客观的理解。

学前儿童对事物的情感态度,常常会影响他们对事物的理解。这种现象 4 岁之前较为突出。带有情绪性的理解通常是不客观的,5～6 岁的学前儿童逐渐能控制情绪,做到较客观的理解。

第五,从不理解事物的相对关系发展到逐渐能理解事物的相对关系。

学前儿童对事物的理解通常是固定的或极端的,不能理解事物的中间状态或相对关系。对学前儿童来说,不是好人就是坏蛋,因而学前儿童会执着于问"他是好人还是坏人"的问题。7 岁以后,学前儿童逐步理解事物的可逆性。

(4)学前儿童判断的发展。判断是概念与概念之间的联系,是事物之间或事物与它们的特征之间的联系的反映。判断是肯定与否定概念之间的联系。学前儿童的判断能力已有初步的发展。

第一,判断形式间接化。

学前儿童的判断从以直接判断为主,开始向间接判断发展。幼儿期大量依靠直接判断,间接判断通常需要推理,反映事物之间的因果、时空、条件等联系,制约思维的基本关系是因果关系;成人和儿童的判断在形式上是不同的,实质上反映了思维方式的不同。

第二,判断内容深入化。

从内容上看,判断首先反映事物的表面联系,在幼儿期开始向反映事物本质联系发展,即从直接判断向间接判断发展;学前儿童能把客体的关系分解并概括出来,开始反映概括的规律,分解的深度和概括性也就逐渐提高。

第三,判断根据客观化。

学前儿童从以对生活的态度为根据向以客观逻辑为依据发展,还要经过从事物的偶然性特征为依据过渡到以孤立的、片面的、不确切的原则为依据,然后开始一些正确的或接近正确的客观逻辑判断。

第四,判断论据明确化。

从没意识到判断的根据过渡到开始明确意识到自己的判断根据,说明思维的自觉性、意识性和逻辑性开始发展。在日常生活中创造民主气氛,让学前儿童敢于争辩,对思维发展有益。

(5)学前儿童推理的发展。推理是判断和判断之间的联系,是指由一个判断或多个判断推出另一个新的判断的思维过程。推理可以分为直接推理和间接推理两大类。直接推理比较简单,是由一个前提本身引出某一个结论。间接推理是由几个前提推出某一个结论的推理,它又可以分为归纳推理、演绎推理和类比推理。3 岁之前的学前儿童基本不能进行推理,4 岁左右学前儿童的推理能力开始发展,5 岁左右的学前儿童大部分可以进行推理活动。学前儿童在其经验可及的范围内,已经能进行一些推理,但水平比较低。

第一,学前儿童推理的类型。①转导推理。2～3 岁儿童的推理基本都是转导推理,即从特殊事例到另一特殊事例的推理,是依靠表象进行的,不符合客观逻辑。转导推理是从个别到个别的推理,没有类的包含,没有类的层次关系,没有可逆性。如"小猫种鱼""给梅花鹿的鹿角浇水"等。②直接推理。4 岁之后,转导推理逐渐消失,代之而起的是直接推理。直接推理往往是在情境中出现的,如有人喊爸爸的名字,爸爸却没有回答,孩子会说:"爸爸没有听见"。③类比推理。类比推理也是一种逻辑推理,在某种程度上属于归纳推理,它是对事物或数量之间关系的发现和应用。它是从个别到个别的推理,以事物的本质属性为前提,因此推理的结果一般是正确的。转导推理一般以事物的表面特征为前提的推理,因而推理的结果一般是错误的。4岁左右的学前儿童出现了简单的类比推理,但水平较低,5~6岁以后学前儿童类比推理的水平逐步提高。一般的类比表现形式为 A∶B→C∶D,如学前儿童知道"耳朵与听"的关系后能推断出"眼睛与看"的关系。④演绎推理。演绎推理属于逻辑推理,其典型形式是三段论,由3个判断、3个概念构成,每个概念出现3次,从反映客观事物的联系和关系的判断中推断出新的判断。5~7岁的学前儿童能正确地运用三段式的推理。例如,所有中班的小朋友都要背书包上学,欢欢是中班的小朋友,所以欢欢要背书包上学。

第二,学前儿童推理发展的特点。①抽象概括性差。学前儿童的推理往往建立在直接感知或经验的基础上,其结论也往往与直接感知和经验相联系。学前儿童不会运用任何一般原理,试图引用一些从偶然性特征上做出的概括来论证自己的答案。年龄越小,这一特点越突出。②逻辑性差。学前儿童,尤其是年龄较小的儿童,往往不会推理。例如,大人对学前儿童说:"别哭了,再哭就不带你找妈妈了",他会哭得更厉害,因为他不会推出"不哭就带你去找妈妈"的结论。虽然学前儿童能在某种程度上反映事物本质的特性,但只是近似的、不准确的,不能概括一切可能发生的个别情况,因而不能做出正确的结论。③自觉性差。学前儿童推理的答案可能完全不受两个前提之间,甚至一个前提本身的内在联系的制约,他却总能自信地得出"结论"。

总之,学前儿童的推理过程随年龄的增长而发展,其推理水平也在不断提高。学前儿童从不能进行推理活动到只能根据较熟悉的非本质特征进行简单的推理活动,再到可以在提示条件下运用展开的方式逐步发现事物的本质联系,最后做出正确结论。学前晚期,儿童能用独立、迅速、简约的方式进行正确的推理活动。学前儿童推理水平的提高主要表现在:推理内容的正确性、推理的独立性、推理过程的概括性及推理方式的简约性等方面。

3. 学前儿童思维发展在教育中的应用

3岁前儿童的思维带有直觉动作性,他们渴望直接动手解决问题,教师可以依据这一特点教会学前儿童使用工具,如叉子、汤匙等,学前儿童在运用工具的同时,也逐渐学会解决问题。

4~5岁儿童不仅对周围的事物兴趣浓厚,而且对事物的前因后果也感兴趣,教师可以提醒这一阶段的儿童在思维过程中特别注意新颖的、他们暂时不熟悉的现象,以激发儿童的求知欲和探索欲。教师可以设计按图寻找、按数取放物体、折叠、建造等游戏,培养学前儿童计划、分类等思维能力的发展,进而培养学前儿童解决问题的能力。

由于学前儿童已经具备一定的分类和归类能力,教师应当在日常观察中进一步识别每个儿童分类发展的水平,进行有针对性的指导。教师也可以在活动区域投放不同层次的分类材料,针对不同水平的学前儿童进行个别指导。在日常生活中经常组织学前儿童去发现事物的相同和不同,丰富分类的经验。同时,在个别学习的基础上,教师应当组织合适的教育活动,提升学前儿童相关的分类经验。

(六)学前儿童语言的发展

学前儿童语言的发展主要包括语音、词汇、句型与语法的发展。

1. 学前儿童语音的发展

儿童在1岁左右开始说出第一批有意义的词汇,正式发出有意义的语音。3~4岁是儿童语音发展的飞跃阶段,在合适的教育环境下,儿童几乎可以学会各种语言的发音,因而研究者又将这一阶段的儿童称为"世界公民"。研究发现,儿童的语音表达由发音器官的生理成熟程度和发音的难度决定,儿童语音的发展呈现出普遍的规律性。

(1)从无意义发音到有意义发音。婴儿一出生就具备发音能力,在婴儿真正说出有意义的语音之前,他们发出的哭叫、单音节和多音节都属于没有任何符号意义的反射性发音。进入说话萌芽阶段,婴儿学会使用语音、伴随着动作和表情的语调来表达某种意思。例如,当9个月以后的婴儿用手指着玩具汽车,嘴里发出"呜呜"声,这是要告诉成人"这是汽车"。这时的语音表达变得有意义,意有所指。

(2)从元音到辅音。在儿童的语音发展过程中,元音的出现要稍早于辅音。较早出现的元音有a、e、i、u、o,在辅音中b、p、m、f出现得稍晚。

(3)从单音节到多音节。0~3个月的婴儿发出的语音多为单音节,如a、o、u、e,这些音节没有任何符号意义,是一种反射性发音。4个月以后,婴儿能将元音和辅音结合起来,发出双音节和多音节,如h-ai、ai-i、ma-ma、ba-ba、y-ao等,这些声音也不具备符号意义,婴儿以发音作为游戏。

(4)从不准确到逐渐准确。从发音的准确性来说,儿童发音的错误大多集中在辅音上,特别是zh、ch、sh、z、c、s、l、n。在良好的语音环境的影响下,儿童的发音逐渐变得准确,4岁以后发音的准确性开始明显提高。

2. 学前儿童词汇的发展

(1)词汇的发展。2岁前儿童掌握的词主要是名词和动词,2岁以后儿童开始逐渐掌握形容词、代词和副词。儿童到了3岁时,各种词类都已经出现。在儿童掌握的词汇中,主要是以实词为主,这些实词包括名词、动词、形容词。

3岁前儿童掌握的虚词较少。儿童开始学会使用代词,儿童学习代词的顺序是:物主代词—人称代词—指示代词—疑问代词。对于儿童来说,物主代词出现的最早,包括"我的""你的""大家的"等。指示代词所指代的对象是可以变化的,伴随语言环境的改变而改变。儿童掌握疑问代词相对比较晚。

量词是表示事物单位的实词,儿童掌握得较晚,其发展顺序是:个体量词(个、头)—临时量词(一碗水、一盆花)—集合量词(一串、一双、一捆)—不定量词(一些、一点、一把)。儿童通过模仿成人而学会使用量词,在儿童掌握的量词中,使用得最多的是名词量词,如个、头、条、把、张等。

(2)词义的理解。12~18个月儿童对于词义的理解处于具体理解阶段。在此阶段,儿童虽然能说的词不多,但能理解的词却远远超过能说的词。同时,词义泛化、词义窄化、词义特化现象出现在这一时期。词义泛化是指儿童对词义的理解比较笼统,常常将词的外延扩大,用一个词代表多种事物。如把牛、羊、猪等所有具有四条腿、会行走的动物都叫作狗,把在天上飞的,如飞机、小鸟、风筝等都叫作鸟。词义窄化是指儿童理解的词义具体且具有专指性,如"车车"仅指自己的玩具车。词义特化是指儿童针对目标对象所使用的词语与目标语言匹配错误如用"扔"指代抓住东西的动作。

19~24个月,随着儿童对词义理解的逐渐加深,儿童对词的概括能力逐渐增强。此时,儿童已经能够认识到"车车"不仅仅指自己的玩具车,还可以指代别的小朋友的玩具车、马路上的汽车。

2~3岁是儿童的词汇量迅速增长的时期,此时儿童能够理解的词汇可达1000个左右。词义的泛化、窄化、特化现象逐渐减少,词的概括性在进一步提高。不过,受思维发展水平的影响,儿童对于某些词汇的理解具有直接性和表面性,只能理解词汇的常用意义,而不能理解词汇的全部意义或派生意义。如"狡猾"只能与狐狸这种动物相联系。

3. 学前儿童句型与句法的发展

句子是由词或词组按一定语法规则构成的能独立表达比较完整语义的最基本的语言单位。儿童句子的发展总体经历以下几个阶段:

(1)句型的发展。1~3岁是儿童口语发展的关键期。儿童口语的发展经历了三个阶段:不完整句(单词句、双词句)—完整句(简单句、复杂句)—复合句(并列复句、偏正复句)。

第一,不完整句阶段(1~2岁)。

不完整句是指句子的表面结构虽不完整,但能表达一个句子意思的语句。不完整句包括单词句和双词句。

单词句(1~1.5岁)是指儿童使用一个词表达一个句子的意思。单词句具有以下几个特点:和动作关系密切;联系情境;词性不确定;单音重叠。如"娃娃""饼饼""灯灯"等。

双词句(1.5~2岁)是指由两个单词句组成的不完整的句子,如"妈妈抱""饭饭没"等。双词句已经具备了句子的主要成分,有了主语、谓语或宾语,在表达意思上比单词句更明确。双词句又被称为"电报句",这是因为其表现形式简略、断断续续、结构不完整,就像打电报时的情景。此时,儿童主要使用名词、动词、形容词等实词,而虚词比较抽象,他们很少使用。

第二,完整句阶段(2~2.5岁)。

完整句(2~2.5岁)是指句子结构完整的语句,它包括简单句和复合句两种类型。

简单句是指句法结构完整的单句,根据是否有修饰语可分为无修饰语句和有修饰语句两种。1.5~2岁儿童在说出双词句的同时能够说出结构完整、无修饰语的简单句,如"她饭饭了"(主谓句)、"宝宝看书"(主谓宾句)、"妈妈给妹妹果果"(主谓双宾句)。当儿童到2岁半时开始出现简单修饰语的句子,如"两个妹妹玩水""我拿的筷子"。

第三,复合句。

复合句是指由两个或两个以上意思关联密切的单句组成的句子。一般来说,儿童到2岁以后开始出现复合句,但数量较少。4~5岁时儿童使用复合句的发展速度加快。儿童使用复合句的显著特点是由几个简单句构成,结构松散、缺乏连词,如"妈妈不要生气,宝宝乖乖"。3~4岁儿童掌握的复合句以联合复句为主,这其中又以并列复句居多,常用"还""也""又"等连词。5~6岁时,儿童开始掌握偏正复句,主要包括条件复句、因果复句和转折复句。

(2)句法发展特点。儿童经历了咿呀学语和词汇学习阶段之后,开始进入语言发展的一个关键阶段——句法学习。儿童句法发展具有以下几个特点：

第一，从不完整句到完整句。

儿童最开始说出的句子是单词句和双词句，在结构上属于不完整的句子。到2岁时，儿童说出的句子大部分是完整句。

第二，从简单句到复合句。

1.5~2岁时，儿童能够说出结构完整、无修饰语的简单句。复合句在简单句之后出现，一般在2岁以后出现，但数量少，所占的比例不大，4~5岁发展较快。

第三，从无修饰句到简单修饰句。

儿童最初的单词句和双词句都是没有修饰语的，到2岁半时开始出现有简单修饰语的句子，如"大灰狼"，这个时候儿童是把修饰语作为一个词语来使用的，如"大灰狼"就是"狼"。

第四，从陈述句到非陈述句。

儿童常用的句型有陈述句、疑问句、祈使句、感叹句等。其中，陈述句是儿童最先掌握的句型，然后在2岁左右开始出现疑问句。2~3岁儿童开始进入"好问期"，如"这是什么""那是什么"。

4. 学前儿童语言发展在教育中的应用

良好的语言环境能够在潜移默化中促进儿童语言能力的提高。

(1)教师需要以身作则，时刻使用正确、规范、清楚的语言，同时为儿童提供丰富的语言刺激，并确保每个儿童都有交流的机会。

(2)根据不同年龄学前儿童思维发展水平，教育侧重点要有所不同。3~4岁是口吃的常见期，教师要帮助学前儿童解除紧张情绪。

(3)儿童在游戏时往往呈现出自言自语的形式，教师应当注重儿童游戏语言和问题语言的培养。小班儿童应着重培养感知语言的能力，进行听力训练，从而获得良好的倾听能力；中班儿童应重视感知和理解词义，有意培养其积极对话、独白等说话能力；大班儿童的教育重点在于培养其讲述能力（如看图说话、观察讲述、构图等）和初步的阅读能力。

(4)要注意培养儿童的"前读写"兴趣，注意不要使其对读写产生厌烦心理。

二、学前儿童情绪和情感的发展

情绪和情感在儿童心理发展中的作用是十分重要的，从某种程度上讲，儿童的世界就是情绪的世界。情绪和情感对于维持儿童的活动、促进儿童认知、个性及社会性的发展都起着至关重要的作用。

(一)情绪在学前儿童发展中的作用

学前儿童的情绪在其心理活动中的作用，主要表现在以下四个方面：

1. 情绪对动机发展的作用

对于学前儿童来说，情绪的动机作用表现得极为明显，直接影响着学前儿童的各种行为。如喜欢小动物的儿童，就会经常去接近小动物，在接触的过程中，逐渐了解小动物的生活习性,掌握很多关于小动物的常识。这对于那些害怕、讨厌小动物的儿童来说,是很难做到的。学前儿童的行为目的性和受理智支配的程度很低,不能有意识地控制自己去做不愿意做的事,因此,他们比成人更多地受情绪的支配。到了学前晚期,情绪对行为的动机作用仍然相当明显。

2. 情绪对认知发展的作用

情绪与认知之间的关系密切:一方面,情绪是随着认知的发展而分化和发展的;另一方面,情绪对学前儿童的认知活动及其发展起着激发、促进作用或抑制、延缓作用。情绪心理专家、北京大学教授孟昭兰曾经做过实验,研究了不同情绪状态对儿童智力操作活动的影响,结果如下:

(1)在外界新异刺激作用下,儿童的情绪可以在兴趣与惧怕之间浮动。当这种不稳定状态游离到兴趣一端时,会激发儿童的探索活动;当游离到惧怕一端时,则会引起逃避反应。

(2)愉快情绪有利于儿童的智力操作,而痛苦、惧怕等对儿童的智力操作不利。

(3)同一情绪在不同强度水平时对智力操作效果的影响也不同。过低或过强的情绪水平不如适中的情绪状态,后者才能产生最佳的操作效果。

(4)愉快情绪强度差异与操作效果间呈倒 U 字相关,即适中的愉快情绪能使儿童的智力操作达到最优。

(5)痛苦、惧怕情绪强度差异与操作效果间呈直线相关,即痛苦、惧怕强度越大,操作效果就越差,操作效果随其强度的增加而下降。

总之,不同性质和不同强度水平的情绪对认知活动起着不同程度的推进或破坏的作用,直接影响着儿童智力活动的效果。

3. 情绪与人际交往能力的发展

每一种情绪都有其外部表现,即表情,它是人与人之间进行信息交流的重要工具之一。在儿童与人的交往中,尤其占有特殊的、重要的地位。

新生儿几乎完全借助于他的面部表情、动作、姿态及不同的声音与表情等,与成人进行信息交流,相互了解,引起其与成人的交往,或者维持、调整交往。儿童在掌握语言之前,主要是以表情作为交际的工具。在儿童初步掌握语言之后,表情仍是儿童重要的交流工具,它和语言一起共同实现着儿童与成人、儿童与同伴间的社会性交往。

4. 情绪对儿童个性形成的作用

儿童时期是个性形成的奠基时期,儿童情绪对其个性形成具有重要影响。儿童在与不同的人、不同的事物的接触中,逐渐形成了对不同人、不同事物的不同的情绪态度。儿童经常、反复受到特定环境刺激的影响,反复体验同一情绪状态,这种状态就会逐渐稳固下来,形成稳定的情绪特征,而情绪特征正是个性性格结构的重要组成部分。

综上可见,学前儿童的情绪对其心理发展具有非常重要而广泛的意义,影响儿童心理的诸多方面的发展。

(二)学前儿童情绪的发生和分化

观察和研究普遍表明,儿童出生后就有情绪。初生的婴儿即有情绪反应,如新生儿或哭,或安静,或四肢舞动等,可以称为原始的情绪反应。经过多年的研究,现在人们普遍倾向认为,原始的、基本的情绪是进化来的,是不学就会的、天生的,儿童先天就有情绪反应。这种情绪反应与生理需要是否得到满足有直接关系。学前儿童情绪的发生和分化主要体现在三个方面:情绪的社会化、情绪的丰富化和深刻化以及情绪的自我调节化。

1. 情绪的社会化

学前儿童最初的情绪与生理需要紧密联系。随着学前儿童的成长,情绪逐渐与社会性适应有关,社会化是学前儿童情绪发展的重要趋势,主要体现在以下三个方面:

(1)情绪中社会性交往的成分不断增加。学前儿童的情绪活动中涉及社会性交往的内容,随着年龄的增长而增加。例如,一项研究发现,学前儿童交往中的微笑可以分为三类:第一类,儿童自己玩得高兴时的微笑;第二类,儿童对教师微笑;第三类,儿童对小朋友微笑。这三类中,第一类不是社会性情感的表现,后两类则是社会性的。

(2)引起情绪反应的社会性因素不断增加。引起儿童情绪反应的原因称为情绪动因。婴儿的情绪反应,主要是和他的基本生活需要是否得到满足相联系的。例如,温暖的环境、吃饱、喝足、尿布干净等,都常常是引起愉快情绪的动因。1~3岁的儿童的情绪动因,除了与满足生理需要有关的事物外,还有大量与社会性需要有关的事物。但总的来说,在3岁前儿童情绪反应动因中,生理需要是否满足是其主要动因。3~4岁学前儿童,情绪的动因处于从主要为满足生理需要向主要为满足社会性需要的过渡阶段。在中班、大班学前儿童中,社会性需要的作用越来越大。学前儿童非常希望被人注意、被人重视、关爱,要求与别人交往。与人交往的社会性需要是否得到满足及人际关系状况如何,直接影响着学前儿童情绪的产生。

由此可见,学前儿童的情绪与社会性交往、社会性需要的满足密切联系。随着年龄的增长,学前儿童的情绪日益摆脱同生理需要的联系而逐渐社会化,其与成人(包括教师、家长)和同伴的交往日益密切。社会性交往、人际关系对儿童情绪的影响很大,是左右其情绪产生的最主要动因。

(3)表情的日渐社会化。表情是情绪的外部表现。有些表情是生物学性质的本能表现。儿童在成长过程中,逐渐学会周围人们的表情,其表情日益社会化。儿童表情社会化的发展主要包括两个方面:一是理解(辨别)面部表情的能力;二是运用社会化表情手段的能力。

表情所提供的信息,对儿童与成人交往的发展与社会性行为的发展起着特别重要的作用。近1岁的婴儿已经能够笼统地辨别成人的表情。例如,对他微笑,他也会笑,如果接着立即对他拉长脸,做出严厉的表情,婴儿会马上哭起来。有研究表明,小班儿童已经能够辨认别人高兴的表情,对愤怒表情的识别则大约在幼儿园中班开始。

学前儿童具有运用社会化表情的能力。澳大利亚学者富切尔对5~20岁先天盲人和正常人的面部表情后天习得性的研究发现,最年幼的盲童和正常儿童相比,无论是面部表情动作的数量,还是表达表情的适当程度,都没有明显的差别。但是,正常儿童的表情动作数量和表达表情的逼真性,都随着年龄的增长有进步,而盲童则相反。这说明,先天的表情能力只能保持一定水平,如果缺乏后天的学习,先天的表情能力会下降。盲童由于缺乏对表情的人际知觉条件,其表情的社会化受到了阻碍。研究表明,随着年龄的增长,儿童解释面部表情和运用表情手段的能力都有所增长。一般而言,儿童辨别表情的能力一般高于制造表情的能力。

2. 情绪的丰富化和深刻化

情绪的丰富化包括两个方面:一是情绪过程越来越分化,随着年龄的增长,学前儿童相继出现许多高级社会情感,如羡慕、怜悯、嫉妒、骄傲等;二是情绪指向的事物不断增加。

情绪的深刻化是指学前儿童的情感逐渐从指向事物的表面到指向事物内在的特点。

3. 情绪的自我调节化

随着年龄的增长,学前儿童的情绪越来越受到自我意识的支配,学前儿童对情绪过程的自我调节越来越强。这种发展趋势主要体现在以下三个方面:

(1)情绪的冲动性逐渐减少。在日常生活中,学前儿童往往由于某种外来刺激的出现而非常兴奋,情绪冲动强烈。学前儿童的情绪冲动性还常常表现在他用过激的动作和行为来表达自己的情绪。比如,学前儿童看到故事中的"坏人",常常会把它抠掉。随着学前儿童脑的发育及语言的发展,情绪的冲动性逐渐减少。学前儿童对自己情绪的控制,起初是被动的,即在成人的要求下,由于服从成人的指示而控制自己的情绪。到幼儿晚期,对情绪的自我调节能力才逐渐发展。成人经常不断的教育和要求,以及学前儿童所参加的集体活动和集体生活的要求,都有利于逐渐养成控制自己情绪的能力,减少冲动性。

(2)情绪的稳定性逐渐提高。学前儿童的情绪是非常不稳定的。随着年龄的增长,情绪的稳定性逐渐提高,但是,总的来说,学前儿童的情绪仍然是不稳定、易变化的。

学前儿童的情绪不稳定,与其情绪情感具有情境性有关。学前儿童的情绪常常被外界情境所支配,某种情绪往往随着某种情境的出现而产生,又随着某种情境的变化而消失。

学前晚期儿童的情绪比较稳定,情境性和受感染性逐渐减少,这时期学前儿童的情绪较少受一般人的感染,但仍然容易受亲近的人,如家长和教师的感染。因此,父母和教师在学前儿童面前必须注意控制自己的不良情绪。

(3)情绪控制性和掩饰性增加。婴儿期和幼儿初期的儿童,不能意识到自己情绪的外部表现。他们的情绪完全表露于外,丝毫不加以控制和掩饰。随着言语和心理活动有意性的发展,学前儿童逐渐能够调节自己的情绪及其外部表现。

学前儿童调节情绪的外部表现能力比调节情绪本身的能力发展得早。往往有这种情况,学前儿童开始产生某种情绪体验时,自己还没有意识到,直到情绪过程已在进行时才意识到它。这时,学前儿童才记起对情绪及其表现应有的要求,才去控制自己。学前晚期,儿童能较多地调节自己情绪的外部表现,但其控制自己的情绪表现还常常受周围情境的左右。

学前儿童情绪外显的特点有利于成人及时了解其情绪,并给予正确的引导和帮助。但是,控制调节自己的情绪表现以至于情绪本身,是社会交往的需要,主要依赖于正确的培养。同时,由于学前晚期儿童的情绪已经开始有内隐性,因此成人要细心观察和了解其内心的情绪体验。

(三)学前儿童的基本情绪表现

学前儿童的基本情绪表现有哭、笑、恐惧、依恋等。

1. 哭

婴儿出生后最明显的情绪就是哭,哭代表不愉快的情绪。哭最初是生理行为,以后逐步带有社会性。学前儿童的哭主要表现为社会性情绪。

2. 笑

儿童的笑是愉快的表现,可以分为:自发性的笑和诱发性的笑;不出声的笑(3~4个月以前的婴儿)和出声的笑;无差别的笑和有差别的笑。儿童在4个月前的笑是无差别的笑,4个月左右出现有差别的笑,这标志着社会性微笑的发生。

3. 恐惧

恐惧的分化经历了以下几个阶段:本能的恐惧→与知觉和经验相联系的恐惧→怕生(依恋情绪同时产生,6个月左右)→压力感的产生(如学习、安全等方面的压力)。

4. 依恋

依恋是儿童对某个人特别亲近而不愿其离去产生的情绪反应,母亲通常是儿童的依恋对象。美国心理学家安斯沃斯根据陌生人情境实验指出依恋有三种:安全依恋、回避依恋和反抗依恋。

(四)学前儿童高级情感的发展

学前儿童的高级情感包括道德感、美感、理智感等。

1. 道德感

道德感是指人由自己或别人的行为举止是否符合社会道德标准而引起的情感。3岁以后儿童的道德感开始发展,主要表现为自豪感、羞愧感、委屈感、友谊感、同情感等。小班儿童的道德感主要指向个别行为,往往由他人的评价而引起。中班儿童不但关心自己的行为是否符合道德标准,而且还开始关心别人的行为是否符合道德标准。大班儿童道德感局部发展并复杂化,对好人和坏人有着执着的判断。随着自我意识和人际关系意识的发展,学前儿童的自豪感、羞愧感、委屈感、友谊感、同情感、妒忌感等情感也开始发展起来。3岁之前的儿童只在成人指出其行为不当时才出现羞愧感,随着年龄的增长,大班儿童自己也能意识到自己行为的不当,从而出现羞愧感。

2. 美感

美感是指人根据一定的标准对事物产生的体验。儿童对美的体验也有一个社会化的过程。婴儿从小喜欢鲜艳悦目的物体以及整洁的环境。幼儿初期,儿童仍然对颜色鲜明的东西、新的衣服鞋袜等产生美感。他们自发地喜欢外貌漂亮的小朋友,而不喜欢形状丑陋的事物。在环境和教育的作用下,学前儿童逐渐形成了自己的审美标准。

3. 理智感

理智感是指人根据是否满足认知需要而产生的体验,这是人类社会所特有的高级情感。5岁左右的儿童喜欢提问,并由提问得到满意的回答而感到愉快。儿童在6岁左右求知欲望和好奇心迅速发展,喜欢各种智力游戏,或所谓的动脑活动,如猜谜语、下棋等。

（五）学前儿童情绪和情感的发展的特点

总的来说，儿童情绪和情感的发展具有以下三个方面的特点：

1. 情境性，容易受外界环境的影响

整个幼儿期，儿童的情绪都是不稳定的，极易受到外界环境各种因素的影响。学前儿童的情绪不稳定，与其情绪情感具有情境性有关。学前儿童的情绪常常被外界情境所支配，某种情绪往往随着某种情境的出现而产生，又随着情境的变化而消失。例如，新入园的儿童，看着妈妈离去时，会伤心地哭，但妈妈的身影消失后，经老师引导，很快就愉快地玩起来。如果妈妈从窗口再次出现，又会引起儿童的不愉快情绪。学前儿童情绪的不稳定还与情绪的受感染性有关。所谓受感染性是指学前儿童的情绪非常容易受周围人的情绪所影响。新入园的一个孩子哭泣着找妈妈，会引起早已习惯了幼儿园生活的其他孩子都哭起来。

2. 外显性，无法控制和掩饰情绪

婴儿不能意识到自己情绪的外部表现。他们的情绪完全表露在外，丝毫不加控制和掩饰。例如，想哭就哭，想笑就笑，他们也不认为这有什么不合理。到了 2 岁左右，儿童从日常生活中，逐渐了解了一些初步的行为规范，知道了有些行为是要加以克制的。如一个孩子摔倒会引起本能的哭泣，但刚一哭，马上就自己对自己说："我不哭！我不哭！"，这时孩子的脸上还挂着泪珠，甚至还在继续哭。这种矛盾的情况说明婴儿从不会调节自己的情绪表现，到开始产生调节自己的情绪表现的意识，但由于自我控制的能力差，还不能完全控制自己的情绪表现。这种情况会一直持续到幼儿初期。如常常有一些初上幼儿园的孩子由于离开熟悉的家庭环境而哭起来，然后一边抽泣，一边自言自语地说："我不哭了，我不哭了。"这说明幼儿初期的孩子情绪和情感仍然是明显的外露。

在正确的教育下，随着孩子对是非观念的掌握，孩子对情绪的调节能力会很快发展起来。如 6 岁左右的孩子在打针时可以不哭，在自己的需要不能满足时也能克制自己的消极情绪，很快开始愉快地玩游戏。

3. 不稳定性，带有很强的冲动性

学前儿童的情绪非常不稳定、易变，也易冲动。学前儿童常常处于激动状态，而且来势强烈，不能自制。年龄越小，这种冲动就越明显。例如，学前儿童会因与母亲分离表现得大哭大闹，也会因看见喜欢的动漫节目而又跳又笑，还会因为一颗棒棒糖而与同伴大打出手。学前儿童的情绪冲动性不仅用过激的动作和行为表现自己的情绪，而且还很容易发生变化。上一秒钟是又哭又闹，下一秒钟可能就破涕而笑了，这是因为学前儿童仍然处于自我中心，自我控制能力较差，无法控制冲动情绪的缘故。随着年龄的增长，学前儿童逐渐能克服冲动，但在整个幼儿期，学前儿童的情绪仍然极易冲动。

（六）学前儿童积极情绪的培养

培养学前儿童的积极情绪，可从以下几方面着手：

1. 营造良好的情绪环境

学前儿童情绪的发展主要依靠周围情绪气氛的感染。保持轻松、和谐、愉快的情绪氛围,有助于建立良好的亲子关系和师生关系。

2. 成人情绪自控的示范

成人是学前儿童情绪发生的直接来源。家长和教师要避免喜怒无常,既不要溺爱儿童,也不要吝啬给予儿童爱。

3. 积极鼓励和引导

对待孩子,家长和教师应当以正面肯定和鼓励为主,要耐心地倾听孩子说话,正确地运用暗示和强化等手段引导孩子情绪的健康发展。

4. 正确理解和表达学前儿童的情感反应

家长和教师应当对学前儿童表现出的所有情绪都保持敏感,同时,对学前儿童正在体验的情绪应当做出非判断性评价,这样才能正确理解学前儿童的情绪反应。

5. 帮助儿童控制情绪

(1)转移法。当儿童闹情绪时,成人要有意识地将其注意力转移到其他方面。

(2)冷却法。当儿童的情绪十分激动时,成人要采取暂时置之不理的办法,儿童会自己慢慢平息情绪。

(3)消退法。对于儿童的某些消极情绪,可采用条件反射消退法,即撤销原先可接受的某种行为,并在一段时间内不予以任何强化,此行为的频率自然下降并逐渐消退。

(4)反思法。当儿童情绪激动时,成人让儿童从反思角度想想自己的情绪表现是否合适。

(5)想象法。当儿童遇到困难或挫折时,引导儿童想象自己是个"男子汉"或"哥哥姐姐"等从而使其勇敢起来。

三、学前儿童个性的发展

个性是指个体在其生活、实践活动中经常表现出来的,比较稳定的带有一定倾向性的个性心理特征的总和,具有独特性、稳定性和功能性,是个体区别于其他个体的独特精神面貌和心理特征。学前儿童在与周围世界相互交往的过程中,表现出明显的个性倾向性,具体体现在儿童的需要、动机、兴趣等方面。学前儿童的个性还没有完全形成,但个性系统中的某些因素已经有所发展。

(一)学前儿童的自我意识

1. 自我意识概述

自我意识是指个体对自己及自己与周围事物关系的认识。自我意识,是个性和社会性发展的核心概念,具有社会性、能动性和同一性三个特点,是个性形成的重要条件。

自我意识包括三个心理成分:自我认识(自我评价)、自我体验和自我控制。自我认识是个体对自己的洞察和了解,如"我觉得自己是慢性子",它是个体对自己的心理活动和行为进行调节的前提;自我体验是个体对客观事物能否符合人的需要而产生的情绪体验,如自尊、自信等;自我控制是自我意识在意志上的表现,包括自我检查、自我监督和自我控制。

2. 学前儿童自我意识发展的特点

学前儿童自我意识大约在 2 岁后形成,其发展经历了生理自我、社会自我、心理自我三个时期。学前儿童的自我意识主要包括自我评价、自我体验、自我控制三个方面。

(1)学前儿童自我评价的特点:①从轻信成人的评价到自己独立评价(从依从性向独立性发展);②从对外部行为的评价到对心理品质的评价;③从比较笼统的评价到比较细致的评价;④从带有主观情绪的评价到相对客观的评价。

(2)学前儿童自我体验的发展。学前儿童自我体验发展的趋势和主要特点为从初步的内心体验发展到较强烈的内心体验,从受暗示性的体验发展到独立的体验。

学前儿童自我体验发展水平逐步提高,并有一个不断深化的过程,表现为从与生理需要密切联系的自我体验,向与社会需要相联系的自我体验发展。4 岁后,学前儿童的委屈感、自尊感与羞愧感等这些社会性较强的自我体验明显发展。

儿童的年龄越小,在自我体验产生的过程中就越容易受成人的暗示。如幼儿园老师问儿童,如果你做"捂眼睛、贴鼻子"的游戏时偷偷拉下毛巾被老师发现了,你会觉得怎么样?3 岁的儿童中只有 3.33% 回答有羞愧的体验;而在有暗示"如果你做错了事,觉得难为情吗"时,有 26.67% 的儿童回答有羞愧的体验。这就启示我们要充分利用儿童易受暗示的特点,多采用积极暗示来促进儿童良好情感的发展。

(3)学前儿童自我控制的发展。自我意识发展的另一个重要标志是个体不仅能认识自己、正确地评价自己,而且在一定程度上能够自觉地控制和调节自己的行为。自我意识的发展必须体现在自我控制上,因为个性发展的核心问题是自觉掌握自己的心理活动行为。

儿童自我控制能力是逐渐产生和发展的,表现为儿童开始完全不能自觉调控自己的心理与行为。心理活动在很大程度上受外界刺激与情境特点的直接制约,以后随着生理的发育成熟,在环境与教育的作用下,幼儿逐渐能够按照成人的指示、要求调节自己的行为,进而自觉地调整自己的心理和行为。

学前儿童的自我控制能力比较薄弱。3 岁左右的儿童自我控制能力较差,主要受成人控制,直到 5~6 岁时,儿童才有一定的坚持力和自制力。著名的延迟满足实验很好地反映了学前儿童的自我控制能力水平:给每个孩子一个礼包,告诉他们等 10 分钟,老师回来后才能打开,当老师离开后,小班的孩子大多很快打开盒子,而大班的孩子坚持的时间会长些,有更多的孩子能按要求坚持到老师回来。

总的来说,学前儿童自我意识的发展主要表现在能够意识到自己的外部行为和内心活动,恰当地评价和支配自己的认识活动、情感态度和动作行为,并由此逐渐形成自我满足、有自尊心、有自信心等性格特征。

3. 学前儿童自我意识发展在教育中的应用

在自我意识方面,教师可以通过创设"我""我的家""我的朋友"等主题活动,让学前儿童认识自己,并对自己与周围的人和物建立初步的关系;在自我体验方面,教师可以指导学前儿童将自己的现在与过去进行比较,了解自己的进步和不足,从而使学前儿童能够客观地看待自己,在欣赏自己的同时也能接纳自己的缺点;在自我控制方面,教师可以指导学前儿童学会自我控制和自我调节,学会控制自己的情绪,调节自己的心态,学会正确的表达方式。教师还应指导儿童养成有序地放置物品、按时作息等良好的生活习惯。

(二)学前儿童的气质

气质是指一个人所特有的、主要由生物因素决定的、相对稳定的心理活动的动力特征。气质主要表现在心理活动的速度(反应的快慢)、强度(反应的大小)、灵活性(转换的速度)三个方面。气质是儿童出生后最早表现出来的一种较为明显而稳定的个人特征,是在一切社会文化背景中父母最先能观察到的儿童的个人特点。气质无好坏之分,它能使人的整个心理活动带上独特的个人色彩,制约着心理活动的进行。学前儿童生来就具有个人的气质特点,与其他的个性心理特征相比,气质具有较大的稳定性。

1. 气质的分类

个体的气质类型有多种划分标准。

(1)传统划分法。传统划分法以古希腊著名医生希波克拉底提出的"体液说"为主。他依据体液的组成部分,把气质分为四种类型:胆汁质、多血质、黏液质和抑郁质。

胆汁质的特点是:热情、精力充沛、刚强、讲义气、心直口快、脾气暴躁、没有耐心。

多血质的特点是:活泼、灵活、兴趣广泛、能说会道、善于交朋友、情绪不稳定、没有毅力。

黏液质的特点是:沉着冷静、思虑周全、喜欢安静、有毅力、较死板、不灵活。

抑郁质的特点是:敏锐、有才气、多愁善感、孤独、容易自卑和悲观。

(2)现代划分法。根据学前儿童的气质,现代一般把学前儿童(主要是婴儿)划分为以下三种类型:

第一,容易型。

学前儿童大多数属于这一类型。他们吃、睡等生理节律有规律,比较活跃,节奏性强。他们容易适应新环境,容易接受新的事物和不熟悉的人,情绪比较积极、稳定、友好、愉快,喜悦的情绪占主导,求知欲强,充满好奇,容易得到成人的关爱,因而在整个学前儿童时期都受到成人的极大关怀和注意。

第二,困难型。

这类婴儿生理节律混乱,睡眠、饮食等技能缺乏规律性,情绪不稳定,易烦躁、爱吵闹,经常哭泣,不易抚慰。对新刺激不易适应,接受变化难,表现为易退缩和易激动。

第三,迟缓型。

这类婴儿不活跃,情绪比较消极,常常是安静地退缩,对新事物适应缓慢。

2. 学前儿童气质的发展

在人的各种个性心理特征中,气质最早出现,但变化却最缓慢。儿童出生时已经具备了一定的气质特点,这些特点在整个学前儿童期相对稳定。但气质也会发生变化,人的高级神经活动具有高度的可塑性。学前儿童的神经系统正处于发育过程中,消极特征的纠正和积极特征的发展将会导致气质类型的改变。某些早期气质类型中的消极特征,通过教师和父母的不断教育可逐渐改正,甚至完全消除。如胆汁质的学前儿童易被激怒、任性,黏液质的学前儿童易孤独、畏缩,这些特质在教师的指导和集体生活的影响下可逐渐改变。

学前儿童的气质发展中存在"掩蔽现象"。所谓"掩蔽现象",是指一个人的气质类型没有改变,但是却形成了一种新的行为模式,表现出一种不同于原来类型的气质外貌。

3. 学前儿童的气质特点在教育中的应用

(1)正确认识学前儿童的气质特点。首先,要了解学前儿童的气质特点,家长和教师可对学前儿童在游戏、学习、劳动等活动中的情感表现、行为态度等进行反复细致的观察。

其次,接受学前儿童的气质特点,接受学前儿童先天遗传的某些气质特征,找出气质特征中的闪光点,宽容地对待他们,多多鼓励他们。家长和教师通过言传身教帮助他们养成良好的行为习惯,在教育中要开展适合学前儿童天性的教育活动。

最后,不要轻易对学前儿童的气质类型下结论,虽然学前儿童表现出各种气质特征,但家长和教师不要轻易地下结论,断定一个学前儿童属于某种气质类型。如上文所说,在实际生活中,纯粹属于某种气质类型的人是极少的,某一特点可能为几种气质类型所有。

(2)家长应根据孩子的气质特点有针对性地进行教育。研究结果表明,孩子气质是影响父母教养方式的重要因素。父母要了解自己孩子的气质特征,有针对性地进行教育:一方面要帮助孩子改正或消除消极的气质特征(如孤僻、急躁等);另一方面要积极鼓励与表扬孩子气质中的积极特征(如行动敏捷、灵活等)。消极特征的消除和积极特征的发展可以引起整个气质类型的改变。

(3)教师应根据学前儿童的气质特点开展相匹配的教育。在开展教育和教学工作时,教师要针对学前儿童的气质特点,提出不同的要求、采取适当的措施,加以区别对待。

气质是脑神经活动多种特性的独特整合,有着明显的先天遗传性,表现出相对的稳定型。如果学前儿童的气质类型长期不稳定,那也就很难说明气质的真正存在。同时,气质并不是绝对稳定的,主要的原因是作为气质基础的神经系统本身是随着年龄的变化而变化的,且其早期的表现行为特征在以后的发展中常被重组,成为一个更新、更复杂的系统。

(三)学前儿童的性格和能力

性格和能力与气质一样,都是个性心理特征的重要组成部分。学前儿童性格和能力的发展受到遗传、环境、教育等因素的影响。

1. 学前儿童性格的发展

性格是人对现实的态度和惯常的行为方式中比较稳定的心理特征。性格是个性中最为重要的心理特征。学前儿童的性格有的表现为合群,有的表现出独立,有的表现出活动能力较强,有的则表现出较强自制性特征。

3~6岁儿童性格的年龄特点表现为:①活泼好动;②喜欢与人交往;③好奇心很强,喜欢提问;④模仿性强;⑤好冲动。

影响学前儿童性格形成的因素通常有母子关系、自身的气质特点、成人的抚养方式和教育等。

2. 学前儿童能力的发展

能力是个体成功完成某种行动所必须具备的个性心理特征。学前儿童多种能力的发展呈现以下特征:

(1)操作能力最早表现,并逐步发展。新生儿具有先天的抓握放射的能力,六七个月的婴儿双手和手眼协调的能力开始发展,手的灵活性逐渐提高。从1岁开始,儿童操作物体的能力进一步发展,儿童有了进行一些游戏活动的能力。到幼儿期,儿童的身体协调能力有所发展,走、跑、跳的能力逐渐完善,同时各种游戏活动,如角色游戏、建构游戏、表演游戏等在幼儿一日活动中占据主要地位,使得幼儿的操作能力进一步得到发展。

(2)语言能力发展迅速。学前儿童的语言是在婴儿期开始发展的,且发展迅速,幼儿期是其口语发展的关键期。在1岁左右,幼儿开始发展语言能力。在之后短短的几年里,特别是2~4岁的年龄阶段,儿童的语言能力经历了非常迅速的发展变化。儿童从一开始不会说话到能用单个字,再到能用两个词,最终能够用简单的单句比较清晰地表达自己。儿童的语言表达能力进一步发展和提高,特别是语言的连贯性、完整性和逻辑性发展迅速。

(3)模仿能力迅速发展。儿童的模仿能力是较早发展也较多展露的能力之一,最早是通过延迟模仿而发展起来的,延迟模仿大约发生在18~24个月的儿童身上,表现在语言和动作方面。儿童会模仿曾经见过的动作、行为或听过的语言。模仿能力的发展对儿童的成长有重要的意义,不仅促进了语言和动作的发展,而且在模仿成人和同伴行为中,逐渐形成自己的个性。

(4)认识能力迅速发展。婴儿出生时只具备感知的能力。随着年龄的增长,各种认识能力逐渐发生和发展,如从无意识到有意识注意,观察能力、想象力等的发生和发展。儿童各种认识能力迅速发展起来,逐渐向比较高级的心理水平发展,这为儿童的学习和个性的发展提供了必要的前提条件。

(5)各种特殊能力逐渐展现。儿童期,一些特殊才能开始有所展现,如音乐、舞蹈、绘画、体育等。据统计,音乐才能在学前期较早表现出来。

(6)创造能力出现萌芽。儿童的创造能力发展比较晚,但到了幼儿晚期出现了创造能力的萌芽,这种创造能力明显表现在幼儿的绘画中。

四、学前儿童的社会性发展

社会性发展是学前儿童心理发展的重要组成部分。学前儿童社会性发展主要包括社会关系和社会性行为。在学前儿童社会性发展过程中,社会关系主要是亲子交往、同伴交往和师幼交往。社会性行为主要有亲社会行为和攻击性行为。

(一)亲子交往

亲子关系是一种血缘关系,在广义上指家庭中父母与子女间的交往活动,这其中包括与无血缘但承担抚养责任的养父母、继父母的亲子关系;在狭义上则指以血缘和共同生活为基础,以抚养、教养、赡养为基本内容的物质交往和精神交往的总和。

亲子关系是儿童早期生活中最重要的人际关系,也是最持久的一种关系,对个体社会心理的发展具有重要的奠基作用。首先,良好亲子关系的建立对儿童情绪情感及健康人格的形成具有重要意义。根据埃里克森的人格理论,儿童早期是建立基本的信任感、自主性与主动性的关键期,而父母是帮助儿童实现这一过程的重要的支持者;父母在平时对儿童所表现出的温暖、关心和鼓励,同样有助于儿童积极情绪情感的获得,并在日后对他人展现出同情、关爱的情感。其次,亲子关系为儿童创设了安全的社交环境,为其认知周围环境及与他人的关系创造了有利条件。亲子交往是儿童由自然人发展为社会人的第一步,也是最关键的一步,儿童因其身心发展水平的限制,对成人表现出巨大的依赖性。儿童早期与父母建立安全的依恋关系,并在与父母的互动中学习生活技能,锻炼感知能力,形成积极、主动的个性,都为其日后的社会交往奠定了基础。在亲子交往中,依恋和父母的教养方式是两个重要主题。

1. 依恋

依恋指儿童与照顾者之间那种强烈而深厚的情感联系。对儿童来说,依恋是社会性的最早表现,也是学前儿童早期生活中最重要的社会关系。研究者普遍认为,依恋的实质是一种社会性的情感需求,是通过双方的交往和相互强化形成的复杂行为系统。当学前儿童出现分离焦虑和陌生人焦虑时,标志着依恋的产生。

通过美国心理学家安斯沃斯的"陌生情境实验",可以将学前儿童的依恋分为以下三种类型:

(1)安全型依恋。当最初和母亲在一起时,这个类型的孩子很愉快地玩;当陌生人进入时,他们有点警惕,但继续玩,无烦躁不安的表现。当把他们留给陌生人时,他们停止了玩,并去探索,试图找到母亲,有时甚至哭。当母亲返回时,他们显得比以前同母亲更亲热。当再次把他们留给陌生人时,孩子很容易被安慰。

(2)不安全/回避型依恋。这个类型的孩子对母亲没有什么兴趣,但当母亲离开房间的时候会大哭。奇怪的是,当母亲回来的时候他们也不觉得高兴,总是转过身哭着就爬开了,对母亲采取回避态度。

(3)不安全/抗拒型依恋。这个类型的孩子表现出很高的分离焦虑。由于同母亲分离,他们感到强烈不安;当再次同母亲团聚时,他们一方面试图主动地接近母亲,另一方面又对来自母亲的安慰进行反抗。

2. 父母的教养方式

父母的教养方式是父母的教养观念、教养行为与孩子情感互动的一种组合方式,这种组合方式相对稳定,反映了亲子交往的实质。

(1)权威型。权威型父母以孩子为中心,尊重孩子的意见和观点,控制程度中等,给他们较大的自由空间,允许孩子表达自己的想法并做决定。这种情感上偏于接纳和温暖的教养方式,对孩子的发展带来积极的影响,此种父母养育的孩子的自尊感和自信心较强,与人为善,乐观、积极。

(2)专制型。专制型父母教养方式的特点是严格但不民主。父母对子女拥有绝对的权威,要求孩子无条件地遵循有关的规则,对孩子违反规则的行为表示愤怒,采用严厉的惩罚措施。此种父母养育的孩子缺乏主动性,容易胆小、退缩、焦虑,自信心较低,不善于与人交往。

(3)放纵型。放纵型父母虽然对孩子充满积极肯定的情感,但缺乏控制。此种父母养育的孩子缺乏责任感、自制力和进取心,对困难的任务难以坚持。

(4)忽视型。忽视型父母对孩子漠不关心,既缺乏爱的情感与积极反应,又缺少行为的要求和控制,也不会表现出任何期待。此种父母养育的孩子较少为他人考虑,容易出现社会适应障碍,有可能在青春期出现不良行为。

3. 营造良好亲子关系的教育建议

父母应尽可能地为孩子营造一种平和、积极、温暖的环境,给予孩子足够的关注和呵护,促进孩子形成安全性依恋。由于亲子关系是一种不平等的关系,即在亲子关系中父母起主导地位,容易造成孩子的情绪压抑。因此,父母应有意营造一种相对自由、和谐、彼此尊重的关系,可以采用定期的情绪发泄方式,例如,每周让孩子发泄一次,表达自己的看法。

(二) 同伴交往

同伴交往是学前儿童在童年生活中除了亲子交往之外又一种重要的社会交往。

1. 同伴交往的含义和特点

同伴交往是指年龄相同或心理水平相近的儿童之间的一种共同活动并相互协作的过程。在同伴交往中,交往双方都处于自由、平等和互惠的地位,需要儿童特别关注对方的反应和态度,以保证顺利地实现双方的信息交流,完成交往活动。

同伴交往是满足幼儿社会性发展需要、获得社会支持的重要源泉。

2. 良好同伴交往的意义

(1)同伴交往是儿童学习社交技能的重要渠道。同伴交往相比于亲子交往更能够促进儿童社交技能的提高。首先,在同伴交往中儿童由亲子关系中被动的接受者转变为主动的参与者,且需要付出实际行动以维持良好的同伴关系,因此儿童必须要提高自己的社交技能,使其信号和行为反应更具表现性,才能使交往活动顺利进行。其次,同伴交往中儿童会遇到不同的情境、不同的场合、不同的伙伴,这就要求儿童能够根据不同因素的变化来调整自己的行为、态度,学习新的社交技能,以适应这种变化。

(2)同伴交往是儿童重要的情感后盾。在同伴交往中,交往的双方处于平等的地位,这就要求儿童要特别关注对方的情感及社会需求,才能继续维持良好的同伴关系。首先,同伴能够经常给彼此一些归属感与安全感,逐渐成为相互间的一种情感依赖,具有重要的情感支持作用。其次,同伴能够帮助儿童消除自我中心。心理发展处于自我中心阶段的儿童,很难意识到他人的想法,只有在同伴交往中才能够了解到别人的观点、需求及情感,并学会理解他人,与人合作。

(3)同伴交往对儿童的认知发展具有促进作用。每个儿童都是独一无二的个体,拥有不同的生活经验与认知基础,在生活与交往中便会表现出不同的行为方式与习惯,这就为儿童提供了重要的相互模仿与学习的机会。同伴是最好的玩伴,心理年龄相仿的儿童经常在一起探索问题解决的方式,学习新经验,为儿童提供了众多同伴交流、讨论、协商的机会,对丰富儿童的认知、发展独立思考、独立解决问题的能力具有重要促进作用。

(4)良好的同伴关系有助于儿童自我概念和人格的发展。在社会交往中,儿童第一次获得了自己如何被他人知觉的信息,即"通过别人的眼睛看自己"。儿童在与同伴的比较中进行自我认知,能够通过对他人的认识来更好地认识自己,并学会做自我判断。良好的人际关系能够促进儿童健康人格的发展,消除不良环境带来的影响。灵长类动物实验及人类的相关研究都说明,同伴交往在克服不利环境、促进人格发展中具有重要作用。良好的人际关系对儿童独立个性、人生观、价值观的建立也具有重要影响。

3. 同伴交往的类型

(1)帕顿的研究。学前期儿童社会交往的经典研究是美国游戏理论专家帕顿对40个孩子所进行的游戏观察研究。她提出了六种类型的社会性参与活动,代表着儿童发展的不同水平。按照儿童的发展水平,这六种类型依次为无所事事、旁观、独自游戏、平行游戏、协同游戏和合作游戏。帕顿的研究数据表明:从2～5岁,协同游戏、合作游戏的数量在上升而独自游戏、旁观和无所事事的行为在下降。

同时,儿童在每一阶段的同伴交往又伴随着其特有的年龄特点。3岁以后儿童的同伴交往总体表现出自我中心倾向,在教师的引导下,逐渐学会协商、轮流与合作。小班时儿童以非社会性游戏为主,独自游戏时间居多,基本不关注同伴的游戏行为;到了中班,儿童单独游戏逐渐减少,平行游戏与联合游戏逐渐增多,如两人一同搭建一个物体,但相互之间交流较少且没有明分工;到了大班时,合作游戏出现,儿童能够围绕一个游戏目标共同协商、分工合作,享受合作的乐趣。

(2)庞丽娟等人的研究。研究儿童的同伴交往类型,我国学者庞丽娟等人主要用"同伴现场提名法",也就是通过同伴对儿童的提名情况,了解某一儿童在同伴社交中的地位。结果表明,儿童的社交地位已经分化,主要有受欢迎型、被拒绝型、被忽视型和一般型。四种类型的基本特征如下:

第一,受欢迎型。受欢迎型儿童喜欢与人交往,在交往中积极主动,且常常表现出友好、积极的交往行为,因而受到大多数同伴的接纳、喜爱,在同伴中享有较高的地位,具有较强的影响力。从同伴提名分上看,他们的正提名分很高而负提名分很低。

第二,被拒绝型。被拒绝型儿童和受欢迎型儿童一样,喜欢交往,在交往中活跃、主动,但常常采取不友好的交往方式,如强行加入其他小朋友的活动、抢夺玩具、大声叫喊、推打小朋友等,攻击性行为较多,友好行为较少,因而常常被多数儿童所排斥、拒绝,在同伴中地位低,与其他儿童的关系紧张。从同伴提名分上看,他们一般正提名分很低而负提名分很高。

第三,被忽视型。与前两类儿童不同的是,这类儿童不喜欢交往,他们常常独处或一个人活动,在交往中表现得畏缩,他们既很少对同伴做出友好、合作的行为,也很少表现出不友好、侵犯性行为,因此既没有多少同伴主动喜欢他们,也没有多少同伴主动排斥他们,他们在同伴心目中似乎是不存在的,被大多数同伴所忽视和冷落。这类儿童的正、负提名分都很低。

第四,一般型。这类儿童在同伴交往中行为表现一般,既不是特别主动、友好,也不是特别不主动或不友好;同伴有的喜欢他们,有的不喜欢他们,他们既非为同伴所特别的喜爱、接纳,也非特别的忽视、拒绝,因而在同伴心目中的地位一般。从提名分上看,这类儿童的正、负提名分都有一定的得分,两者都处于居中的水平。

上述四种同伴交往类型,在儿童群体中的分布是各不相同的。其中,受欢迎型儿童约占13.33%,被拒绝型儿童约占14.31%,被忽视型儿童约占19.41%,一般型儿童约占52.94%。

从发展的角度看,在4~6岁范围内,随着儿童年龄的增长,受欢迎型儿童的人数呈增多趋势,而被拒绝型儿童、被忽视型儿童呈减少趋势。

在性别维度上,以上四种类型的分布也是很有意思的。在受欢迎型儿童中,女孩明显多于男孩;在被拒绝型儿童中,男孩显著地多于女孩;而在被忽视型儿童中,女孩多于男孩,但男孩也有一定的比例。

4. 影响同伴关系发展的因素

(1)儿童自身的特点。儿童自身的行为特点不仅决定着同伴对他们的态度及接纳程度,而且也决定着他们在同伴交往中的行为方式。首先,儿童的身体特征影响着其同伴交往质量。例如,具有良好体型和样貌的儿童更容易吸引同伴的目光,成熟早的儿童比成熟晚的儿童更受欢迎;其次,儿童的认知能力与其社交地位具有密切联系。在儿童社交群体中,受欢迎的儿童普遍都是社会问题的处理者、协调者和对他人的支持者;最后,儿童的气质、情感、性格等个性、情感特征影响着他们同伴交往的态度和行为。情绪控制能力较低的儿童通常会选择将情绪外化(如攻击、喊叫)。

(2)早期亲子交往的经验。良好的亲子关系对儿童与同伴的社会交往能力具有重要作用。早期亲子依恋的关系对之后的同伴交往具有预告和定性的作用。首先,亲子关系给儿童提供了一个良好的交往氛围,儿童开始主动与他人交往,建立关系;其次,良好的亲子关系为儿童提供了一个练习交往的机会,使其获得了社会交往所必需的能力。与此同时,良好的亲子关系给予了儿童充分的安全感,使其能够以积极的态度与人交往,建立联系。

(3)活动材料和活动性质。学前儿童的社会交往多以游戏的方式展开,决定了活动材料和活动性质在同伴交往中的重要性。儿童的活动多围绕游戏材料展开,在游戏中儿童往往要就材料的使用方法进行交流,对于数量较少的材料在使用前要进行协商,这依赖于儿童良好社交技能的发展。活动性质对儿童同伴交往的影响主要体现在自由游戏情境下,不同类型的游戏中儿童在行为表现上存在巨大差异。例如,在音乐游戏、表演游戏等活动中即使社会性程度较低的儿童也能够跟随同伴完成动作,因为游戏活动本身的性质、规则决定了其行为方式。

5. 教师对学前儿童同伴交往的指导

(1)仔细观察。教师进行指导的前提是深入细致地观察,只有了解儿童的社交地位、被同伴的接纳程度,做到心中有数,才能进行有针对性的指导。教师应注意现场观察儿童与同伴的交往活动,帮助他们建立良好的同伴关系。

(2)及时指导。对于儿童在交往中出现的困难,教师应有正确的判断,在儿童需要帮助时及时干预。对于被拒绝型和被忽视型儿童,教师应创造条件,鼓励他们大胆尝试,帮助他们掌握基本的交往方式和技能策略。

(3)积极评价。学前儿童经常以同伴作为参照标准或榜样,根据同伴的行为表现进行自我评价。而能否成为学前儿童的榜样往往来自教师的评价,他们对教师肯定、表扬过的同伴的行为模仿很快,以求得教师的表扬。因此,教师应注意表扬学前儿童的良好行为。

(三)师幼交往

师幼交往是幼儿园中最重要的交往,师幼交往的状况直接决定幼儿园保教工作的质量。

其价值主要体现在以下几个方面：

1. 良好师幼交往的作用

（1）良好积极的师幼交往有助于学前儿童的发展。一方面，良好的师幼交往可以稳定学前儿童的情绪，使学前儿童处于愉快、轻松、和谐的氛围之中，有利于学前儿童的身心健康；另一方面，良好的师幼交往可以促进学前儿童的人际交往能力、语言能力、认知能力等各方面的发展。

（2）良好积极的师幼交往能够深化教师对学前儿童的认识。良好的师幼交往能够使教师更全面地了解学前儿童，把握学前儿童身心发展的各个方面，对其进行有针对性的教育，从而有助于提升教师的专业发展水平。

2. 良好师幼交往的建立

（1）亲近、悦纳学前儿童。教师应当喜欢并乐于与学前儿童相处，接纳每一个学前儿童，在一定程度上要允许学前儿童犯错误，并宽容其所犯的错误。

（2）满足学前儿童的发展需要。教师应当关注、觉察学前儿童发展的需要，并满足这些需要。教师应了解学前儿童的需要，并对学前儿童的需要给予积极的回应。

（3）支持学前儿童的差异性发展。教师应当尊重学前儿童的发展特点与个体差异，有效地参与并引导学前儿童的行为，形成师幼间的合作和互动，从而更好地促进学前儿童的身心发展。

（四）学前儿童社会性行为的发展

社会性行为指人们在交往活动中对他人或某一事件表现出的态度、言语和行为反应，它在交往中产生，并指向交往中的另一方。根据其目的和动机的不同，学前儿童的社会性行为主要表现为亲社会性行为和反社会性行为中的攻击性行为。

1. 亲社会性行为

亲社会性行为是指一个人帮助或打算帮助他人或群体的行为倾向，是儿童道德发展的核心问题，它对儿童良好个性的形成也大有裨益。学前儿童的亲社会性行为主要包括同情、关心、分享、合作、谦让、援助等。亲社会性行为是形成和维持良好人际关系的基础，对学前儿童发展具有重要影响。

2. 亲社会性行为的培养

（1）移情训练。具有攻击性的学前儿童通常不关心或意识不到自己的行为对别人带来的伤害。移情训练就是培养学前儿童理解和认知他人的情绪和情感，引导学前儿童体验他人的情感状态，从而有利于学前儿童做出亲社会性行为。其具体方法包括听故事、角色扮演等。

（2）为学前儿童创造合作的机会。成人在幼儿园和家庭中应尽可能地给学前儿童创造各种合作游戏或合作完成任务的机会，让学前儿童在活动与交往的过程中学会合作。

（3）交往技能和行为训练。许多学前儿童之所以在交往中表现出不恰当的社会行为，往往因为缺乏相应的技能。所以，幼儿园和家庭要尽可能地创造机会对儿童进行交往技能的训练。

3. 攻击性行为

攻击性行为是指一种以伤害他人或他物为目的的行为,学前儿童的许多攻击性行为并非有明确的敌意,而是为了达到某些目的而对他人造成的伤害。造成儿童攻击性行为的因素有父母的惩罚、对电视或游戏中情节的模仿、受到挫折等。学前儿童的攻击主要有工具性和敌意性两种类型,其中工具性攻击行为(即不以伤害他人为目的的攻击行为,如抢夺玩具等)是主要的。

4. 防止攻击性行为发生的方法

(1)创设良好的生活环境。创设良好的生活环境离不开家长和幼儿园的共同努力。良好家庭环境的创设是减少儿童攻击行为的基础。首先,父母要成为儿童行为的正面榜样,坚持正面教育和积极引导的教育原则。在儿童犯错误的时候,盲目地斥责只会引起更为严重的攻击行为。其次,父母要尽量减少不良媒体因素的影响。适当的电视节目不仅会起到积极的引导作用,而且还会平衡幼儿各方面的发展。另外,良好幼儿园环境的创设是减少儿童攻击性行为的关键。教师是除家长之外与儿童接触最多的成人,教师拥有一个正确的教育观和儿童观是引导儿童积极发展的前提条件。

(2)引导儿童掌握合理的宣泄方法。培养儿童的移情能力,引导儿童掌握合理的宣泄方法,可以对减少攻击性行为起到事半功倍的效果。美国著名心理学家霍夫曼指出,移情是儿童亲社会行为产生和发展的重要驱动力。当儿童学会设身处地地站在他人的立场思考问题,就会促进儿童的自我控制和自我反省,从而减少攻击性行为。成人可以通过游戏、教学等方式为儿童提供移情机会。另外,攻击性行为产生的直接原因是挫折,因此成人要有意识地创造机会对儿童进行挫折教育,帮助其情绪得到合理的宣泄。

(3)培养幼儿的社交技能。儿童由于自我控制能力弱,缺乏解决人际问题的策略能力,因此经常会出现攻击性行为。研究证明,受欢迎型儿童人际交往技能多,掌握使用的策略多;被拒绝型儿童掌握和使用的策略也多,但有效性较差;被忽视型儿童的人际交往技能少,策略使用较少。因此,培养幼儿的社交技能,要做到以下几点:一是尊重他人;二是熟悉掌握倾听、协商的社交技能;三是成人要以身作则,为儿童社交树立一个良好的榜样。

第四节 学前儿童发展的个体差异

学前儿童的个体差异无处不在,也是教师进行教育活动时不可忽视的现象。如有的儿童观察能力强,有的记性好;有的爱动,有的爱说;有的发育早,有的发育晚,等等。

学前儿童发展的个体差异包括能力(智力)发展的差异、认知风格的差异、性别差异。

一、学前儿童能力(智力)发展的差异

学前儿童智力发展的差异是个体差异的重要方面之一,通常智商用来衡量个体智力发展水平。学前儿童智力发展差异主要有个体和团体两个方面。本书主要阐述学前儿童智力发展的个体差异,包括学前儿童智力发展水平差异和智力类型的差异。

(一) 智力概述

一般来说,智力是指人认识、理解客观事物并运用知识、经验等解决问题的能力,它包括记忆、观察、想象、思考、判断等。智力不是由某一种单一因素构成的,它具有多因素、多侧面、多层次的结构。"比纳-西蒙智力量表"是 1905 年法国心理学家比纳和西蒙制定出的第一个正式的心理测验量表。

儿童具有多种差异,如能力差异、智力结构和性别结构的发展差异等。美国心理学家霍华德·加德纳提出的多元智能理论,反映了儿童在智能结构方面的差异。

(二) 加德纳的多元智能理论

加德纳突破了以往智商测验的局限性,提出了著名的多元智能理论。1983 年,加德纳的研究指出,人类至少存在 7 种智能,即语言智能、音乐-节奏智能、逻辑-数理智能、视觉-空间智能、身体-动觉智能、自知-自省智能、交往-交流智能。加德纳认为,这 7 种智能同等重要。1999 年,他又补充了自然观察智能和存在智能,最终形成 9 种智能。

1. 语言智能

语言智能是指人对语言的听、说、读、写的能力,表现为个人能够顺利而高效地利用语言描述事件、表达思想并与人交流的能力。语言智能高的人的语言模仿能力也强。

2. 音乐-节奏智能

音乐-节奏智能是指人感受、辨别、记忆、改变和表达音乐的能力,表现为个人对音乐美感表现出的包含节奏、音准、音色和旋律在内的感知度,以及通过作曲、演奏和歌唱等表达音乐的能力。

3. 逻辑-数理智能

逻辑-数理智能是指人的运算和推理的能力,表现为对事物间各种关系,如类比、对比、因果和逻辑等关系的敏感,以及通过数理运算和逻辑推理等进行思维的能力。

4. 视觉-空间智能

视觉-空间智能是指人感受、辨别、记忆、改变物体的空间关系并借此表达思想和情感的能力,表现为对线条、形状、结构、色彩和空间关系的敏感,以及通过平面图形和立体造型将它们表现出来的能力。

5. 身体-动觉智能

身体-动觉智能是指人运用四肢和躯干的能力,表现为能够较好地控制自己的身体,对事件能够做出恰当的身体反应,以及善于利用身体语言表达自己的思想和情感的能力。身体-动觉智能是所有体育运动员、世界奥运冠军们必须具备的一项智能。

6. 自知-自省智能

自知-自省智能是指人认识、洞察和反省自身的能力,表现为能够正确地意识和评价自身的情感、动机、欲望、个性、意志,并在正确的自我意识和自我评价的基础上形成自尊、自律和自制的能力。

7. 交往-交流智能

交往-交流智能是指人与他人相处和交往的能力，表现为觉察和体验他人的情绪、情感和意图并据此做出适宜反应的能力，也是情商的最好展现。

8. 自然观察智能

自然观察智能是指人认识世界、适应世界、在自然世界里辨别差异的能力。这种智能表现为对我们自己身处的这个大自然环境如历史、人体构造、季节变化、方向的确立、磁极的存在的规律认知，能适应不同环境的生存能力等。

9. 存在智能

存在智能是指人陈述、思考有关生与死、身体与心理世界的最终命运等的倾向性，探索和分析有关人类存在的深奥问题的敏感性和能力。哲学家、科学家、天文学家和宗教人士等人身上的这种能力表现得尤为突出。

多元智能理论的提出，改变了传统教育中的儿童观、教学观和评价观。多元智能理论促使教师明白儿童发展中的差异性和多样性，有助于理解：为什么有的人记忆力好，有的人观察能力强；有的人擅长逻辑推理，但缺乏音乐才能；有的人擅长音乐，等等。3岁左右的儿童，其智力已有明显差异。教师必须发现并尊重这种差异，确保教学的高效率和高质量。

在儿童观方面，多元智能理论认为每个人都是聪明的，但聪明的范畴和性质呈现出差异。儿童的差异性不应该成为教育上的负担，相反，这是一种宝贵的资源。教师要改变以往的儿童观，用赏识和发现的目光去看待儿童，改变以往用一把尺子衡量儿童的做法，要重新认识到每个儿童都是天才，只要进行正确的引导和挖掘，每个儿童都能成才。

在目的观方面，教师要改变自己的教学目标，让每个儿童都有所学，学有所得，得有所长，注意鉴别并发展儿童的优势智能领域，注重培养幼儿的创造能力，根据儿童的不同情况来确定每个儿童最适合的发展道路。

在教学观方面，多元智能理论强调应该根据每个儿童的智能优势和智能弱势选择最适合儿童个体的方法，即要考虑个体差异，因材施教。在教学中，教师要根据儿童的差异，运用多样化的教学模式，促进儿童潜能的开发，最终促进每个儿童健康成长。

在评价观方面，多元智能理论并不主张将所有人都培养成全才，而是认为应该根据儿童的不同情况来确定每个儿童最适合的发展道路。教师应当根据儿童不同的智能表现进行全面评价，不要将考试分数作为评价儿童的唯一标准。

二、学前儿童认知风格的差异

学前儿童的认知风格存在较大差异，有的喜欢不假思索，有的喜欢三思后行；有的喜欢事情一件件做，而有的喜欢同时做几件事。因此，教师要根据儿童的认知风格差异因材施教。

（一）认知风格概述

认知风格是指个体在认知过程中所表现出来的习惯化的行为模式。认知风格与智力无关或相关不大，多是个体自幼所养成的，并在知觉、记忆、问题解决过程中表现出来的态度和表达方式。认知风格是认知过程中的个体差异,是一个过程变量而非内容变量,具有跨时间的稳定性和跨情境的一致性,并且具有两极性和价值中性等特点。

(二)认知风格的分类

可以根据不同标准对认知风格进行分类。

1. 根据认知是否独立判断,分为场独立型认知风格和场依存型认知风格

(1)场独立型认知风格。受身体内部线索的影响,个体较多地依赖自己内部的参照,不易受外来因素的影响和干扰,独立对事物做出判断的认知风格被称为场独立型认知风格。

(2)场依存型认知风格。个体较多地依赖自己所处的周围环境的外在参照,根据环境的刺激以及他人提示的信息进行判断的认知风格被称为场依存型认知风格。

2. 根据认知反应的速度和精确性,分为沉思型认知风格和冲动型认知风格

(1)沉思型认知风格。其特点是个体的反应慢,但精确性高。

(2)冲动型认知风格。其特点是个体的反应快,但精确性差。

3. 根据认知发生的顺序,分为同时型认知风格和继时型认知风格

(1)同时型认知风格。在解决问题时,个体采取宽视野的方式,同时考虑多种假设,并兼顾到解决问题的各种可能。

(2)继时型认知风格。在解决问题时,个体能一步一步地分析问题,每一个步骤只考虑一种假设或一种属性,提出的假设在时间上有明显的前后顺序。

在教育中,教师要尊重儿童的认知风格,根据他们各自的特点和偏好,采用不同的教育教学方法因材施教,可以收到良好的教学效果。场独立型认知风格带来的更多是以内部学习动机为主的学习方式,它较少依赖外部的监控与反馈。因此,在幼儿园教育中,针对这类儿童,教师应该提供较为宽松的环境与氛围,多给予其独立思考的机会和表现自我的空间。场依存型认知风格带来的更多是以外部学习动机为主的学习方式,它较多地依赖教师、家长等外部监控与反馈。因此,在幼儿园教育中,针对这类儿童,教师应该时时给他们以明确而具体的讲解与指导。

三、学前儿童的性别差异

性别是个体最早形成并用于对他人进行分类的社会范畴之一,当儿童刚刚降生在这个世界的那一刻,男孩和女孩就已经没有被同等对待了,至少他们的父母已经准备好了不同的教养方式。

(一)学前儿童性别角色认知的发展

儿童性别角色认知的发展顺序取决于其经验和智力的成熟程度,儿童之间可能存在年龄差异,但总的顺序不变,每个阶段有时存在重合的部分。

1. 基本的性别意识(出生至18个月)

儿童从出生的时刻起,就开始频繁地听到成人把自己描述为男孩或是女孩,经常听到具有性别标签的话题。8个月时,正常的婴儿能够区分自己和他人,也能认出诸如大小、性别等种类。社会学家米勒研究发现,婴儿在6个月左右就能区分出男性的声音和女性的声音,1岁左右的婴儿能够区分男人和女人的照片,并初步将男人和女人的声音与照片匹配起来。

2. 性别认同(1.5~3岁)

2岁儿童已经开始理解男人和女人的含义,开始将一些活动和男女性别相联系。他们能够认识到包括自己在内的所有人是属于男性或是女性,开始理解男人和女人的含义,开始知道一些活动和事物是同男性相联系的,另一些则是同女性相联系的。例如,短头发或者系领带的是男性,而长头发或穿裙子的是女性。到2岁半时,儿童不但能正确地回答自己的性别,而且还能区分其他人的性别,也知道自己与同性别的人更相似。但是在这一阶段他们还不知道性别是不可改变的,即时间、行为和外貌的改变都不能改变一个人的性别。到3岁时,儿童就能精确地说出自己的性别。

3. 性别稳定性(4~6岁)

从3岁或者4岁开始,儿童能够认识到一个人的性别不随年龄、情景等的变化而改变。儿童对自己性别不变的稳定性的认识要早于对他人的性别稳定性的认识,他们较早知道,不管怎样,他们的性别是一生不变的,不可能变为相反性别的人。

4. 性别恒常性(5~7岁)

大约在5~7岁的时候,儿童能够认识到男性特征和女性特征是不随环境和时间的变化而变化的,它们不是由个体的外貌或者行动决定的。他们认识到,女童即使穿上男童的服装,仍然是女的;男童留着长发或对女童的一些活动感兴趣也还是男童。儿童首先对自己的认识产生了性别恒常性,然后才能应用到别人身上。

5. 性别角色认同(6~8岁以后)

一旦儿童获得了性别恒常性,那么无论哪种性别的儿童都会更加认同自己的性别。这阶段的儿童开始模仿同性别的成人和同伴,并且关注不同性别的服饰、游戏、特征和行为。

随着认同过程的持续,许多儿童有时运用一般的评价维度,如开始使用积极的术语描述自己的性别,而用消极的术语来描述与他们相反的性别。对于女童来说,男童被认为是消极因素的(攻击的、残忍的),女童是积极的(亲切的、友善的),反之亦然。

(二)学前儿童性别发展差异的表现

不同性别的儿童自获得性别意识开始,在生活、游戏中就会表现出不同的选择和行为方式。

1. 玩具偏爱的差异

男女儿童都偏爱适合自己性别的玩具,但这种偏爱发展的趋势不同。随着年龄的增长,男童对适合自己性别的玩具的偏爱更为明显,而女童对玩具的偏爱程度变化不大。由于性别化的玩具可以促进儿童性别行为的发展,如性别行为中的支配性、独立性和观察力等,因此,有的心理学家把儿童选择玩具方面的差异作为男女性别行为的早期表现。

关于对玩具和游戏的选择,有一项研究发现,12个月大的男童和女童都更喜欢注视娃娃而不是卡车,但18和24个月大的儿童已经对属于自己性别类型的玩具表现出了明显的偏好,这个年龄的儿童在没有其他玩具的情况下,依然会拒绝与自己性别类型不符的玩具。很多研究均发现,男童倾向于玩卡车、积木和枪,女童则更喜欢娃娃和生活用品。男童喜欢玩更主动、更刺激的游戏,如警察和强盗;女童喜欢玩过家家、跳格子等游戏。并且进一步的研究发现,2岁的男童明显地偏爱与其性别相适宜的玩具,但2岁的女童却并不一定如此。到3～5岁的时候,男童比女童更有可能说出他们不喜欢异性的玩具。

2. 游戏和玩伴选择的差异

儿童对同性别玩伴的偏好也表现得很早,女童比男童会更早地表现出只和同性别的玩伴玩耍。美国学者费高特等人发现,儿童在2～3岁时可能喜欢和同性别的孩子一起玩耍,女童甚至比男童更早地表现出这种偏好。我国学者张晗的研究表明,在玩伴选择上,儿童存在显著的性别差异,并且各个年龄阶段的儿童都偏爱选择同性别的玩伴。

3. 角色期待的差异

在儿童成长的过程中,父母往往较早地给儿童灌输关于男童或女童的性别角色期望,对待不同性别的儿童,父母的抚育方式或态度往往是不同的。在一项如何对待比自己小的婴儿的实验上,发现女童更容易对婴儿表现出兴趣,并乐意提供帮助,而多数男童不会倾向于接近婴儿。

父母和教师在学前期,应当淡化儿童性别角色的教育,这对儿童的智力发展和性格发展都大有益处。

本章知识结构

```
                    学前儿童的一般发展
         ┌──────────┬──────────┬──────────┐
    学前儿童发展的   学前儿童的身体   学前儿童的    学前儿童发展的
    年龄特征和发展特点 发育和动作发展   心理发展      个体差异
      ┌────┬────┐  ┌────┬────┬────┐  ┌──┬──┬──┬──┐  ┌────┬────┬────┐
      阶段  学前   学前  学前  影响  学前 学前  学前  学前  学前   学前   学前
      划分  儿童   儿童  儿童  学前  儿童 儿童  儿童  儿童  儿童   儿童   儿童
      及特  身心   身心  动作  儿童  认知 情绪  个性  的社  能力   认知   的性
      征的  发展   发育  发展  动作  的发 和情  的发  会性  (智力) 风格   别差
      年龄  的特        的规  发展  展   感的  展    发展  发展   的差   异
            点         律    的因      发展               的差   异
                              素                         异
```

本章小结

(一) 本章主要内容

(1) 学前儿童心理发展经历了从简单到复杂、从具体到抽象、从被动到主动、从零乱到成体系的过程。

(2) 学前儿童的身体发育和动作发展的基本规律和特点。

(3) 学前儿童的认知发展,包括感知觉、注意、记忆、想象、思维和语言等基本概念和年龄特征。

(4) 哭、笑、恐惧、依恋四种基本情绪表现,道德感、美感、理智感这三种高级情感,以及如何培养学前儿童的积极情绪。

(5) 学前儿童的个性发展,包括自我意识、气质、性格、能力等。

(6) 学前儿童依恋的类型和父母的教养方式对儿童的影响;促进儿童建立良好的同伴关系和师幼关系;亲社会行为与攻击性行为的基本概念,儿童亲社会行为的培养策略。

(7) 学前儿童的个体差异:能力差异、认知风格差异、性别差异。

(二) 本章的重点、难点

本章的重点是儿童认知发展的基本规律和年龄特点,儿童个性、社会性发展的基本规律和特点;难点是运用儿童心理发展的基本规律分析教育现实。

(三) 学习时要注意的问题

本章学习时要注意下列几个方面。

(1) 熟记一些关键概念,如感知觉、记忆、思维、亲社会行为、攻击性行为等。

(2) 识记并理解学前儿童发展的基本规律和年龄特点,特别是认知、情绪情感、个性、社会性等方面的发展规律,并能够在教育活动中运用,这是考试的重中之重。

(3) 能熟练理解与分辨感知觉、注意、想象、思维、语言、记忆等基本概念,并掌握这些心理特征的发展规律。

(4) 学习时一定要注意识记基本概念,结合经验加深对相应原理的理解,同时能够运用相关原理对保育、教育材料进行分析。

备考指南

学前儿童发展是幼儿园教师必须掌握的重要内容之一,是幼儿园教师实施学前保教工作的前提。本章内容是考试的重中之重,考生务必牢固掌握;不仅要牢记学前儿童一般发展的相关知识,包括基本概念、发展规律和作用等,而且还要重点理解学前儿童身心发展的规律,特别是认知发展、个性、社会性发展,并将该知识与学前教育的实践结合起来。同时,还要注意儿童的发展存在能力、认知风格、性别等方面的差异,考生要学会具体问题具体分析。

自测训练

一、单项选择题

1. 学前儿童自我意识萌芽的重要标志是（　　）。
A. 知道自己的形象
B. 知道手脚是自己身体的一部分
C. 能准确表达"我"的愿望
D. 能进行合理的自我评价

2. 学前儿童形象记忆主要依靠（　　）。
A. 动作　　　　　　　　　　B. 言语
C. 表象　　　　　　　　　　D. 情绪

3. 情绪和情感在幼儿心理活动中起着非常重要的（　　）。
A. 适应作用　　　　　　　　B. 组织作用
C. 榜样作用　　　　　　　　D. 动力作用

4. 有的学前儿童擅长绘画，有的学前儿童善于动手操作，还有的学前儿童很会讲故事。这体现的是学前儿童（　　）。
A. 能力类型的差异　　　　　B. 能力发展早晚的差异
C. 能力发展速度的差异　　　D. 能力水平的差异

5. 婴儿看见物体时，先是移动肩肘，用整只手臂去接触物体，然后才用手腕和手指去接触并抓取物体。这反映了学前儿童动作发展中的（　　）。
A. 大小规律　　　　　　　　B. 近远律
C. 头尾律　　　　　　　　　D. 从整体到局部的规律

6. 学前儿童难以理解反话的含义，是因为学前儿童理解事物具有（　　）。
A. 双关性　　　　　　　　　B. 表面性
C. 形象性　　　　　　　　　D. 绝对性

7. 同龄人或心理发展水平相当的个体在交往过程中建立和发展起来的一种人际关系被称作（　　）。
A. 同伴关系　　　　　　　　B. 亲子关系
C. 合作关系　　　　　　　　D. 逆反

8. "妈妈说我是好孩子"说明学前儿童对自己的评价是（　　）。
A. 独立性的　　　　　　　　B. 个别方面的
C. 多层面的　　　　　　　　D. 依从性的

9. 一个小女孩看到"夏景"说："小姐姐坐在河边，天热，她想洗澡，她还想洗脸，因为脸上淌汗。"这个小女孩的想象是达到（　　）。
A. 经验性想象　　　　　　　B. 情境性想象
C. 愿望性想象　　　　　　　D. 拟人化想象

10. 新入园的幼儿看着妈妈离去时伤心地哭，会引起其他孩子也跟着哭起来，这是幼儿情绪的( )。

A. 受感染性 B. 掩蔽性
C. 内隐性　　D. 稳定性

11. 在学龄前期,( )儿童的性别角色的教育对儿童的智力发展和性格发展是有益的。

A. 强化　　　B. 适当淡化
C. 不考虑　　D. 以上说法都不对

12. 幼儿如果能够认识到他们的性别不会随着年龄的增长而发生改变,说明他已经具有( )。

A. 性别倾向性　B. 性别差异性
C. 性别独特性　D. 性别恒常性

13. 小凯在学习过程中,缺乏独立性,易受同学的影响。当他发现自己的意见和同学们不一致时,往往不能坚持己见。这表明他的认知方式属于( )。

A. 整体型　　B. 序列型
C. 场独立型　D. 场依存型

14. 根据幼儿动作发展的规律,小班幼儿宜开展的户外体育活动是( )。

A. 蚂蚁运粮食　B. 攀岩
C. 50米往返跑　D. 跳远

15. 桌面上一边摆了3块积木,另一边摆了4块积木,教师问:"一共有几块积木?"。从幼儿的下列表现来看,数学能力发展水平最高的是( )。

A. 把前3块积木和后4块积木放在一起,然后一个一个点数
B. 看了一眼3块积木,说出"3",暂停一下,接着数"4,5,6,7"
C. 左手伸出3根手指,右手伸出4根手指,暂停一下,说出7块
D. 幼儿先看了3块积木,后看了4块积木,暂停一下,说出7块

16. 一般情况下,( )的幼儿能结合情境理解一些表示因果、假设等关系的相对复杂句子。

A. 托班　　B. 小班
C. 中班　　D. 大班

17. 在引导幼儿感知和理解事物"量"的特征时,恰当的做法是( )。

A. 引导幼儿感知常见事物的大小、高矮、粗细等
B. 引导幼儿识别常见事物的形状
C. 和幼儿一起点数物体,说出总数
D. 为幼儿提供按数取物的机会

18. 皮亚杰的"三山实验"考查的是( )。

A. 儿童的深度知觉　B. 儿童的计数能力
C. 儿童的自我中心性　D. 儿童的守恒能力

19. 只能进行自我中心思维的儿童,其认知发展处于( )。
   A. 前运算阶段　　　　　　　　B. 感知运动阶段
   C. 具体运算阶段　　　　　　　D. 形式运算阶段

20. 小朋友从认识燕子、麻雀、乌鸦等,概括出鸟的本质特征。这一思维方式是( )。
   A. 综合　　　　　　　　　　　B. 推理
   C. 判断　　　　　　　　　　　D. 概念

21. 鲁班由"茅草划破手"这一现象引发思考,发明了锯。这种创造活动的心理机制属于( )。
   A. 负向迁移　　　　　　　　　B. 原型启发
   C. 思维定式　　　　　　　　　D. 功能固着

22. 皮亚杰认为,个体适应环境的方式是( )。
   A. 平衡与守恒　　　　　　　　B. 刺激与反应
   C. 同化与顺应　　　　　　　　D. 尝试与顿悟

23. 小彤画了一个长了翅膀的妈妈,教师合理的应对方式是( )。
   A. 让小彤重新画,以使其作品更符合实际
   B. 画一个妈妈的形象,让小彤照着画
   C. 询问小彤妈妈长翅膀的原因,接纳他的想法
   D. 对小彤的作品不予评价

24. 3~6岁幼儿注意的发展以( )为主。
   A. 有意注意　　　　　　　　　B. 无意注意
   C. 注意后注意　　　　　　　　D. 随意注意

25. 一名4岁的幼儿听到教师说"一滴水,不起眼"结果他理解成了"一滴水,肚脐眼"这一现象主要说明幼儿( )。
   A. 听觉辨别力弱　　　　　　　B. 想象力非常丰富
   C. 语言理解凭借自己的具体经验　D. 理解语言具有随意性

26. "电报句"一般出现在( )岁的幼儿身上。
   A. 0~1　　　　　　　　　　　B. 1~1.5
   C. 1.5~2　　　　　　　　　　D. 2~3

27. "孩子的脸,六月的天",一会儿哭,一会儿笑,反映了幼儿情绪的( )特点。
   A. 外露性　　　　　　　　　　B. 内隐性
   C. 受感染性　　　　　　　　　D. 不稳定性

二、简答题

1. 简述学前儿童感知觉发展规律。

2. 简述学前儿童想象的发展趋势。

3. 茵茵已经上了中班,她知道把2个苹果和3个苹果加起来就有5个苹果。但是问

她2加3等于几,她直摇头。根据上述案例简述中班幼儿数学学习的思维特点以及教育的启示。

4. 简述学前儿童言语的发展特点及培养方式。

5. 简述加德纳的多元智能理论的主要观点、智能种类及教育启示。

6. 简述幼儿想象发展的特点。

三、论述题

1. 结合实例论述影响学前儿童亲社会行为发展的因素有哪些。

2. 大班儿童的想象有什么特点？教师如何根据这些特点实施教育？

四、材料题

1. 材料：

星期一,已经上了小班的松松在午睡时一直哭泣,嘴里还不停地念叨:"我要打电话叫爸爸来接我,我要回家。"教师多次安慰,他还一直在哭。教师生气地说:"你再哭,爸爸就不来接你了。"松松听后情绪更加激动,哭得更加厉害了。

问题：

请分析上述材料中教师的行为,并提出3种帮助幼儿控制情绪的有效方法。

2. 材料：

李老师第一次带班,她发现中班幼儿比小班幼儿更喜欢告状,在进行教研活动时,大班教师告诉她说中班幼儿确实更喜欢告状,但到了大班,告状行为就会明显减少。

(1)请分析中班幼儿喜欢告状的可能原因；

(2)请分析大班幼儿行为告状减少的可能原因。

3. 材料：

肖平、王东、高力、赵翔四个小朋友都喜欢足球,也喜欢看足球,他们看到自己喜欢的球星进球后,肖平手舞足蹈,振臂高呼:"好球！好球！"；王东也很兴奋,高呼"好球",但又不像肖平那样激动；高力也觉得球踢得不错,说:"是一场好球"；赵翔很安静,没有什么兴奋的表现。

问题：

(1)请指出这四个小朋友的气质类型；

(2)请说明四种气质类型的特征；

(3)请说明教师了解学生气质类型在教育教学中的意义。

4. 材料

4岁的石头在班上朋友不多,一次,他看见林琳一个人在玩,就冲上去紧紧地抱住林琳。林琳感到不舒服,一把推开石头。石头跺脚大喊:"我是想和你做朋友的啊！"

问题：

(1)请根据上述材料,分析石头在班里朋友不多的原因；

(2)教师应如何帮助石头改善朋友不多的现状？

第三章 学前儿童发展的问题

考纲内容

- 了解幼儿身体发育和心理发展中容易出现的问题或障碍,如发育迟缓、肥胖症、自闭倾向等。
- 掌握观察、谈话、作品分析、实验等基本研究方法,能运用这些方法初步了解幼儿的发展状况和教育需求。

考纲解读

在身体发育和心理发展过程中,学前儿童或多或少地会出现一些问题与障碍。这些问题与障碍大约可以分成两大类:身体问题和心理发展问题。身体方面的问题主要是发育迟缓、肥胖症和自闭症等,心理问题主要有多动症、分离焦虑和口吃等。这六大问题是本章的重点,需要掌握其概念、特征与治疗方法。为了解决这些问题,促进儿童的正常发育与健康成长,有必要掌握相应的研究方法。所以,研究方法是本章的重要内容。因而,学习者需要知道研究学前儿童发展的各种方法,熟记各种方法的概念、分类与运用。学习时要注意将这些概念性的知识结合现实问题去理解,然后试着运用于解决现实问题。

第一节 学前儿童身体发育中的问题

学前儿童在生长发育过程中常常出现一些问题与障碍,从而影响学前儿童身体的健康发展,主要表现为发育迟缓、肥胖症、自闭症等。

一、发育迟缓

发育迟缓是学前儿童身体发育过程中常见的问题之一,严重的话会影响学前儿童的身心健康,家长应当对此进行提前预防和有效干预。

(一)发育迟缓的概念

发育迟缓是指在学前儿童生长发育过程中出现速度放慢或是顺序异常等现象,发病率在6%~8%。在正常的内外环境下儿童能够正常发育,但当出现不利于儿童生长发育的因素时均可不同程度地影响其发育,从而造成儿童生长发育迟缓。

(二)发育迟缓的表现、原因及治疗

1. 发育迟缓的表现

体格发育落后、运动发育落后、语言发育落后、智力发育落后、心理发展落后都是发育迟

缓的表现。

2. 发育迟缓的原因及治疗

发育迟缓的原因有的属于先天的遗传因素，如家庭性矮小；有的是自然过程。这类情况一般不需要特殊治疗。另外一些原因则是属于病态的，如染色体异常（唐氏综合征、特纳综合征），代谢性疾病，骨骼疾病，慢性疾病，慢性营养不良性疾病，内分泌疾病等，这些都有可能导致发育迟缓。还有一种情况是后天外部条件不足引起的，包括营养、家庭环境和教育。针对后天外部条件引起的发育迟缓现象，成人应当予以重视，分析原因，然后对症下药。

二、肥胖症

肥胖症也是学前儿童发育过程中的常见问题之一，对儿童的生长发育、智力和心理均有严重影响。目前，全球儿童超重率接近10%，肥胖率约为2%～3%，总体上还呈现明显的上升趋势。

（一）肥胖症的概念

小儿单纯性肥胖症是目前世界范围内最受瞩目的营养性疾病之一，体重超过按身高计算的平均标准体重的20%，或者超过按年龄计算的平均标准体重加上两个标准差以上时，即为肥胖症。凡体重超过按身高计算的标准体重的20%～30%的为轻度肥胖，超过30%～50%的为中度肥胖，超过50%的为重度肥胖。

（二）肥胖症的病因

引起肥胖症的因素有很多，主要集中在遗传、营养、运动和心理四个方面。

1. 遗传因素

单纯性肥胖症患者中有些有家庭发病倾向。父母双方都肥胖，他们所生的子女中患单纯性肥胖症比父母双方体重正常者所生的子女高5～8倍。有学者对1333名出生于1965—1970年期间的儿童进行了纵向调查也发现，父母有一方肥胖，其所生子女随着年龄的增长，体重超出正常的比值也随之增加。

2. 营养过剩

学前儿童长期摄入的能量过多，喜食油腻、甜食，养成了过量饮食的习惯。

3. 缺乏运动

学前儿童每日的运动量过少，难以消耗体内能量，使能量不断累积。

4. 心理因素

由于各种原因引起的情绪创伤或心理异常、暴饮暴食，引起内分泌紊乱、代谢失调。

（三）治疗

学前儿童肥胖症的预防和治疗必须获得家庭和社会的支持，可以从以下几个方面着手：

(1) 平衡饮食结构，科学合理膳食；

(2) 积极运动，消耗能量；

(3)进行心理矫正,消除消极情绪;
(4)定期进行体重监测。

三、自闭症

自闭症是一种以严重孤独、缺乏情感反应、语言障碍、刻板重复动作以及对环境的反应奇特为特征的疾病,一般发生于儿童早期,多见于男孩。

(一)自闭症的概念

自闭症,即孤独症,是一种广泛性发育障碍的代表性疾病,往往因脑功能异常而引发障碍,常在3岁前出现。学前儿童的自闭症是一种较为常见的、严重影响身心健康的精神疾病,自闭症的主要外在表现是社交障碍,但多种疾病的根本原因在于基因和脑的问题,所以它也是严重的神经发育障碍。根据美国孤独症学会进行的调查,每出生166个婴儿,就会有1个自闭症患儿,其中以男性居多,男女的比例约4∶1。据统计,我国0~14岁的儿童中自闭症患者约有30万。自闭症患者"有视力却不愿和你对视,有语言却很难和你交流,有听力却总是充耳不闻,有行为却总与你的愿望相违……"人们无从解释,只好把他们叫作"星星的孩子"——犹如天上的星星,一人一个世界,独自闪烁。

(二)症状表现

自闭症在临床上主要表现为四大核心症状,即语言障碍、社会交往障碍、兴趣狭窄及刻板重复的行为方式、智能障碍。

1. 语言障碍

自闭症患者语言发育有严重缺陷,通常在两三岁时仍然不会说话,或者在正常语言发育后出现语言倒退、沉默不语、不愿与他人进行交谈等现象。

2. 社会交往障碍

自闭症患者对他人(包括亲人)普遍缺乏情感反应,不能与他人建立正常的人际关系。年幼时即表现出与别人无目光对视,表情贫乏,缺乏对父母、他人的情感期待。

3. 兴趣狭窄及刻板重复的行为方式

自闭症患者极少对外界的事物、活动感兴趣,经常刻板、重复性地进行单一动作或游戏。

4. 智能障碍

少数自闭症患者的智力水平在正常范围,大多数患者表现为不同程度的智力障碍。医学研究表明,50%左右的自闭症患者为中度以上的智力缺陷(智商小于50),25%的自闭症患者为轻度智力缺陷(智商为50~69),25%的自闭症患者智力在正常范围(智商大于70)。

(三)自闭症的病因

自闭症的病因很复杂,至今仍然没有定论。但有研究者发现其可能与以下几种原因有关:

(1)遗传;

(2)感染与免疫；
(3)脑器质性损害；
(4)新陈代谢疾病。

(四)自闭症的治疗

1. 训练干预法

教育和训练是治疗自闭症的最有效和最主要的方法，目标是促进自闭症患者的语言发育，提高社会交往能力，掌握基本生活技能和学习技能。

2. 药物治疗法

药物可以改善自闭症患者的一些情绪和行为症状，如情绪不稳、注意缺陷、自伤和自杀行为、强迫症状以及精神性症状等，有利于维护患者自身和他人的人身安全，顺利实施教育训练及心理治疗。

第二节 学前儿童心理发展的问题

学前儿童在心理发展过程中，会遇到许多问题和障碍，但学前儿童的大多数心理问题都与其生理、遗传和家庭教养有关。这里选取多动症、分离焦虑和口吃三种常见的问题进行介绍。

一、多动症

多动症的全称是儿童注意缺陷多动障碍，是一种常见的以神经生理为基础的儿童发育障碍，多动症儿童智力大多正常，但会影响儿童的家庭和学校生活。

(一)多动症的概念

多动症是一种以注意力集中困难、行为冲动和活动过度为主要症状的综合征。症状一般在3岁左右出现，男孩比女孩多。由于患儿无法集中注意力，因而多数多动症患儿存在着学习困难的问题。

(二)多动症的症状表现

多动症患儿的智力正常或接近正常，但学习、行为及情绪方面有缺陷，主要表现为与年龄不相符的注意不易集中，注意广度缩小，不分场合的行动过多以及情绪易冲动等。具体表现为：身体不停扭动，易暴怒并做出不可预料的行为；注意力不能集中，经常妨碍其他儿童；经常撅嘴或生气；经常坐立不安；容易兴奋或冲动，情绪变化激烈；做事有始无终，容易灰心丧气等。

(三)多动症的病因及治疗

1. 病因

患有多动症的学前儿童的病因比较复杂，除了脑组织器质性损伤(大约85%的患儿是由于额叶或尾状核功能障碍导致)、遗传因素(大约40%的患儿的父母，其亲属在童年也患有此病)、脑部损伤和中毒之外,主要是早期智力过度开发和教育方法不当导致。

有研究表明,在多动症患儿的不良家庭教育方式中,家长严格管教者占61.7%,放任不管者占3.5%,过分溺爱者占7.05%。暴力式的家庭管教会加剧患儿的症状发展,并可能导致新的症状,如口吃、挤眉等;对患儿漠不关心、放任自流或溺爱也可能加剧症状。因而,科学合理的教养方式有助于预防和治疗学前儿童的多动症。

2. 治疗

对多动症患儿的治疗方式除了药物治疗之外,还有以下几种:

(1)心理治疗。对多动症患儿进行心理治疗需要通过专业人员进行,包括行为治疗、学习辅导和医护配合等。

(2)父母培训。科学合理的教养方式有助于预防和治疗学前儿童的多动症。通过培训,指导家长如何对多动症患儿进行教育和培训,指导家长如何关注、表扬患儿,如何纠正患儿的不良行为,理解患儿的需要,创设良好的环境,进行合理的游戏并积极对患儿的行为进行反馈等。

(3)能力训练。对多动症患儿进行一些社会技能、认知技能和躯体技能训练,帮助患儿学会实际社会技巧,正确对待他人以及处理不良情绪和对待挫折等。

二、分离焦虑

分离焦虑是学前儿童心理发展中常见的问题之一,通常会引起儿童惊恐、愤怒等情绪,导致躲避、反抗、警惕等行为反应,严重的话会影响学前儿童正常的生活和学习。

(一)分离焦虑的概念

分离焦虑,又称离别焦虑,是指学前儿童因与亲人分离而引起的焦虑、不安或不愉快的情绪反应。它发病于学龄前期。学前儿童与某个人产生亲密的情感联系后,又要与之分离时,会产生伤心、痛苦,以表示拒绝分离。轻度分离焦虑是大多数儿童身上常见的现象,但过分或重度的分离焦虑则容易使儿童产生心理障碍。

(二)多动症的表现

英国心理学家约翰·鲍尔比通过观察把学前儿童的分离焦虑分为以下三个阶段:

(1)反抗阶段——号啕大哭,又踢又闹。

(2)失望阶段——仍然哭泣,断断续续,动作的吵闹减少,不理睬他人,表情迟钝。

(3)超脱阶段——接受外人的照料,开始正常的活动,如吃东西、玩玩具,但是看见被分离的亲人时又会出现悲伤的表情。

(三)多动症的病因

1. 环境的巨大变化

学前儿童从家庭迈入幼儿园,环境有了巨大的改变,这个时期被称为"心理断乳期"。首先,学前儿童的生活规律和生活习惯发生了改变。幼儿园有相对固定的一日生活时间表,而学前儿童在家中的生活规律并不一定与此相符。因此,在入园之初,学前儿童不习惯固定化的生活制度。其次,成人与学前儿童的关系发生改变。学前儿童入园之初,见到的老师和小伙伴是陌生的面孔,容易使学前儿童感到不安全。再次,陌生的活动室环境。当学前儿童初次踏入活动室时,活动室的环境对他来讲是完全陌生和新鲜的。这在使学前儿童感到好奇和新鲜的同时,也会引起他的恐慌和不安。最后,要求的提高。在幼儿园中教师要求学前儿童要具备一定的自理能力,包括自己吃饭,自己穿脱衣裤,自己上床睡觉,能控制大小便,自己玩游戏,遵守一定的规则等。这些要求都会使学前儿童面临挑战和压力。

2. 家庭的因素

家长的教养方式是学前儿童入园适应快慢的重要因素。实践证明,在平时不娇惯孩子、注重培养学前儿童独立能力、鼓励孩子探索新环境和与新伙伴一起玩的家庭,其学前儿童入园的适应期就较短,学前儿童的情绪问题也较少。而那些娇宠溺爱、一切包办代替的家庭,其学前儿童则需要较长的适应期。甚至有一些孩子由于环境的巨大差异和转折而出现情绪和生理上的问题。如有的孩子因过分哭闹和情绪的不安而出现夜惊、梦魇或者腹泻、生病等问题。

3. 学前儿童自身个性与以往经验

有研究表明,在入园之前有与家长分离经验的学前儿童比较容易适应幼儿园的生活。性格外向、活泼大胆的学前儿童则比那些性格内向、安静胆小的学前儿童更容易适应幼儿园的生活。

(四)分离焦虑的治疗

有5‰~8‰的学前儿童分离焦虑特别严重,对于这部分学前儿童,如何引导他们,使之乐于在家中谈论幼儿园,是疏解其分离焦虑的第一步。

缓解学前儿童的分离焦虑,不要生硬地正面灌输,可以采取一些出其不意的办法。比如,"小魔王曲奇也要上幼儿园了,你猜他是怎么去的呢?是乘坐巫婆的飞行毯去幼儿园,还是骑着狮子王去幼儿园?或者是踩着杂技车去幼儿园?"每晚上床时,还可以讨论一下:"如果小魔王曲奇是踩着杂技车去幼儿园,还会有哪些事情发生呢?"一旦儿童对这类故事产生了期待感,他同样也会对幼儿园产生期待感,对幼儿园的排斥和抗拒心理就被打破了。

诊断分离焦虑要在儿童3岁以上,在治疗上要首先找出有关因素,并给予辅导和短期心理治疗。抗焦虑药物只宜在严重时给患者短期服用。对于个别有严重焦虑症状、影响饮食和睡眠并且躯体症状明显的儿童,可以考虑使用抗焦虑药物进行治疗。其中,以苯二氮卓类药物的治疗效果较好,副作用较少,但一定要在有经验的儿童心理医生的指导下服用。

三、口吃

口吃也是学前儿童心理发展过程中出现的常见问题之一,严重口吃会影响儿童的语言发展,并可以引发心理障碍,妨碍儿童正常学习、生活和人际交往。

(一)口吃的概念

口吃(俗称"结巴""磕巴")是一种语言障碍,表现为与正常流利的人频繁地在语言频率和强度上不同且非自愿地重复(语音、音节、单词或短语)、停顿、拖长、打断。它也包括言语前的反常犹豫或停顿(被口吃患者称为"语塞")和某些语音(通常为元音)的拖长。口吃的许多表现不能被他人观察到,这包括对特定音素(通常为辅音)、字和词的恐惧,对特定情景的恐惧、焦虑、紧张、害羞和言语中"失控"的感觉。它牵涉遗传、神经、生理、发育、家庭和社会等诸多方面,是非常复杂的语言失调症。

(二)口吃的症状

口吃的表现形式多样化,多数患儿初期仅有言语症状,部分严重患儿有唇、下颌、颈部肌肉痉挛、舌肌震颤、跺脚、眨眼、转头等因生理紧张而产生的各种伴随动作。此时,父母的态度、社交受挫、精神压力等因素可促使口吃患儿的口吃不断加重及伴随动作增多。

口吃的常见症状有首字难发型、语词重复型、言语不畅型等。有时,学前儿童为了逃避和摆脱口吃的核心行为,即结巴的、不正常的语言表达形式,会表现出各种不正常的动作和行为,如眨眼、跺脚、清喉咙、面部抽搐、咬手指以及说话故意停顿,或逃避某些容易使自己感到压力、说话结巴的场合等。

(三)口吃的病因及矫治

口吃形成的原因有情感和认知两个方面。它既包括口吃给患儿所带来的恐惧、焦虑、压力、羞耻、内疚、挫折等负面感觉和情绪,也包括由此导致的患儿对口吃、对自己、对整个人生和世界的负面看法和认知。随着年龄的增长,患儿还可能出现焦虑不安、害羞等情绪,容易被激怒,不愿参加集体活动,上课不敢发言,不喜欢交往,变得孤独、退缩。如不予矫治,最终可能导致顽固性口吃。

口吃的形成和周围人的态度有关。所以在矫治时,首先要向患儿以及周围人讲述口吃的性质与成因,要求老师、家人、同学尊重患儿的人格,不嘲笑、戏弄患儿。其次在与患儿讲话时要保持心平气和、不慌不忙,使患儿受到感化,从而养成从容不迫的讲话习惯。听口吃患者讲话要耐心听完、不要轻易打断,不当面议论其病态。患儿口吃症状严重时,不应强求其讲话,以避免其紧张,并转移对其口吃的注意。

应鼓励患儿树立战胜口吃的信心,培养沉着、开朗的性格,鼓励患儿积极参加社会活动和人际交往,减轻由口吃产生的神经质和心理障碍。

第三节 学前儿童发展的研究方法

近年来,学前儿童发展的研究开始走向跨学科的整合,人们开始从心理学、社会学、人类学以及医学等视角研究儿童发展。常见的学前儿童发展的研究方法有观察法、实验法、谈话法、调查法和作品分析法等。

一、观察法

观察法是学前儿童发展研究常用的方法之一,是教师了解儿童的最为基本的手段。

(一)观察法的概念

观察法是学前儿童心理研究最基本的方法。观察法是指观察者有目的、有计划地观察学前儿童在日常生活、游戏、学习和劳动中的表现,包括言语、表情和行为,并根据观察结果分析儿童心理发展规律和特征的一种研究方法。

(二)观察法的种类

根据不同的分类标准,可对观察法进行不同的划分。

1. 根据观察者的参与程度划分

根据观察者是否直接参与儿童的活动,可分为参与式观察和非参与式观察。参与式观察要求观察者以某种身份参加到儿童的活动中,在和儿童的共同活动中观察儿童。非参与式观察则要求观察者以旁观者的身份观察儿童的心理行为表现。

2. 根据观察者与儿童的接触程度划分

根据观察者是否直接接触到儿童,可分为直接观察和间接观察。直接观察是指观察者直接和儿童接触以获得现场信息的观察。间接观察是指观察者通过感知与儿童有关的事物的变化情况来推测儿童的心理的观察,如通过玩具的磨损程度来判断儿童对玩具的兴趣。

3. 根据观察记录的特点划分

根据观察记录特点的不同,可分为叙述观察、取样观察和评定观察。叙述观察是指观察者详细记录所观察的儿童心理活动事件的观察,有日记描述法、轶事记录法、连续记录法、样本描述法等。取样观察是指观察者依据一定的标准选定儿童某一行为进行观察记录的观察,如事件取样法和时间取样法。评定观察是指观察者按照既定的评价指标对儿童的行为进行的针对性观察,如核对表评定和等级评定等。

4. 根据观察过程的性质划分

根据观察过程的性质,可分为正式观察和非正式观察。正式观察是指一种有严谨结构、周密计划和一定条件控制的观察。非正式观察,又称自然观察,是指在自然状态下的观察,它是随机的、自然的,其结构是松散的。

(三)观察法的应用

1. 观察设计

观察者进行观察研究通常要进行观察设计,观察设计通常包括三个步骤:

(1)确定观察内容;

(2)选择观察策略;

(3)制定观察记录表。

2. 注意事项

(1)观察前,观察者要做好准备。观察前,观察者必须要明确目的,并制订好观察计划,包括考虑好采用什么样的方式来进行记录等。

(2)观察时,尽量使学前儿童保持自然状态。制订观察计划时,必须充分考虑观察者对被观察学前儿童的影响,要尽量使学前儿童保持自然状态,最好不要让学前儿童意识到自己是被观察的对象。

(3)观察记录要求详细、准确、客观。观察记录不仅要记录行为本身,而且还要记录行为的前因后果。为了使观察记录准确、迅速,观察者可以采用适当的辅助手段,如利用录音、录像设备等,也可以依据事先设计好的表格记录。

(4)观察应排除偶然性。观察一般应在较长时间内系统、反复地进行。通常,两个观察者需要同时分别评定,以避免学前儿童行为评定中的主观性。

(四)观察法的优点和缺点

观察法的优点是,在自然状态下,学前儿童的言行反映真实自然,观察者获取的资料比较真实。其缺点是,观察资料的质量容易受到观察者的能力及其他心理因素的影响。另外,观察法只能被动地记录学前儿童的言行,不能进行主动选择。因此,观察法得出的结果一般只能说明"是什么",而难以解释"为什么"。

二、实验法

实验法是学前儿童研究的常用方法之一,研究者通过研究假设来检验自变量与因变量之间的关系,相较观察法而言,实验法对研究环境与标准有更高要求。

(一)实验法的概念

实验法是指研究者根据研究目的,通过控制和改变儿童的活动条件(自变量),以发现由此引起心理现象的规律性变化(因变量),从而揭示特定条件与心理现象之间的联系的一种研究方法。

(二)实验法的分类

研究学前儿童心理常用的实验法有两种,即实验室实验法和自然实验法。

1. 实验室实验法

实验室实验法是指在有特殊装备的实验室中,研究者利用专门的仪器设备进行心理研究的一种研究方法。实验室实验法的优点是能严格控制条件,可以重复进行实验。可以通过特定的仪器探测一些不易观察的情况,从而取得有价值的科学材料。其缺点是学前儿童在实验室环境中往往会产生不自然的心理状态,由此导致所得的实验结果有一定的局限性。

研究法运用实验室实验法进行研究时应当考虑以下几点:

(1)实验室内的布置,应当接近学前儿童的日常生活环境;
(2)实验室实验应当通过学前儿童所熟悉的活动进行,如游戏;
(3)实验开始前应先让学前儿童熟悉环境和主试人员;
(4)实验指导语应当简洁、肯定,以便学前儿童能听懂;
(5)实验进行过程中应充分考虑学前儿童的情绪和生理状态;
(6)实验记录应当考虑到学前儿童表达能力的特点。

2. 自然实验法

自然实验法是指在自然情境中,研究者通过控制某个条件或变量来进行儿童心理研究的一种研究方法。自然情境是指儿童所处的日常生活、游戏、学习和劳动等正常活动场景。自然实验法的优点是,儿童的心理状态比较自然,研究者可以通过控制某个自变量进行实验,所得数据较为真实。其缺点是,自然情境中经常会出现无法预料或无法控制的因素,从而影响实验的效果。

教育心理实验法是自然实验法的一种重要形式。把学前儿童心理研究和教育过程结合起来,研究者可以比较不同的教育条件下对儿童心理发展的影响。研究者通过实验组和对照组的比较,可以测查出某种自变量对因变量的影响。

(三) 实验法的运用

1. 实验前精心准备

准备工作具体的内容包括:明确实验目的;建立研究假说;确定理论框架;控制实验自变量;做好实验设计。

2. 实验中客观记录

研究者要严格按照实验设计进行实验,全面观测实验过程,客观记录实验数据与相关信息。

3. 实验后统计分析

研究者要选择统计工具,明确变量指标,科学地处理与分析数据,得出科学的结论,撰写实验报告。

三、谈话法

谈话法是学前儿童研究中的常用方法之一,研究者通过某个话题的深入交流来了解学前儿童的心理和行为表现。

(一) 谈话法概念

谈话法是指研究者通过与学前儿童交谈来研究他们的各种心理活动的一种研究方法。这种方法也是研究儿童心理的常见方法。谈话的形式可以是自由的,但内容要围绕研究目的展开。此外,谈话者应有充足的理论准备、非常明确的目的以及熟练的谈话技巧。

(二) 谈话法分类

学前儿童发展中的谈话法大致可以分成以下五类:

(1) 摄入性谈话。

摄入性谈话主要是为了收集资料而进行的谈话,目的是了解学前儿童的基本信息。

(2) 鉴别性谈话。

鉴别性谈话是指为了确定使用什么测验和鉴别测验而进行的谈话。

(3) 治疗性谈话。

治疗性谈话是指针对学前儿童的异常行为而进行的谈话。

(4)咨询性谈话。

咨询性谈话是指对学前儿童提出建议的谈话。

(5)危机性谈话。

危机性谈话是指在发生意外事件情况下进行的干预性谈话。

(三)谈话法的运用

研究者在使用谈话法时应注意以下几点：

(1)应当根据研究目的和谈话对象的特点拟定谈话的话题和内容。

(2)谈话的话题和内容要求是学前儿童能够回答和乐于回答的,并能从中分析出他们的心理活动。

(3)跟学前儿童进行谈话时,必须随机应变,随时提出足以了解有关学前儿童心理状态的具有灵活性而又恰当的问题。

(4)谈话的过程和结果应当由研究者本人或共同工作者做详细的记录,如用录音设备记录则更为方便、可靠。

四、调查法

调查法是指调查者通过对家长、教师或其他熟悉学前儿童的人进行调查,以了解学前儿童心理的一种研究方法。调查法既可以采用当面访问的形式,也可以采取书面调查的方法。书面调查通常采用问卷的方式,当面访问一般采用访谈法。

(一)问卷法

1. 问卷法的概念

问卷法是指通过由一系列问题构成的调查表来收集资料,以测量人的行为和态度的一种心理学基本研究方法。调查者根据一定的目的编制问卷,并将调查问题标准化。研究者运用问卷法研究学前儿童的心理,所问对象主要是与学前儿童有关的人,即请被调查者按拟定的问卷进行口头问答和书面问答。书面问卷可以直接用于年龄较大的儿童;而不识字的学前儿童则可以采用口头问答方式。

2. 问卷法的结构

(1)题目。

(2)问卷说明和填写说明。

(3)问题。

(4)结束语。

问题是问卷的主体,一般有开放式问题和封闭式问题两种。对于开放式问题,调查者不提供任何可供选择的答案,由被调查者自由答题,这类问题能自然、充分地反映被调查者的观点、态度,因而所获得的材料比较丰富、生动,但统计和处理所获得的信息的难度较大。封闭式问题的后面同时为调查者提供了几种不同的选项,这些选项既可能相互排斥,也可能彼此共存,需要被调查者根据自己的实际情况在选项中选择。它是一种快速有效的问卷,便于统计分析,但提供选项本身限制了问题回答的范围和方式,这类问卷所获得的信息的价值在很大程度上取决于问卷自身的科学性、全面性。

3. 使用要求

(1)不提敏感性、刺激性问题。

(2)避免暗示效应。

(3)问题的选项尽可能穷尽。

(4)问题的表述通俗易懂,没有歧义和模糊词语。

(5)选项中不要出现"和""或"等多层意思。

问卷法的优点是调查者可以在较短的时间内获得大量资料,所得资料便于统计,较易做出结论。但编制问卷不太容易,题目的信度和效度都需要经过检验。

(二)访谈法

1. 访谈法概念

访谈法是指调查者以口头形式,根据被调查者的答复收集客观的、不带偏见的事实材料,以准确地说明样本所要代表的总体的一种研究方法。尤其是在研究比较复杂的问题时,需要向不同类型的人了解不同类型的材料。在访谈法中,通过调查者与被调查者面对面直接交谈的方式来收集资料,具有较好的灵活性和适应性。访谈法广泛地适用于关于学前儿童个性、个别化的研究。

2. 访谈法的分类

根据有无访谈提纲,访谈法可分为结构式访谈、非结构式访谈、半结构式访谈三种。结构式访谈是指研究者完全按照既定的访谈提纲进行访谈程序及事项的研究方式;非结构式访谈是指研究者根据自己的需要随机向被调查者提出问题,并记录访谈结果的研究方式;半结构式访谈是指研究者根据访谈提纲进行提问,也会随机地增加或减少一些访谈提纲中的问题,以更好地达到研究目的的研究方式。

3. 访谈法的优点和缺点

访谈法的优点是:灵活,能深入被调查者内心,可观察表情、动作等体态语言,能加深了解,促进问题解决。其缺点是:费时间,费精力。

五、作品分析法

作品分析法常用于研究学前儿童的心理发展,研究者通过对学前儿童主要作品等分析来了解儿童的心理和行为表现。

(一)作品分析法概念

作品分析法是指研究者通过分析儿童的作品,如手工作品、图画、作业等,去了解儿童的心理特点或某一方面能力的一种研究方法。

(二)作品分析法分类

作品分析法中的作品形式多种多样,一般包括作业、日记、作文、绘画作品、考试卷、手工作品等。在学前教育领域,这些作品以手工作品、绘画作品和日常作业为主。

(三) 作品分析法运用

作品分析法的运用一般包括以下六个步骤：

(1) 确定研究主题(或研究目标)。即确定分析什么问题，如儿童想象力的发展问题。

(2) 界定关键概念。即根据研究主题界定关键概念。例如想象力，是研究再造想象还是创造想象？儿童是小班儿童、中班儿童还是大班儿童？诸如此类的问题都要给出界定。

(3) 选择作品。作品的选择可以根据作品的不同来源进行，如选择手工、绘画等；也可以根据日期来选择，如选择几个月内的作品、一个学期的作品或一学年的作品等。

(4) 确定分析维度与分析类目。根据研究目标确定分析维度，并不断细化直到可以分析为止。如想象可以从想象的新颖性、独特性和创造性等方面进行细化。

(5) 数据采集与分析。根据确定的维度与选择好的作品进行统计分析。

(6) 描述分析结果。对分析的结果进行描述。

本章知识结构

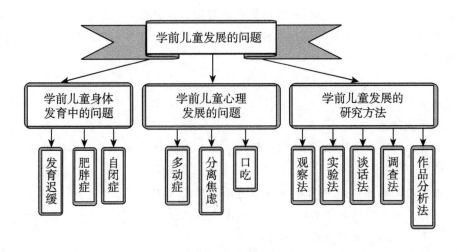

本章小结

(一) 本章主要内容

(1) 儿童身心发展中的两类问题：身体发育与心理发展问题。

(2) 发育迟缓、肥胖症、自闭症、多动症、分离焦虑、口吃的概念、特征和病因。

(3) 学前儿童发展问题的研究方法：观察法、实验法、调查法、谈话法、作品分析法的概念、分类与运用。

(二) 本章的重点、难点

本章的重点是学前儿童身体发育和心理发展中常见的问题以及这些问题的症状、病因、治疗；难点是根据不同的研究方法解决学前儿童发展中的问题。

(三)学习时要注意的问题

本章在学习时要注意下列几个方面:
(1)熟记一些重要概念,如自闭症、多动症、分离焦虑等。
(2)识记并理解学前儿童心理发展的问题以及症状、病因、治疗。
(3)识记研究学前儿童心理发展问题的各种方法,了解这些方法的概念、分类、特点等。
(4)运用各种研究方法分析儿童发展中的各种问题。

备考指南

学前儿童发展的问题是幼儿园教师必须掌握的重要内容之一,是幼儿园教师进行学前保教工作的前提。本章内容中,要牢记学前儿童发展的六种基本问题,包括其概念、症状、病因、治疗等。重点理解研究学前儿童发展的五种方法,准确把握其概念、分类和运用,同时要将该知识与学前教育的实践结合起来,能够运用这些知识分析教育案例,为儿童发展中的各类问题提供相应的对策。学习时,可以用列表法对知识点进行归纳整理,使各自的特点清楚地呈现出来,特别要注意各种问题与各种研究方法的区别。此外,可以结合身边熟悉的事件或人物进行识记与理解。

自测训练

一、单项选择题

1. 口吃是一种语言障碍,学前儿童的口吃表现为多种症状。下面各项中属于口吃的典型症状的是(　　)。

   A. 牛牛在幼儿园不愿意说话,也不愿意和其他小朋友一起玩耍
   B. 小刚经常重复说话句末的词语,说话时小脸涨红,结结巴巴
   C. 飞飞和别人谈话时喜欢咬手指
   D. 豆豆回答不出老师的提问时,急得大哭

2. 导致幼儿发育迟缓可能有先天的原因也可能有后天的原因,下面不属于导致幼儿发育迟缓的原因的是(　　)。

   A. 先天性矮小　　　　　　　　B. 染色体异常
   C. 营养不良　　　　　　　　　D. 心理阴影

3. 一般而言,小儿肥胖症的判断标准是:幼儿体重超过按身高计算的平均标准体重的(　　)。

   A. 20%　　　B. 25%　　　C. 30%　　　D. 35%

4. 小明的体重超过同身高、同性别儿童的标准体重的30%~50%。据此,可以判断小明属于(　　)。

   A. 轻度肥胖　　　B. 中度肥胖　　　C. 重度肥胖　　　D. 极度肥胖

5. 凯凯的体型很胖,平时非常爱吃零食,不爱运动。幼儿园的老师应该(　　)。

A. 鼓励凯凯多参加运动

B. 完全不让凯凯吃零食

C. 冷落凯凯,让他知道身材肥胖不讨人喜欢

D. 只让凯凯吃蔬菜

6. 自闭症在临床上主要表现的核心症状有社会交往障碍、兴趣狭窄、刻板重复的行为方式和(　　)。

A. 行为障碍 B. 生活障碍

C. 语言交流障碍 D. 生存障碍

7. 自闭症的病因很复杂,至今仍然没有定论。以下不属于引起病症的原因的一项是(　　)。

A. 基因的遗传 B. 其他幼儿的影响

C. 感染与免疫 D. 脑器质性损害

8. 王小山被同伴们称为"星星的孩子"。这类幼儿不愿意和他人交流,兴趣狭窄,语言表达不流畅。王小山可能得了(　　)。

A. 肥胖症 B. 自闭症

C. 发育迟缓 D. 多动症

9. 奇奇经常坐立不安,学习时注意力不集中,还容易发脾气,父母指出他的错误他就撅嘴生气。面对这种情况,父母正确的做法是(　　)。

A. 顺着他的做法,不然会导致情况恶化

B. 强行制止他的不良行为,及时批评以纠正他的错误

C. 一切顺其自然,不对他的行为做任何干涉

D. 耐心纠正他的错误,并正确地进行引导

10. 王老师在某幼儿园与小朋友们一起活动、一起游戏、一起吃饭……然后将小朋友们的各种行为表现记录下来进行认真的分析。王老师采用的研究方法是(　　)。

A. 观察法 B. 实验法

C. 谈话法 D. 作品分析法

二、简答题

1. 简述学前儿童肥胖症的症状及原因。

2. 简述学前儿童发育迟缓的原因。

3. 简述运用实验法的注意事项。

三、论述题

1. 结合具体实践中的案例,论述使用观察法时应当注意的事项。

2. 对于有分离焦虑的幼儿,幼儿园教师应如何处理?

第四章　学前教育原理

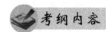 考纲内容

- 理解教育的本质、目的和作用,理解教育与政治、经济和人的发展的关系,能够运用教育原理分析教育中的现实问题。
- 理解幼儿教育的性质和意义,理解我国幼儿教育的目的和任务。
- 了解中外幼儿教育发展简史和著名教育家的儿童教育思想,并能结合幼儿教育的现实问题进行分析。
- 理解学前教育的基本原则,理解幼儿园教育的基本特点,能对教育实践中的问题进行分析。
- 理解幼儿园班级管理的目的和意义。
- 掌握《幼儿园教育指导纲要(试行)》在幼儿园教育活动的目标、内容、实施和评价上的基本观点和要求。
- 了解我国幼儿教育的改革动态与发展趋势。

考纲解读

　　学前教育原理部分是考纲的重要内容之一,主要考查考生对学前教育理论知识的应用能力。通过本章的学习,考生应掌握教育基本理论和学前教育基本原理,理解教育的本质、目的和作用以及教育与政治、经济和人的发展的关系,了解学前教育的性质、基本原则,并能熟记一些教育家以及他们的儿童教育思想。此外,考生要理解幼儿园以游戏为基本活动的依据、幼儿园环境创设的重要性、班级管理的目的和意义,并了解我国幼儿教育的改革动态与发展趋势。

第一节　教育概述

　　教育是人类社会特有的现象,对人的发展有着重要作用,教育主要包括学前教育、初等教育、中等教育和高等教育四个阶段,其中学前教育是我国教育体系中的起始阶段。

一、教育的本质、目的和作用

　　在教育历史发展过程中,人们对教育的本质、目的等都有不同的理解,但不管怎样表述,教育的本质都是培养人的活动。

(一)教育的概念和性质

1. 概念

教育是指有意识地增进人类知识和技能,促进人身心健康发展的社会活动。教育有广义和狭义之分:广义的教育是指凡是能有意识地增进人的知识和技能,影响人的身心的活动;狭义的教育专指学校教育,即教育者根据一定的社会要求和受教育者的发展规律,有目的、有计划、有组织地对受教育者的身心施加影响,期望受教育者发生预期变化的活动。

2. 特点

教育是一种有目的地培养人的社会活动,具有以下三个方面的特点:

(1)教育是一种社会活动;

(2)教育是有意识、有目的地对受教育者施加影响的过程;

(3)教育这种活动中存在教育者、受教育者以及教育影响三种要素之间的相互关系。

(二)教育的目的

1. 概念

教育的目的有广义和狭义之分。广义的教育目的是指人们期望受教育者通过教育在身心诸方面发生一定的变化,或者产生一定的结果。狭义的教育目的是国家把受教育者培养成什么样的人才的总要求,是国家为培养人才确定的质量规格和标准。

2. 作用

教育的目的具有以下三个方面的作用:

(1)导向作用:教育目的为教育者、受教育者和学校教育活动指明方向。

(2)激励作用:教育目的激励教育者和受教育者为实现共同的目标而努力。

(3)评价作用:教育目的是衡量和评价教育效果的依据和标准。

3. 教育目的论

关于教育目的,有多种不同的理论观点,代表性的有以下几种:

(1)社会本位论。从社会发展需要出发,注重教育的社会价值;主张教育目的是培养合格的公民和社会成员。

(2)个人本位论。个人本位论的支持者重视人的价值、个性的发展及其需要,把人的个性发展及需要的满足视为教育的价值所在;教育的根本在于使人的本性、本能得到自然发展,使其需要得到满足;主张应当按照人的本性和发展的需要来确定教育目的。

(3)人文主义目的观。人文主义目的观认为,人性是美好的,并且是永恒不变的,教育的本质和根本目的就是培育人性。在教育中强调尊重儿童,注意儿童身心的全面发展,要求自由平等和个性解放,始终把人的价值和人自身的完善放在教育价值的首要位置。

(4)科学主义目的观。科学主义目的观是以社会的需要尤其是物质需要为出发点,以社会物质生产和科技进步为中心的关于教育目的的功利主义主张。科学主义在某种程度上说是人文主义异化的产物。

4. 我国的教育目的

1995年,第八届全国人民代表大会第三次会议通过的《中华人民共和国教育法》,规定教育要"培养德、智、体等方面全面发展的社会主义事业的建设者和接班人"。

(三)教育的作用

1. 教育的宏观功能——促进社会发展

个体社会化是社会再生产的重要前提。教育作为传播知识与文化的重要渠道,是社会发展的重要基础。

2. 教育的微观功能——促进个体身心发展

教育对个体的发展起主导作用。教育是一种有目的地培养人的活动,教育目的体现了培养人的方向,也就是个体发展的方向。学校教育系统性地影响了个体的身心发展。

二、教育与政治、经济和人的发展的关系

教育是一种社会实践活动,是社会系统的组成部分,它的发展必然受到经济、政治、文化等社会子系统的影响和制约。

(一)教育与政治

政治主要指国家性质、各阶级或阶层在政治生活中的地位,以及国家管理原则和组织形式等。政治理念、标准、权力、制度等都会对教育产生不同程度的影响,同时,教育也会影响或促进政治的发展。

1. 政治对教育的影响

(1)政治决定教育目的与教育内容。

(2)政治影响教育制度和政策的制订。

(3)政治影响教育的领导权与受教育者的权利。

(4)政治影响教育财政分配。

2. 教育对政治的促进

(1)维系社会政治稳定。

(2)促进社会政治变革。

(二)教育与经济

经济是人类社会发展的物质基础,是一个国家国民经济的总称,是生产力和生产关系的统一体。经济的发展水平、速度、方向等都会对教育产生重要影响,同时,教育也会影响或促进经济的发展。

1. 经济对教育的制约

(1)经济发展是教育发展的物质基础。

(2)经济发展决定教育发展的规模和速度。

(3)经济发展引发的经济结构的变革影响教育结构的变化。

(4)经济发展水平制约教育的内容和手段。

2. 教育对经济的促进

(1)教育通过培养人才,提高人的各方面素质促进经济的发展。

(2)教育通过知识和技术的更新来改进生产工具和提高劳动生产率。

(3)教育可以解放家长劳动力,使其投入生产、促进经济发展。

(三)教育与人的发展

教育可以促进人的身心发展,使得个体不断地完善自己,达到适应社会生活的要求,完成个体的社会化过程。其中,学校教育是系统性、有目的地对个体的各个方面的发展施加教育影响,引导并促进个体全面发展。

教育在人的发展中起主导作用:

(1)教育是一种有目的地培养人的活动,它规定着人的发展方向。

(2)学校教育对人的影响比较全面、系统和深刻。

(3)学校教育是通过专门培训出来的教师所进行的活动,对学生的作用更加直接有效。此外,教育又必须适应人的发展。教育要适应个体发展的顺序性与阶段性,同时还要适应个体发展的差异性。

第二节 学前教育与学前教育发展史

学前教育是国民教育体系中的起始阶段,对个体的发展具有重要意义。学前教育学科随着社会经济和人类文明的发展而不断发展。

一、学前教育概述

学前教育作为人类教育活动的一部分,是由参与活动的各要素及其有机联系构成。构成学前教育的要素主要有学前儿童、学前教育者、学前教育措施,其中学前儿童是核心要素。

(一)学前教育的概念与性质

1. 概念

学前教育是指以0~6岁的学龄前儿童(即从初生到小学前)为对象的教育活动。学前教育有广义和狭义之分:在广义上,学前教育是指从初生到入小学前(6周岁)的教育,包括胎教、早期教育和幼儿教育;在狭义上,学前教育专指幼儿教育,即3~6岁的幼儿园教育。学前教育的形式主要包括家庭学前教育和社会学前教育(主要形式为托幼机构)。

2. 性质

(1)基础性。学前教育是基础教育的重要组成部分,是我国学校教育和终身教育的奠基阶段。

(2)公益性。学前教育作为公共教育事业的重要组成部分,具有显著的公益性。

(3)启蒙性。学前教育对学前儿童具有启蒙作用。学前教育的工作、方法和内容都具有启蒙性。

(4)保教性。教育性是学前教育与其他教育共有的属性,保育性是学前教育本身特有的属性,在学前教育阶段应保教统一、保教结合。保教性是学前教育固有的性质。

(5)专业性。在学前教育中,受教育者为特定年龄的儿童,教育实践中具有很强的专业性。

(二)学前教育的目标与任务

1. 学前教育的总目标

《幼儿园工作规程》明确规定:幼儿园保育和教育的主要目标是实行保育和教育相结合的原则,对儿童实施德、智、体、美诸方面全面发展的教育,促进其身心和谐发展,具体表现为:

(1)促进幼儿身体正常发育和技能的协调发展,增强体质,培养良好的生活习惯、卫生习惯和参加体育活动的兴趣;

(2)发展幼儿智力,培养正确运用感官和运用语言交往的基本能力,增强对环境的认识,培养有益的兴趣和求知欲望,培养初步的动手能力;

(3)萌发幼儿爱祖国、爱家乡、爱集体、爱劳动、爱科学的情感,培养诚实、自信、友爱、勇敢、勤学、好问、爱护公物、克服困难、讲礼貌、守纪律等良好的品德行为和习惯,以及活泼开朗的性格;

(4)培养幼儿初步的感受美和表现美的情趣和能力。

2. 学前教育的任务

《幼儿园工作规程》规定,幼儿园具有促进幼儿身心和谐发展和为家长育儿提供指导的双重任务。为此,学前教育的任务可以概括为以下两个方面。

(1)对学前儿童实施德、智、体、美全面发展的教育,促进其身心和谐发展。

学前教育之所以存在,就是因为要满足学前儿童身心全面和谐发展的需要。因此,学前教育的首要任务是实施德、智、体、美全面发展的教育,促进学前儿童身心的和谐发展。

首先,要做好对学前儿童的保育工作。根据保教结合原则,要将对学前儿童身体健康的保护、日常生活的照料放在重要位置。

其次,对学前儿童开展初步的德、智、体、美等方面的教育。学前儿童的发展包括身体发展、品德培养、知识和智力增进等,其各方面和谐发展才是健康的标志。

(2)为家长参加工作、学习提供便利条件,也为家长科学育儿提供指导。

学前教育还承担着服务家庭,为家长参加工作、学习提供便利条件的任务。

首先,家长作为学前教育活动的深入参与方,也是学前教育的服务对象。

其次,学前教育通过提供保教服务,分担家长的责任,为家长参加工作、学习提供方便。

特别要关注的是,幼儿园作为专业化的学前教育的主要形式,还需为家长实施适宜的学前教育提供引导,故《幼儿园工作规程》要求幼儿园同时面向幼儿家长提供科学育儿指导。

(三)学前教育的基本原则

1. 普惠性原则

学前教育必须面向所有的儿童,确保所有的儿童都能从中获益,而不能仅满足少数特殊群体的学前教育需要。其基于的理由是:学前儿童的权利是平等的;学前教育必须具有公益性。因此,要确保学前教育的机会均等,扩大学前教育优质资源的覆盖范围。

2. 全面发展原则

学前教育必须注重家庭和社会各方面的作用,促进儿童身心和谐全面发展。其基于的理由是:学前教育包括家庭学前教育和社会学前教育等多种形式,是整体;学前儿童的发展是身心等全面发展。因此,要整合并发挥各类学前教育的作用,以学前儿童身心全面发展为目标。

3. 发展适宜性原则

学前教育方案在充分参考和利用现有儿童发展研究成果的基础上,为每名儿童提供适合其年龄特点和个别差异的课程及教育教学实践。它包括两层含义:一是年龄适宜性;二是个体适宜性。

4. 主体性原则

儿童是学习的主体,只有儿童积极参与、主动建构,课程才能内化为他们的学习经验,促进其身心发展。发挥主体性原则,就要尊重儿童的人格、尊重儿童的需要,激发儿童的主动性。

5. 以游戏为基本活动的原则

学前教育必须以学前儿童的游戏活动为最重要、最主要的途径与方法。因为游戏能让儿童模仿成人世界;游戏通常伴有愉悦的体验;游戏可以满足儿童的各方面的需要,促进儿童的全面发展。因此,学前教育应当以游戏为实施学前教育的主要方式,并将游戏和其他方式相结合。

6. 保教结合原则

学前教育的保教结合原则是指学前教育必须将学前儿童的保育和教育两项工作相结合,保教并重。保教结合是由学前儿童发展的特点决定的。

(1)学前儿童处于身体发展的关键时期,缺乏生活自理能力,所以成人适宜的保育就成为学前儿童健康发展的前提。

(2)学前儿童的全面发展不会自然完成,只有对他们实施初步的德、智、体、美的教育,才能实现全面和谐发展的目标。

可以说,对学前儿童的教育须坚持保教结合的原则。

7. 独立自主性原则

培养儿童学会依靠自己的经验和能力进行活动,让儿童体验和认识到独立自主的生活的乐趣。充分尊重儿童的主体性、独立性,让儿童主动参与各种活动。

二、中外学前教育史

学前教育思想的发展有漫长的历史,古希腊柏拉图的《理想图》中就有所体现,但学前教育学科的产生和发展只有100多年的历史。

(一)教育事件

1903年,湖北巡抚端方在武昌创办了我国第一所幼儿教育机构——湖北幼稚园(1904

年《奏定学堂章程》颁布以后,改名为武昌蒙养院),其主要特点是"重养不重学"。

1904年,清政府颁布《奏定学堂章程》,即癸卯学制,其中的《奏定蒙养院章程及家庭教育法程》是我国第一个学前教育的法规。它将公共幼儿教育的机构定名为蒙养院,保育教导3~7岁的儿童,确定了蒙养院制度。

1912年,蔡元培主持下制定的"壬子癸丑学制"将蒙养院改称蒙养园,收受未满6岁的儿童。

1922年,北洋军阀政府教育部制定《学校系统改革令》,即壬戌学制,将蒙养院改称幼稚园,规定收受6岁以下儿童。

1923年,陈鹤琴在南京创办我国第一所幼教实验中心,即私立南京鼓楼幼稚园。

1927年,陶行知在南京燕子矶成立我国第一所乡村幼稚园。

1951年,中华人民共和国政务院公布《关于改革学制的决定》,制定了中华人民共和国第一个学制,规定实施幼儿教育的机构名称从幼稚园改为幼儿园。

1981年,教育部颁布《幼儿园教育纲要(试行草案)》,国家教育委员会颁发了《幼儿园工作规程》(1996年正式施行),进一步拉开了改革的帷幕。

1989年,国家教育委员会颁发《幼儿园管理条例》,用法规的形式规定了幼儿园的任务、管理以及保教工作。

2001年,教育部制定了《幼儿园教育指导纲要(试行)》。

2010年,党中央、国务院颁布的《国家中长期教育改革和发展规划纲要》把学前教育专列一章,提出了到2020年基本普及学前教育的目标。着重强调积极发展学前教育,着力解决当前存在的"入园难"问题,满足适龄儿童入园需求,促进学前教育事业科学发展。

2012年2月,教育部颁布《幼儿园教师专业标准(试行)》,规定了国家对于合格幼儿园教师专业素质的基本要求及其开展保教活动的基本规范,成为幼儿园教师培养、准入、培训、考核等工作的重要依据。这是我国有史以来颁布的第一个幼儿园教师专业标准。

2012年9月,教育部出台《3~6岁儿童学习与发展指南》,从健康、语言、社会、科学、艺术五个领域描述幼儿的学习与发展,提出3~6岁各年龄段儿童学习与发展目标和相应的教育建议,以有针对性地指导幼儿园和家庭实施科学的教养。

1996年,教育部制定《幼儿园工作规程》,加强了幼儿园的科学管理。2016年,教育部对《幼儿园工作规程》进行了修改,强调幼儿园应当结合幼儿年龄特征和接受能力开展幼儿园保教工作。

(二)国内外教育家及其教育思想

1. 外国教育家

(1)夸美纽斯。

夸美纽斯(1592—1670)是捷克斯洛伐克教育家,著有多部重要的教育书籍,如《大教学论》《母育学校》《世界图解》等。其中,1632年出版的《大教学论》是近代资产阶级教育理论的奠基之作。同年出版的《母育学校》是历史上第一本学前教育学专著,详细论述了学前教育的重要性、胎教以及学前教育的内容。夸美纽斯认为,每个家庭都是一所母育学校,孩子的母亲是最主要的教师,强调母亲在教育中的作用。夸美纽斯主张使所有的人通过接受教育而获得广泛、全面的知识。他拟定了百科全书式的启蒙教育大纲,编写了世界上第一部针对幼儿的语言启蒙教材——《世界图解》。

夸美纽斯主张:在体育方面,让孩子愉快并有规律地生活,给孩子活动的自由;在德育方面,让孩子学习有关德行的初步知识,并养成好的习惯,从而成为一个有理性的人;在智育方面,他认为智育的中心任务就是训练孩子的感觉;在劳动方面,要求训练孩子从事最基本的手工艺劳动。

夸美纽斯坚持教育适应自然的原则,要求教育符合儿童的身心发展特点和教学的客观规律,提倡循序渐进等诸多教育理念,主张班级授课。夸美纽斯对近代教育产生了重要影响,被尊崇为"教育史上的哥白尼"和"现代教育之父"。

(2)洛克。

洛克(1632—1704)是英国教育家、哲学家,著有《教育漫话》一书,全面详细地论述了包括幼儿教育在内的整个教育思想体系,提出了著名的"白板说"。洛克认为,人来到这个世界的时候,心灵如同一块白板,没有任何标记和观念,人的一切知识都是后天得来的,都是建立在经验的基础上。根据这种观点,洛克认为,人的发展是由教育决定的,而不是由先天的遗传决定的。他肯定了环境和教育对人的巨大影响,但忽视了儿童的遗传和主观能动性对个人发展的影响,没有意识到环境、教育、遗传、个人主观能动性之间的辩证关系。

洛克明确指出,教育的目的就是培养绅士,即有德行、有学问、有能力、有礼貌的人。为了实现绅士教育的目的,洛克设计了一整套具体的实施办法,为儿童安排了包括德育、智育、体育在内的教育内容,强调体育是基础、道德第一,并且详细提出了各项教育的要求和方法。

(3)卢梭。

卢梭(1712—1778)是法国教育家,著有《爱弥儿》一书,主张教育应遵循儿童发展的自然规律,顺应儿童的天性。他要求顺应儿童身心自然发展的特点来进行教育,主张让儿童从生活中学,通过观察获得直接经验,主动地进行学习,反对让儿童被动地接受成人的说教或单纯从书本上进行学习。教师的职责不在于教给儿童种种知识和灌输种种观念,而是慎重地对儿童接触的事物加以选择,引导儿童直接从外界事物、周围环境中学习。

卢梭的教育原则包括:①正确地看待儿童,反对将儿童看成是缩小的成人,尊重儿童的独立地位,让儿童充分使用大自然赋予他们的一切本性;②考虑到儿童的一切身体的需要,对他们进行帮助,使这些方面的需要得到满足;③只有当儿童真正需要时才去帮助他们,不能依从他们没有道理的欲望。

在教育方法上,卢梭主张自然后果教育法,具体体现为:①为了使儿童的身体能够得到自然的发展,从儿童一出生就要给予他们充分的活动自由;②保育与锻炼应该遵循自然规律;③自然发展中人最先成熟的是感觉,所以他主张早期开始感官教育。

(4)裴斯泰洛齐。

裴斯泰洛齐(1746—1827)是瑞士教育家,著有《林哈德和葛笃德》、《葛笃德如何教育她的子女》、《母亲读物》、《数的直观教学》和《天鹅之歌》等著作。

他的主要教育思想为:①第一次明确提出教育心理化的思想,认为教学过程与儿童心理的自然发展相一致;②将教育适应自然作为最基本的教育原则;③倡导爱的教育,认为教育的主要原则是爱;④明确地提出教学过程的基本要素,认为数目、形状和语言是一切教学的最初的、最简单的要素。

(5)福禄贝尔。

福禄贝尔(1782—1852)是德国教育家,著有《人的教育》《幼儿园教育学》《母亲与儿歌》等著作。1837年,他在德国的勃兰根堡创立的"幼儿学校"(1840年改名为"幼儿园"),这是世界上第一个以"幼儿园"命名的幼儿教育机构,他也被称为"幼儿园之父"。1861年,《幼儿园教育学》的出版标志着学前教育学成为一门独立的学科。

他的主要教育思想有:①倡导自由教育,认为人的天性是善的,出生时善的本质已处于萌芽状态,人的发展是这种内在的善的本质的发展;②幼儿的行为是其内在生命形式的表现,是由内在的动机支配,教育的目的在于唤醒人的内在精神本性;③在教育史上第一个承认游戏的教育价值,而且他专门制作了用于幼儿学习的玩具,取名为"恩物",意为"神赐之物"。

(6)杜威。

杜威(1859—1952)是美国教育家,著有《民主主义与教育》《我的教育信条》《学校与社会》《明日之学校》等著作,是美国进步教育运动的主要代表,被誉为"创立美国教育的首要人物"。

杜威的教育主要思想有:①教育即生长,教育即生活,教育即经验的不断改造,教育是个人在社会生活中与人接触、相互影响、逐步扩大和改进经验、养成道德品质和习得知识技能;②在反对传统的灌输式教育方法的基础上,杜威提出了"从做中学"原则,这一原则是杜威全部教学理论的基本原则,在他看来,做中学也就是从活动中学、从经验中学;③提出"儿童中心主义"思想,认为教育应该把重心放在儿童的身上,以儿童为中心,即尊重儿童的本性来熟悉儿童,尊重自我指导学习,尊重作为学习的刺激和中心活动,教育的措施要围绕儿童来组织。

(7)蒙台梭利。

蒙台梭利(1870—1952)是意大利教育家,著有《童年的秘密》《蒙台梭利教育方法》《儿童的发现》等著作。1907年,他在罗马贫民窟创立"儿童之家",通过创设有利于儿童发展的环境对有缺陷的儿童进行训练和教育,并获得成功。之后,她将这套方法用于智力正常的儿童,形成了独具特色的"蒙台梭利教学法"。

她主要的教育思想有:①认为儿童存在着与生俱来的"内在的生命力"的"吸收性的心智",在这种发自内心的内在驱动力的影响下,儿童不断地探索环境,教育的任务是激发和促进儿童"内在潜力"的发展;②认为感觉练习是初步的、基本的智力活动,重视感官训练和智力发展;③发展的"敏感期",儿童心理的发展有各种敏感期,处于敏感期的阶段,某个领域的学习特别容易而迅速,过了特定的时期,其敏感性则会消失;④教育的根本原则是使儿童获得自由,使儿童的天性得以自然地表现,幼儿的学习应是自愿的、非强制性的,教师的作用在于为儿童提供符合其身心发展的环境。

(8)皮亚杰。

皮亚杰(1896—1980)是瑞士心理学家、日内瓦学派的创始人,主要著作有《儿童的言语和思维》《儿童智慧的起源》《儿童心理学》《结构主义》《发生认识论导论》等。

皮亚杰的主要教育思想有:①智力是一种适应形式,具有动力性的特点,随着环境和有机体自身的变化,智力的结构和功能必然不断变化,以适应变化的条件;②强调活动的重要性,动作是主客体的桥梁,知识来源于动作;③根据思维能力的差异,对儿童发展进行了阶段性的划分:感知运动阶段(0～2岁)、前运算阶段(2～7岁)、具体运算阶段(7～11岁、12岁)和形式运算阶段(11岁、12～15岁);④制约儿童心理发展的因素主要有四种,即成熟、物体经验、社会经验和平衡化;⑤认为知识的获得是儿童主动探索和操纵环境的结果,学习是儿童进行发明与发现的过程,教育的真正目的并非增加儿童的知识,而是设置充满智慧、刺激的环境,让儿童自行探索,主动学习知识。

(9)维果茨基。

维果茨基(1896—1934)是苏联著名的心理学家,"文化-历史"学派的创始人之一。他的主要教育思想有:①高级心理机能是社会历史发展的产物,反对将复杂的高级心理机能分解成简单的成分。②语言是人类为了组织思维而创造的一种最关键的工具,儿童可以凭借语言与他人相互作用,进行文化与思想的交流。③提出最近发展区的概念。最近发展区是指实际的发展水平与潜在的发展水平之间的差距,前者由儿童独立解决问题的能力而定,后者则是指在成人的指导下或是与能力较强的同伴合作时儿童能够解决问题的能力;④他认为教学促进发展,教学应该走在发展的前面。

(10)霍华德·加德纳。

霍华德·加德纳(1943—)是哈佛大学心理学教授,在对传统的以语言和梳理逻辑为核心的智力理论批判的基础上,提出了著名的"多元智能(多元智力)"理论。他认为,每个人身上相对独立存在着与特定的认知领域和知识领域相联系的八种智能,即语言智能、节奏智能、数理智能、空间智能、动觉智能、自省智能、交流智能和自然观察智能。

2. 中国教育家

(1)陶行知。

陶行知(1891—1946)是我国著名的人民教育家,我国平民幼稚教育理论的首创者和实践的开拓者。1927年陶行知在南京燕子矶创办了我国第一所乡村幼稚园。他提出了生活教育理论,认为生活即教育、社会即学校和教学做合一。他的主要著作有《创造的儿童教育》《创设乡村幼稚园宣言》《幼稚园之新大陆》。

陶行知主要的教育思想有:①特别重视学前教育的重要性,认为凡人生之态度、习惯、倾向,皆可在幼稚时代建立适当基础。②幼儿教育应面向普通大众,指出当时的幼儿教育有"外国病""花钱病""富贵病",并提出中国当前应当办具有中国的、省钱的、平民的幼儿园。③认为儿童生来就有创造的潜能,实践是培养儿童创造力的根本途径。他主张六大解放:解放儿童的头脑、双手、嘴巴、眼睛、时间和空间。④主张教学做合一,倡导因材施教,根据生活的需要而教,通过生活实践去教学。⑤提出"小先生制"和"艺友制"。小先生制是指提出让儿童一边当学生,一边当"先生","即知即传人",把学到的知识随时传授给周围的人,也称"连环教学法"。艺友制是指1928年陶行知提出的一种师资培养制度,提出教者和学者是平等的朋友。

(2)陈鹤琴。

陈鹤琴(1892—1982)是我国现代著名教育家、儿童心理学家,1923年创办了我国最早的幼儿教育实验中心——南京鼓楼幼稚园，一生致力于探索幼儿教育的中国化、平民化、科学化。他提出"活教育理论"，认为学前教育的目的是"做人，做中国人，做现代中国人"。

陈鹤琴的主要教育思想：①认为幼儿教育是一切教育的基础，重视幼儿教育的重要性；②强调"活教育"的方法论应当以"做"为主，在做中教，做中学，在做中求进步；③根据当时幼儿园各科教学相互孤立、相互脱节的现象提出了"整个教学法"（所谓"整个教学法"，就是把儿童所应该学的东西结合在一起，完整地、有系统地教授）；④反对埋没人性的、读死书的死教育，提出"活教育"课程内容，指出"大自然，大社会，都是活教材"。"活教育的课程是把大自然、大社会作为出发点，让学生在自然和社会中学习"，提出从做中学、做中教、做中求进步；⑤反对以教师为中心或以儿童为中心的倾向，提出"一切为儿童"，强调教师对幼儿的指导作用；⑥提倡适合国情的幼儿教育，反对照搬外国的教材、教法；⑦指出儿童教育是幼儿园与家庭共同的责任，提倡家庭与幼儿园的配合。

(3)张雪门。

张雪门（1891—1973），我国著名的教育家，1918年创立了宁波星萌幼稚园。20世纪30年代，与陈鹤琴有"南陈北张"之称。他提出了"行为课程"思想，主张学前教育的师资应当在"马背上学骑马"。

张雪门的主要教育思想：①认为儿童身心的发展与环境密不可分，儿童身心并不能单独发展，主要依靠周围环境；②提出幼儿园行为课程，主张课程是经验，不应当把课程仅看作书本知识，而应当把技能知识、兴趣、道德、风俗、礼节种种经验都包括在课程里；③课程植根于生活，它从生活而来，从生活而开展，也从生活中结束；④主张采取单元设计的方法，打破各种学科的界限；⑤根据儿童的能力、兴趣和需要组织教学。

第三节　幼儿园教育

学前教育是对0～6岁学龄前儿童实施的保育和教育总称，包括0～3岁儿童的早期教育和3～6岁儿童的幼儿教育。幼儿园教育是幼儿教育中的社会专门机构学前教育的主要形式。

一、幼儿园教育工作的原则

2016年颁布的《幼儿园工作规程》中规定，幼儿园教育应当贯彻以下原则：

(1)德、智、体、美等方面的教育应当互相渗透，有机结合；

(2)遵循幼儿身心发展规律，符合幼儿年龄特点，注重个体差异，因人施教，引导幼儿个性健康发展；

(3)面向全体幼儿，热爱幼儿，坚持积极鼓励、启发引导的正面教育；

(4)综合组织健康、语言、社会、科学、艺术各领域的教育内容，渗透于幼儿一日生活的各项活动中，充分发挥各种教育手段的交互作用；

(5)以游戏为基本活动，寓教育于各项活动之中；

(6)创设与教育相适应的良好环境,为幼儿提供活动和表现能力的机会与条件。

二、班级管理的目的和意义

班级管理是指教师与行政人员,按照儿童身心发展规律和保教工作的规律,通过组织、计划、实施、评估、调整等环节,将人、财、物、时间、空间、信息等各要素合理组织起来,为实现学前教育目标而进行的组织管理活动。班级管理既是学前教育机构的核心工作和基础工程,也是提高保教质量的重要保证。幼儿园班级是幼儿园进行保教活动的基本单位,班级管理有序,不仅便于教师组织教学,而且有利于儿童养成良好的生活、卫生习惯以及学习习惯。

幼儿园班级管理的内在目的是促进儿童各方面的发展,外在目的是形成办园特色和品牌。按儿童在园活动分类,幼儿园班级管理一般由生活管理和教育管理两个方面组成。其工作过程可以分为三个环节:班级工作计划的制订;班级工作的组织与实施;班级工作的总结与评估。

三、幼儿园常规的重要性

幼儿园常规是幼儿园制度环境的主要形式,是幼儿园教育的重要资源,常规的建立对于班级和幼儿自身的发展都至关重要。

(一)幼儿园常规的含义

幼儿园常规是指幼儿园日常生活和活动的规则,具体是指幼儿园对于儿童什么时候进行什么活动的规定,以及活动中应遵守的规范。幼儿园是儿童共同生活的场所,为了保证各项活动有条不紊地开展,就需要制定必要的常规来保证各种活动的顺利进行。幼儿园常规的建立,无论是对于幼儿园保教质量,还是对于儿童自身发展,都具有重要的意义。

(二)幼儿园常规的意义

1. 幼儿园常规可以培养儿童的生活规律,养成良好的行为习惯

儿童来自不同背景的家庭,有些儿童由于各种原因,生活作息没有规律,而幼儿园则会按照儿童生理和心理的特点对其在幼儿园的生活做出符合科学的合理安排。因此,儿童生活在其中,能逐渐养成有规律的生活习惯、时间观念和有组织、有条理的办事能力,并逐步适应幼园的环境。

2. 幼儿园常规可以帮助儿童适应幼儿园环境,学习在集体中生活

为满足儿童身心发展的需要,幼儿园一日生活中的常规可以帮助儿童逐步获得适应幼儿园环境的能力,并且不断学习在集体中生活的方法。

3. 幼儿园常规可以培养儿童的自律能力,维持班级的秩序

儿童能够通过遵守一日生活中的常规而逐渐培养自律能力,同时使班级秩序得以维护、幼儿园正常的游戏活动和教育活动得以正常进行。

4. 幼儿园常规能够增强儿童的安全感,有助于儿童健康成长

儿童在有规律的环境里生活才会感到安全,合理的常规有助于为儿童创造了一种有序

的、和谐的生活环境,使他们在心情愉快的情境中自然地形成一种符合其身心发展水平的规则意识和规范行为,同时促进其身心健康地发展。

(三)培养幼儿园常规的方法

培养儿童形成常规的方法通常有榜样示范法、渗透教育法、评价激励法、成果欣赏法、图示观察法、游戏练习法、家园共育法等。

四、幼儿园教育与小学教育的衔接

幼儿园教育和小学教育是两个不同的教育阶段,在教育任务、目的、方法等方面均存在较大差异,因此处理好幼小衔接问题对儿童顺利适应小学生活有重要价值。

(一)幼小衔接的含义

学前教育机构与小学的衔接在我国通常是指幼儿园与小学的衔接,简称幼小衔接。幼儿园和小学根据儿童身心发展的阶段性和连续性规律及儿童可持续发展的需要,要做好两个阶段的衔接工作,使儿童顺利地适应小学生活,并为其今后发展打好基础。

(二)幼小衔接的意义

(1)有利于儿童身心健康。
(2)有利于儿童良好习惯的养成。
(3)有利于增强儿童的人际交往和社会适应力。
(4)有利于增进学前儿童入小学后的学业。

(三)幼小衔接的主要内容

1. 生理适应

生理适应是指儿童在升入小学之前,必须具备的适应小学紧张而有序的学习生活的身体条件。

2. 心理适应

心理适应是指儿童在心理上要接受离开幼儿园的其他小朋友和教师,并做好当一个小学生的心理准备。

3. 能力适应

能力适应是指儿童具备进入小学之后所必须具有的基本学习、交往等各项能力。

(四)幼小衔接中儿童不适应的表现

(1)活动形式的不适应。

学前儿童的主体活动是游戏,入学后改为以上课学习为主,要系统地掌握人类的知识经验。游戏很有乐趣,所以儿童乐于参加,而课堂知识教学带有强制性,不随儿童的意愿而改动。入学后的学习对儿童的知觉、注意、记忆和思维都是一种挑战,要求儿童做出个人意志的努力。

(2)人际关系的不适应。

儿童入学后面对新环境、新教师、新同学,要克服对教师和同学的陌生感和恐惧感,并能适应和融入集体生活。

(3)组织纪律的不适应。

小学的学习生活需要儿童按时到校,遵守严格的学习时间和各种组织纪律,上课时必须按要求端正而安静地坐着,用心听讲,不能随意说话和走动等。而幼儿园的生活、学习和游戏的常规,以形成良好的活动习惯为主,所以很多儿童进入小学后无法适应这些严格而繁多的纪律。

(4)学习方面的不适应。

儿童学习方面的不适应主要表现在学习兴趣、学习主动性、学习习惯、注意力等方面,例如,注意力不集中,经常发呆,上课做小动作,随意讲话和走动,不举手就发言,对教师布置的任务边做边玩,不能收拾好自己的学习用具,不能按时完成作业等。

(五)幼小衔接中存在的问题

(1)把幼小衔接作为特定时间的任务:把幼小衔接仅仅作为大班儿童在特定时间所要完成的任务。

(2)衔接片面化:只在某一方面进行衔接,而没有在生理、生活、能力等方面进行全面衔接。

(3)衔接中"小学化"倾向严重:将幼小衔接等同于小学知识的提前教育,以小学生的标准要求学前儿童。

(4)单向衔接:小学忽视衔接责任,导致陡峭衔接现象严重。

(5)家长的幼小衔接观念不当:只重视知识,而忽视全面发展。

(6)幼小衔接中的师资力量薄弱:未重视师资力量方面的衔接。

(六)开展幼小衔接的策略

幼小衔接的目的是解决儿童入学以后的适应问题,即社会适应和学习适应两个方面的问题。做好幼小衔接,使学前儿童尽快适应小学的生活,是一个较为复杂的问题,仅仅依靠幼儿园的力量是难以解决的,需发挥幼儿园、小学、家庭等多方面的积极性,形成和谐的教育环境,让学前儿童在良性环境中顺利过渡。

1. 幼儿园开展幼小衔接的策略

儿童进入小学前必须达到一定的身心发展水平,才能适应小学的学习和生活,而学前儿童的身心发展水平在很大程度上取决于幼儿园的保教质量。因此,幼儿园必须通过各种保教手段提高学前儿童各方面的素质,增强他们的环境适应能力。

(1)依据幼儿园教育原则开展保教工作。

幼小衔接从学前儿童入园起就已经展开。幼儿园根据《幼儿园工作规程》和《幼儿园教育指导纲要(试行)》的要求,保教结合,促进学前儿童身心和谐发展,持续地为学前儿童入小学打下坚实的身心基础,主要从以下四个方面入手。

第一,细致做好保育工作。幼儿园要保证学前儿童有充足的营养和休息时间,防治疾病,注意安全,确保学前儿童身心健康。

第二,重视体育活动。幼儿园要引导学前儿童积极锻炼体格,增强体质;使学前儿童坚持生活制度的规律性,健全神经系统的正常发展,关心学前儿童的情感和自我调节能力;保护和训练学前儿童的感官,特别是视觉、听觉器官,充分锻炼学前儿童小肌肉的能力,培养学前儿童的独立生活能力,如能独立进餐、如厕、游戏、劳动、整理学习用品等。

第三,发展学前儿童的智力。有意注意是学前儿童进入小学后顺利开展学习活动的基本条件。幼儿园应引导学前儿童能在一定程度上控制自己,使精神集中,并能随年龄的增长适当延长有意注意的时间;发展学前儿童的思维和语言能力,能对常见的事物进行初步的分析、归类、比较,形成简单的概念,在集体中能大胆讲话,发音正确,口齿清楚,语句完整连贯;培养学前儿童动手操作的能力,在教师指导下学会使用简单的工具、文具。

第四,重视学前儿童非智力因素的培养。幼儿园不仅要用生动形象的内容来吸引学前儿童,更重要的是激发学前儿童的学习兴趣,使他们有学习新知识的要求和愿望,从学习中得到满足,从而产生学习的主动性、积极性,进而得到可持续发展。

(2)做好幼儿园大班后期工作。

学前儿童进入大班,离入小学就越来越近,因此,幼儿园大班应更集中、更直接地对学前儿童进行入学准备教育,为学前儿童做好体力、智力、品德、意志和生活习惯等各方面的入学准备。幼儿园教师要向学前儿童介绍小学情况,并创设条件,使学前儿童能与小学有直接接触的机会,可以从以下四个方面入手。

第一,组织学前儿童参观附近小学,帮助学前儿童逐步熟悉小学环境,观察一年级上课情况,激发学前儿童上小学的欲望。

第二,组织学前儿童适当体验小学的集体活动。例如,组织学前儿童参观并体验少先队活动,树立戴红领巾的光荣感;组织学前儿童和小学生一起春游、开联欢会或进行其他活动,请一年级小学生回园谈学习体验与收获,增进学前儿童和小学生之间的友谊。

第三,向学前儿童提出要求,逐步培养小学生应有的良好行为习惯和学习能力。如按时休息,按时上学,认真学习,严格遵守上课纪律,注意力集中,不做小动作,不随便讲话,积极思考问题并发言,爱护书籍、文具,文明礼貌,乐于助人,尊敬师长。教师有计划地指导学前儿童阅读,使学前儿童学会从左到右、从上到下有顺序地看书。幼儿园大班还可以改变环境布置、调整作息时间、延长活动时间至35分钟,适当增加各种智力活动,加快学前儿童适应小学生活的步伐。

第四,巧用学前儿童毕业离园活动开展幼小衔接。幼儿园举行毕业典礼,可邀请小学教师或小学生代表参加,对毕业儿童表达美好祝愿并提出希望。中班小朋友可向哥哥姐姐表示祝贺或赠送自己制作的礼物,典礼后还可拍照留念,使整个典礼在热烈的气氛中进行,使学前儿童感到欢乐和自信,进而迎接新生活。

(3)与家长、小学教师保持密切联系。

《幼儿园教育指导纲要(试行)》要求:幼儿园要定期和不定期与家长交流育儿知识,帮助家长提高育儿素质;经常保持联系,做好家长工作,引导家长走出家教误区,使家园教育一致。

幼儿园可以通过家长学校、幼儿园园报、家园联系栏、家长开放日等多种宣传途径使家长与幼儿园统一认识、统一方法;充分发挥家长学校的作用,聘请心理学教授、幼教教研员以及对幼小衔接颇有研究的教师、有较多经验的教师或家长做专题讲座;引导家长正确评价自己的孩子,调整好家教计划,全面认识学前儿童的发展。同时,教师可以记录下学前儿童在幼儿园的情况,根据学前儿童的实际情况,向家长提出有针对性的学前儿童教育方案。

幼儿园教师要主动与小学教师联系,如通过个别访谈、参观活动、座谈会等倾听意见,不断调整教学内容、教学方法,为小学一年级教师准备一份较为详细的学前儿童各方面发展情况表,以便小学教师全面系统地了解学前儿童,有针对性地开展教育工作。

2. 小学开展幼小衔接的策略

(1)合理调整低年级儿童的作息时间。

幼儿园与小学在作息时间上差异较大,因此,为减缓幼小衔接的坡度,小学应专门为低年级儿童设计作息时间表,科学、合理地安排儿童一天的学习,注重动静结合。

第一,缩短课堂教学时间。目前我国小学的作息时间比较统一,无论高低年级每节课的时间一般为40分钟,没有充分考虑年级差异。刚入学的儿童集中注意力的时间比较短,所以40分钟的教学时间会使儿童身心疲惫,增加他们的学习困难。小学一、二年级的课堂教学时间以30分钟为宜。

第二,增加户外活动时间。幼儿园每天有大量的户外活动时间,但小学的课与课之间一般只有10分钟休息时间,且除了体育课之外较少安排户外活动,所以儿童大部分时间待在教室里,以安静活动为主。因此,小学应每天安排至少一节课的户外活动,减少在教室里进行的安静活动。

第三,延长午睡时间。儿童入学后睡眠时间明显减少,难以保证足够的睡眠,不能充分地休息。因此,小学低年级应安排儿童午睡,并适当延长午睡时间。

(2)注重教育教学活动的延续性。

儿童发展的连续性决定了教育教学活动必须具备延续性,即小学低年级的教育教学活动与幼儿园的教育教学活动要有较多的共同点。

第一,小学要重视环境创设。在儿童刚就读小学一年级的时候,小学可以布置一个充满童趣又能体现小学生学习特点的小天地,减少儿童离开幼儿园的心理反差;注意为儿童创设良好的心理氛围、融洽的师生关系、宽松愉快的学习气氛,让儿童在文明、安全、和谐、愉快、充满爱与尊重的良好精神环境中生活。

第二,小学应尽量配合儿童长期在幼儿园生活形成的习惯。例如,小学可以允许儿童有更多的自由空间,适当调节课堂节奏,使儿童上厕所的时间较自由,配合多种课间、课外活动;在学习上,暂时降低难度,以减轻新生的压力,以缩短儿童的适应时间,从而让他们尽快适应小学的学习节奏和方式。

第三,小学教师要了解学前儿童的身心发展和教育的规律。小学教师要注意关爱每一位儿童,尊重理解他们学习、生活上的个性化要求,尽可能地与每位儿童交流和沟通,增强亲和力,在对儿童的学习习惯和行为规范的要求上切忌简单急躁,要循序渐进,对儿童多一些理解与宽容。同时,小学教师可以主动了解幼儿园教育的内容、方法,增强幼小衔接的主动性。

第四,小学要重视游戏,帮助儿童积累各种各样的感性经验。游戏是学前儿童的基本活动,因此,小学低年级应该顺应儿童的特点,在教学中善于将游戏引入课堂。在教学上,小学低年级应注重形象、直观教具的使用,力求把难以理解的内容变为通俗易懂的内容,把儿童的兴趣引导到主动学习中,引导儿童主动学习,使儿童顺利度过不适应期。

3. 家长参与幼小衔接的策略

(1)对儿童提出合理的期望,增强儿童的自信心和适应力。

"望子成龙"是人之常情,但是父母的期望和要求如果超出儿童的能力,对儿童来说反而是一种压力和负担。家长依儿童的能力、志向和兴趣提出合理的期望,增强儿童的自信,能提高儿童对新环境的适应能力。家长要经常鼓励和肯定儿童,对儿童做出恰如其分的评价,多倾听儿童的心声,创设环境供儿童体验成功的乐趣,尊重儿童,信任儿童,在充分了解儿童的基础上确定合理的目标,并尽可能地分解目标,然后逐步提高要求。

(2)激发儿童上小学的兴趣。

为了让儿童尽快适应小学生活,激发其上小学的兴趣是关键。大多数儿童在进入小学之前,对小学充满着兴趣,主要表现为渴望背书包、系红领巾,对学习用品和校园环境充满了兴趣。家长要保护儿童对小学的兴趣,要善于利用儿童对小学的好奇心,帮助他们做好成为小学生的身体和心理等方面的充分准备,激发儿童内心产生想成为小学生的强烈愿望,帮助他们把这种兴趣转移到学习上来。家长可以跟儿童讨论将来进入小学后他们会做哪些功课,或和他们一起读一些有关入学的材料,分享一些他们即将就读的小学举办的有意思的活动,联系一些居住在同一个社区的小学生同他们交流、游戏,与他们讨论幼儿园和小学的不同之处。

(3)调整好儿童的生活规律。

入小学后,儿童的生活不能再像以前那样,所以家长要给儿童建立稳定的作息制度,让儿童慢慢有时间概念,形成有张有弛的生活节奏。家长应从开学前两周开始调整儿童的作息时间:一般情况下可以让儿童早晨6点半起床,晚上8点左右睡,总之至少要保证10小时的充足睡眠;中午,最好让儿童有1小时的午睡时间。家长可以和儿童一起选购一款他喜爱的小闹钟,使儿童对时间概念有比较直观的了解,学会掌握时间,以后上学不迟到。家长可以按照儿童入小学的标准制定作息制度,和儿童一题制作一张表格贴在床头,并监督儿童执行,使儿童形成良好的生活规律。

(4)培养儿童的生活自理能力。

生活自理能力是儿童入小学的重要条件。家长注意培养儿童的生活自理能力有利于增强儿童对小学生活的适应能力。儿童生活自理能力可以分为自我服务能力、自我管理能力与自我保护能力三类。比如大班时期,家长就要注意让儿童自己整理图书、玩具,收拾小书包和生活用品等。同时,家长要帮助他们在实际行动中克服困难,而不要代替他们克服困难,当他们遇到困难时,要不断鼓舞他们,使他们具有较强的信心和决心。此外,家长还要在克服困难的方法和技术上给予适当的指导。家长培养儿童的生活自理能力应该从生活中的每一件小事做起,如留给儿童一片自己的小天地,指导他们学会收拾自己小天地中的器物,指导他们学会穿衣、洗脸、叠被、端饭、擦桌子、扫地等。

(5)创造良好的家庭学习环境。

入小学后的儿童以知识学习为日常生活的主要内容。为了让儿童适应日渐紧张的学习生活,家长应在家里为儿童创造良好的学习环境。家长要让家里的环境适合儿童学习,给儿童预备固定的学习地点,这样容易使儿童形成专心学习的习惯。房间布置要适合儿童学习,应简洁、明快,摆放物品不能太多太杂。墙壁以淡色为好,不要张贴很多东西。有的家长让儿童自己编写格言、警句贴在墙上,这个办法可以借鉴。房间布置应适当考虑儿童的个性特点。比如,有的儿童特别好动,那么房间就应减少大红大绿、花色斑驳的东西,以免助长其不稳定的情绪;有的儿童过于内向、沉闷,那么房间布置则要热烈、活泼一些。在儿童学习时,家人应尽量保持安静,最好不开电视机、收音机;如果在不同的房间,应把门关好,把电视机等的声音调小;说话不应大声,尤其不要吵架。家人应有共同学习的时间,可以约定一个时间全家人同时学习,可以读书、看报、写东西。这样的家庭气氛最能促进儿童专心学习。

(6)对儿童进行安全教育。

入小学后,儿童自主、独立活动的空间和时间增多,这要求儿童有较强的自我保护的意识与能力。家长对儿童的安全教育要全面:饮食卫生安全方面,要让儿童懂得在放心的地方购买食物,尽可能只用个人的餐具,不随便吃陌生人给的食物等;体育运动安全方面,因小学的体育场地及器材与幼儿园的差异较大,要提醒儿童在进行体育运动前熟悉体育场地,要听从教师的安排等;交通安全方面,在马路上行走要靠右走,在街道上行走要走人行道,红灯亮时要耐心等待,绿灯亮了才穿越马路,尤其是不能在马路上追逐嬉闹等;教给儿童紧急情况下的自我保护知识等。只有让儿童懂得这些道理和规矩,安全系数才会增大,儿童才能适应相对复杂的小学生活。

第四节 《幼儿园教育指导纲要(试行)》

为进一步贯彻第三次全国教育工作会议和全国基础教育工作会议精神,落实《国务院关于基础教育改革与发展的决定》,推进幼儿园实施素质教育,全面提高幼儿园教育质量,教育部决定从2001年9月起开始试行《幼儿园教育指导纲要(试行)》(以下简称《纲要》)。

一、总则

为贯彻《中华人民共和国教育法》《幼儿园管理条例》和《幼儿园工作规程》,指导幼儿园深入实施素质教育,特制定本纲要。

幼儿园教育是基础教育的重要组成部分,是我国学校教育和终身教育的奠基阶段。城乡各类幼儿园都应从实际出发,因地制宜地实施素质教育,为幼儿一生的发展打好基础。

幼儿园应与家庭、社区密切合作,与小学相互衔接,综合利用各种教育资源,共同为幼儿的发展创造良好的条件。

幼儿园应为幼儿提供健康、丰富的生活和活动环境,满足他们多方面发展的需要,使他们在快乐的童年生活中获得有益于身心发展的经验。

幼儿园教育应尊重幼儿的人格和权利,尊重幼儿身心发展的规律和学习特点,以游戏为基本活动,保教并重,关注个别差异,促进每个幼儿富有个性的发展。

二、教育内容与要求

幼儿园的教育内容是全面的、启蒙性的,可以相对划分为健康、语言、社会、科学、艺术等五个领域,也可作其他不同的划分。各领域的内容相互渗透,从不同的角度促进幼儿情感、态度、能力、知识、技能等方面的发展。

(一)健康

1. 目标

(1)身体健康,在集体生活中情绪安定、愉快。

(2)生活、卫生习惯良好,有基本的生活自理能力。

(3)知道必要的安全保健常识,学习保护自己。

(4)喜欢参加体育活动,动作协调、灵活。

2. 内容与要求

(1)建立良好的师生、同伴关系,让幼儿在集体生活中感到温暖,心情愉快,形成安全感、信赖感。

(2)与家长配合,根据幼儿的需要建立科学的生活常规,培养幼儿良好的饮食、睡眠、盥洗、排泄等生活习惯和生活自理能力。

(3)教育幼儿爱清洁、讲卫生,注意保持个人和生活场所的整洁和卫生。

(4)密切结合幼儿的生活进行安全、营养和保健教育,提高幼儿的自我保护意识和能力。

(5)开展丰富多彩的户外游戏和体育活动,培养幼儿参加体育活动的兴趣和习惯,增强体质,提高对环境的适应能力。

(6)用幼儿感兴趣的方式训练基本动作,提高动作的协调性、灵活性。

(7)在体育活动中,培养幼儿坚强、勇敢、不怕困难的意志品质和主动、乐观、合作的态度。

3. 指导要点

(1)幼儿园必须把保护幼儿的生命和促进幼儿的健康放在工作的首位。树立正确的健康观念,在重视幼儿身体健康的同时,要高度重视幼儿的心理健康。

(2)既要高度重视和满足幼儿受保护、受照顾的需要,又要尊重和满足他们不断增长的独立要求,避免过度保护和包办代替,鼓励并指导幼儿自理、自立的尝试。

(3)健康领域的活动要充分尊重幼儿生长发育的规律,严禁以任何名义进行有损幼儿健康的比赛、表演或训练等。

(4)培养幼儿对体育活动的兴趣是幼儿园体育的重要目标,要根据幼儿的特点组织生动有趣、形式多样的体育活动,吸引幼儿主动参与。

(二)语言

1. 目标

(1)乐意与人交谈,讲话礼貌。

(2)注意倾听对方讲话,能理解日常用语。

(3)能清楚地说出自己想说的事。

(4)喜欢听故事、看图书。

(5)能听懂和会说普通话。

2. 内容与要求

(1)创造一个自由、宽松的语言交往环境,支持、鼓励、吸引幼儿与教师、同伴或其他人交谈,体验语言交流的乐趣,学习使用适当的、礼貌的语言。

(2)培养幼儿注意倾听的习惯,发展语言理解能力。

(3)鼓励幼儿大胆、清楚地表达自己的想法和感受,尝试说明、描述简单的事物或过程,发展语言表达能力和思维能力。

(4)引导幼儿接触优秀的儿童文学作品,使其感受语言的丰富和优美,并通过多种活动帮助幼儿加深对作品的体验和理解。

(5)培养幼儿对生活中常见的简单标记和文字符号的兴趣。

(6)利用图书、绘画和其他多种方式,引发幼儿对书籍、阅读和书写的兴趣,培养前阅读和前书写技能。

(7)提供普通话的语言环境,帮助幼儿熟悉、听懂并学说普通话。少数民族地区还应帮助幼儿学习本民族语言。

3. 指导要点

(1)语言能力是在运用的过程中发展起来的,发展幼儿语言的关键是创设一个能使他们想说、敢说、喜欢说、有机会说并能得到积极应答的环境。

(2)幼儿语言的发展与其情感、经验、思维、社会交往能力等其他方面的发展密切相关,因此,发展幼儿语言的重要途径是通过互相渗透的各领域的教育,在丰富多彩的活动中去扩展幼儿的经验,提供促进语言发展的条件。

(3)幼儿的语言学习具有个别化的特点,教师与幼儿的个别交流、幼儿之间的自由交谈等,对幼儿语言发展具有特殊意义。

(4)对有语言障碍的儿童要给予特别关注,要与家长和有关方面密切配合,积极地帮助他们提高语言能力。

(三)社会

1. 目标

(1)能主动地参与各项活动,有自信心。

(2)乐意与人交往,学习互助、合作和分享,有同情心。

(3)理解并遵守日常生活中基本的社会行为规则。

(4)能努力做好力所能及的事,不怕困难,有初步的责任感。

(5)爱父母长辈、老师和同伴,爱集体、爱家乡、爱祖国。

2. 内容与要求

(1)引导幼儿参加各种集体活动,体验与教师、同伴等共同生活的乐趣,帮助他们正确认识自己和他人,养成对他人、社会亲近、合作的态度,学习初步的人际交往技能。

(2)为每个幼儿提供表现自己长处和获得成功的机会,增强其自尊心和自信心。

(3)提供自由活动的机会,支持幼儿自主地选择、计划活动,鼓励他们通过多方面的努力解决问题,不轻易放弃克服困难的尝试。

(4)在共同的生活和活动中,以多种方式引导幼儿认识、体验并理解基本的社会行为规则,学习自律和尊重他人。

(5)教育幼儿爱护玩具和其他物品,爱护公物和公共环境。

(6)与家庭、社区合作,引导幼儿了解自己的亲人以及与自己生活有关的各行各业人们的劳动,培养其对劳动者的热爱和对劳动成果的尊重。

(7)充分利用社会资源,引导幼儿实际感受祖国文化的丰富与优秀,感受家乡的变化和发展,激发幼儿爱家乡、爱祖国的情感。

(8)适当向幼儿介绍我国各民族和世界其他国家、民族的文化,使其感知人类文化的多样性和差异性,培养理解、尊重、平等的态度。

3. 指导要点

(1)社会领域的教育具有潜移默化的特点。幼儿社会态度和社会情感的培养尤应渗透在多种活动和一日生活的各个环节之中,要创设一个能使幼儿感受到接纳、关爱和支持的良好环境,避免单一呆板的言语说教。

(2)幼儿与成人、同伴之间的共同生活、交往、探索、游戏等,是其社会学习的重要途径。应为幼儿提供人际交往和共同活动的机会和条件,并加以指导。

(3)社会学习是一个漫长的积累过程,需要幼儿园、家庭和社会密切合作,协调一致,共同促进幼儿良好社会性品质的形成。

(四)科学

1. 目标

(1)对周围的事物、现象感兴趣,有好奇心和求知欲。

(2)能运用各种感官,动手动脑,探究问题。

(3)能用适当的方式表达、交流探索的过程和结果。

(4)能从生活和游戏中感受事物的数量关系并体验到数学的重要和有趣。

(5)爱护动植物,关心周围环境,亲近大自然,珍惜自然资源,有初步的环保意识。

2. 内容与要求

(1)引导幼儿对身边常见事物和现象的特点、变化规律产生兴趣和探究的欲望。

(2)为幼儿的探究活动创造宽松的环境,让每个幼儿都有机会参与尝试,支持、鼓励他们大胆提出问题,发表不同意见,学会尊重别人的观点和经验。

(3)提供丰富的可操作的材料,为每个幼儿都能运用多种感官、多种方式进行探索提供活动的条件。

(4)通过引导幼儿积极参加小组讨论、探索等方式,培养幼儿合作学习的意识和能力,学习用多种方式表现、交流、分享探索的过程和结果。

(5)引导幼儿对周围环境中的数、量、形、时间和空间等现象产生兴趣,建构初步的数学概念,并学习用简单的数学方法解决生活和游戏中某些简单的问题。

(6)从生活或媒体中幼儿熟悉的科技成果入手,引导幼儿感受科学技术对生活的影响,培养他们对科学的兴趣和对科学家的崇敬。

(7)在幼儿生活经验的基础上,帮助幼儿了解自然、环境与人类生活的关系。从身边的小事入手,培养初步的环保意识和环保行为。

3. 指导要点

(1)幼儿的科学教育是科学启蒙教育,重在激发幼儿的认识兴趣和探究欲望。

(2)要尽量创造条件让幼儿实际参加探究活动,使他们感受科学探究的过程和方法,体验发现的乐趣。

(3)科学教育应密切联系幼儿的实际生活进行,利用身边的事物与现象作为科学探索的对象。

(五)艺术

1. 目标

(1)能初步感受并喜爱环境、生活和艺术中的美。

(2)喜欢参加艺术活动,并能大胆地表现自己的情感和体验。

(3)能用自己喜欢的方式进行艺术表现活动。

2. 内容与要求

(1)引导幼儿接触周围环境和生活中美好的人、事、物,丰富他们的感性经验和审美情趣,激发他们表现美、创造美的情趣。

(2)在艺术活动中面向全体幼儿,要针对他们的不同特点和需要,让每个幼儿都得到美的熏陶和培养。对有艺术天赋的幼儿要注意发展他们的艺术潜能。

(3)提供自由表现的机会,鼓励幼儿用不同艺术形式大胆地表达自己的情感、理解和想象,尊重每个幼儿的想法和创造,肯定和接纳他们独特的审美感受和表现方式,分享他们创造的快乐。

(4)在支持、鼓励幼儿积极参加各种艺术活动并大胆表现的同时,帮助他们提高表现的技能和能力。

(5)指导幼儿利用身边的物品或废旧材料制作玩具、手工艺品等来美化自己的生活或开展其他活动。

(6)为幼儿创设展示自己作品的条件,引导幼儿相互交流、相互欣赏、共同提高。

3. 指导要点

(1)艺术是实施美育的主要途径,应充分发挥艺术的情感教育功能,促进幼儿健全人格的形成。要避免仅仅重视表现技能或艺术活动的结果,而忽视幼儿在活动过程中的情感体验和态度的倾向。

(2)幼儿的创作过程和作品是他们表达自己的认识和情感的重要方式,应支持幼儿富有个性和创造性地表达,克服过分强调技能技巧和标准化要求的偏向。

(3)幼儿艺术活动的能力是在大胆表现的过程中逐渐发展起来的,教师的作用应主要在于激发幼儿感受美、表现美的情趣,丰富他们的审美经验,使其体验自由表达和创造的快乐。在此基础上,根据幼儿的发展状况和需要,对表现方式和技能技巧给予适时、适当的指导。

三、组织与实施

(1)幼儿园的教育是为所有在园幼儿的健康成长服务的,要为每一个儿童,包括有特殊需要的儿童提供积极的支持和帮助。

(2)幼儿园的教育活动,是教师以多种形式有目的、有计划地引导幼儿生动、活泼、主动活动的教育过程。

(3)教育活动的组织与实施过程是教师创造性地开展工作的过程。教师要根据本《纲要》,从本地、本园的条件出发,结合本班幼儿的实际情况,制订切实可行的工作计划并灵活地执行。

(4)教育活动目标要以《幼儿园工作规程》和本《纲要》所提出的各领域目标为指导,结合本班幼儿的发展水平、经验和需要来确定。

(5)教育活动内容的选择应遵照本《纲要》第二部分的有关条款进行,同时体现以下原则:

①既适合幼儿的现有水平,又有一定的挑战性;

②既符合幼儿的现实需要,又有利于其长远发展;

③既贴近幼儿的生活来选择幼儿感兴趣的事物和问题,又有助于拓展幼儿的经验和视野。

(6)教育活动内容的组织应充分考虑幼儿的学习特点和认识规律,各领域的内容要有机联系,相互渗透,注重综合性、趣味性、活动性,寓教育于生活、游戏之中。

(7)教育活动的组织形式应根据需要合理安排,因时、因地、因内容、因材料灵活地运用。

(8)环境是重要的教育资源,应通过环境的创设和利用,有效地促进幼儿的发展。

①幼儿园的空间、设施、活动材料和常规要求等应有利于引发、支持幼儿的游戏和各种探索活动,有利于引发、支持幼儿与周围环境之间积极的相互作用。

②幼儿同伴群体及幼儿园教师集体是宝贵的教育资源,应充分发挥这一资源的作用。

③教师的态度和管理方式应有助于形成安全、温馨的心理环境;言行举止应成为幼儿学习的良好榜样。

④家庭是幼儿园重要的合作伙伴。应本着尊重、平等、合作的原则,争取家长的理解、支持和主动参与,并积极支持、帮助家长提高教育能力。

⑤充分利用自然环境和社区的教育资源,扩展幼儿生活和学习的空间。幼儿园同时应为社区的早期教育提供服务。

(9)科学、合理地安排和组织一日生活。

①时间安排应有相对的稳定性与灵活性,既有利于形成秩序,又能满足幼儿的合理需要,照顾到个体差异。

②教师直接指导的活动和间接指导的活动相结合,保证幼儿每天有适当的自主选择和自由活动时间。教师直接指导的集体活动要能保证幼儿的积极参与,避免时间的隐性浪费。

③尽量减少不必要的集体行动和过渡环节,减少和消除消极等待现象。

④建立良好的常规,避免不必要的管理行为,逐步引导幼儿学习自我管理。

(10)教师应成为幼儿学习活动的支持者、合作者、引导者。

①以关怀、接纳、尊重的态度与幼儿交往。耐心倾听,努力理解幼儿的想法与感受,支持、鼓励他们大胆探索与表达。

②善于发现幼儿感兴趣的事物、游戏和偶发事件中所隐含的教育价值,把握时机,积极引导。

③关注幼儿在活动中的表现和反应,敏感地察觉他们的需要,及时以适当的方式应答,形成合作探究式的师生互动。

④尊重幼儿在发展水平、能力、经验、学习方式等方面的个体差异,因人施教,努力使每一个幼儿都能获得满足和成功。

⑤关注幼儿的特殊需要,包括各种发展潜能和不同发展障碍,与家庭密切配合,共同促进幼儿健康成长。

(11)幼儿园教育要与0~3岁儿童的保育、教育以及小学教育相互衔接。

四、教育评价

(1)教育评价是幼儿园教育工作的重要组成部分,是了解教育的适宜性、有效性,调整和改进工作,促进每一个幼儿发展,提高教育质量的必要手段。

(2)管理人员、教师、幼儿及其家长均是幼儿园教育评价工作的参与者。评价过程是各方共同参与、相互支持与合作的过程。

(3)评价的过程,是教师运用专业知识审视教育实践,发现、分析、研究、解决问题的过程,也是其自我成长的重要途径。

(4)幼儿园教育工作评价实行以教师自评为主,园长以及有关管理人员、其他教师和家长等参与评价的制度。

(5)评价应自然地伴随着整个教育过程进行。综合采用观察、谈话、作品分析等多种方法。

(6)幼儿的行为表现和发展变化具有重要的评价意义,教师应视之为重要的评价信息和改进工作的依据。

(7)教育工作评价宜重点考察以下方面:

①教育计划和教育活动的目标是否建立在了解本班幼儿现状的基础上;

②教育的内容、方式、策略、环境条件是否能调动幼儿学习的积极性;

③教育过程是否能为儿童提供有益的学习经验,并符合其发展需要;

④教育内容、要求能否兼顾群体需要和个体差异,使每个幼儿都能得到发展,都有成功感;

⑤教师的指导是否有利于幼儿主动、有效地学习。

(8)对幼儿发展状况的评估,要注意以下方面:

①明确评价的目的是了解幼儿的发展需要,以便提供更加适宜的帮助和指导;

②全面了解幼儿的发展状况,防止片面性,尤其要避免只重知识和技能,忽略情感、社会性和实际能力的倾向;

③在日常活动与教育教学过程中采用自然的方法进行,平时观察所获得的具有典型意义的幼儿行为表现和所积累的各种作品等,是评价的重要依据;

④承认和关注幼儿的个体差异,避免用统一的标准评价不同的幼儿,在幼儿面前慎用横向的比较;

⑤以发展的眼光看待幼儿,既要了解现有水平,更要关注其发展的速度、特点和倾向等。

第五节 我国学前教育改革动态与发展趋势

随着经济发展、社会改革的深入以及全球化的影响,我国的学前教育改革也呈现了加大社会经济投入,减少政府干预,坚持普惠性、公益性,重视学前教育质量等发展趋势。

一、《国家中长期教育改革和发展规划纲要(2010—2020年)》

2010年5月党中央、国务院颁布的《国家中长期教育改革和发展规划纲要(2010—2020年)》在学前教育方面指出如下几点:

(1)基本普及学前教育。学前教育对幼儿身心健康、习惯养成、智力发展具有重要意义。遵循幼儿身心发展规律,坚持科学保教方法,保障幼儿快乐健康成长。

(2)明确政府职责。把发展学前教育纳入城镇、社会主义新农村建设,建立政府主导、社会参与、公办民办并举的办园体制。

(3)重视发展农村学前教育。努力提高农村学前教育普及程度。采取多种形式扩大农村学前教育资源。

二、《国务院关于当前发展学前教育的若干意见》(国发〔2010〕41号)(节选)

(一)把发展学前教育摆在更加重要的位置

学前教育是终身学习的开端,是国民教育体系的重要组成部分,是重要的社会公益事业。改革开放特别是新世纪以来,我国学前教育取得长足发展,普及程度逐步提高。但总体上看,学前教育仍是各级各类教育中的薄弱环节,主要表现为教育资源短缺、投入不足、师资队伍不健全,体制机制不完善,城乡区域发展不平衡,一些地方"入园难"问题突出。办好学前教育,关系亿万儿童的健康成长,关系千家万户的切身利益,关系国家和民族的未来。

发展学前教育,必须坚持公益性和普惠性,努力构建覆盖城乡、布局合理的学前教育公共服务体系,保障适龄儿童接受基本的、有质量的学前教育;必须坚持政府主导,社会参与,公办民办并举,落实各级政府责任,充分调动各方面积极性;必须坚持改革创新,着力破除制约学前教育科学发展的体制机制障碍;必须坚持因地制宜,从实际出发,为幼儿和家长提供方便就近、灵活多样、多种层次的学前教育服务;必须坚持科学育儿,遵循幼儿身心发展规律,促进幼儿健康快乐成长。

(二)多种形式扩大学前教育资源

大力发展公办幼儿园,提供"广覆盖、保基本"的学前教育公共服务。

鼓励社会力量以多种形式举办幼儿园。

城镇小区没有配套幼儿园的,应根据居住区规划和居住人口规模,按照国家有关规定配套建设幼儿园。

(三)多种途径加强幼儿教师队伍建设

加快建设一支师德高尚、热爱儿童、业务精良、结构合理的幼儿教师队伍。各地根据国家要求,结合本地实际,合理确定生师比,核定公办幼儿园教职工编制,逐步配齐幼儿园教职工。健全幼儿教师资格准入制度,严把入口关。

依法落实幼儿教师地位和待遇。切实维护幼儿教师权益,完善落实幼儿园教职工工资保障办法、专业技术职称(职务)评聘机制和社会保障政策。对长期在农村基层和艰苦边远地区工作的公办幼儿教师,按国家规定实行工资倾斜政策。对优秀幼儿园园长、教师进行表彰。

完善学前教育师资培养培训体系。

(四)多种渠道加大学前教育投入

各级政府要将学前教育经费列入财政预算。新增教育经费要向学前教育倾斜。各地根据实际研究制定公办幼儿园生均经费标准和生均财政拨款标准。制定优惠政策,鼓励社会力量办园和捐资助园。

(五)加强幼儿园准入管理

完善法律法规,规范学前教育管理。严格执行幼儿园准入制度。各地根据国家基本标准和社会对幼儿保教的不同需求,制定各种类型幼儿园的办园标准,实行分类管理、分类指导。

分类治理、妥善解决无证办园问题。各地要对目前存在的无证办园进行全面排查,加强指导,督促整改。整改期间,要保证幼儿正常接受学前教育。经整改达到相应标准的,颁发办园许可证。整改后仍未达到保障幼儿安全、健康等基本要求的,当地政府要依法予以取缔,妥善分流和安置幼儿。

(六)强化幼儿园安全监管

各地要高度重视幼儿园安全保障工作,加强安全设施建设,配备保安人员,健全各项安全管理制度和安全责任制,落实各项措施,严防事故发生。相关部门按职能分工,建立全覆盖的幼儿园安全防护体系,切实加大工作力度,加强监督指导。幼儿园要提高安全防范意识,加强内部安全管理。幼儿园所在街道、社区和村民委员会要共同做好幼儿园安全管理工作。

(七)规范幼儿园收费管理

国家有关部门 2011 年出台幼儿园收费管理办法。省级有关部门根据城乡经济社会发展水平、办园成本和群众承受能力,按照非义务教育阶段家庭合理分担教育成本的原则,制定公办幼儿园收费标准。加强民办幼儿园收费管理,完善备案程序,加强分类指导。幼儿园实行收费公示制度,接受社会监督。加强收费监管,坚决查处乱收费。

(八)坚持科学保教,促进幼儿身心健康发展

加强对幼儿园保教工作的指导,2010 年国家颁布幼儿学习与发展指南。遵循幼儿身心发展规律,面向全体幼儿,关注个体差异,坚持以游戏为基本活动,保教结合,寓教于乐,促进幼儿健康成长。加强对幼儿园玩教具、幼儿图书的配备与指导,为儿童创设丰富多彩的教育环境,防止和纠正幼儿园教育"小学化"倾向。研究制定幼儿园教师指导用书审定办法。建立幼儿园保教质量评估监管体系。健全学前教育教研指导网络。要把幼儿园教育和家庭教育紧密结合,共同为幼儿的健康成长创造良好环境。

(九)完善工作机制,加强组织领导

各级政府要加强对学前教育的统筹协调,健全教育部门主管、有关部门分工负责的工作机制,形成推动学前教育发展的合力。教育部门要完善政策,制定标准,充实管理、教研力量,加强学前教育的监督管理和科学指导。机构编制部门要结合实际合理确定公办幼儿园教职工编制。发展改革部门要把学前教育纳入当地经济社会发展规划,支持幼儿园建设发展。财政部门要加大投入,制定支持学前教育的优惠政策。城乡建设和国土资源部门要落实城镇小区和新农村配套幼儿园的规划、用地。人力资源和社会保障部门要制定幼儿园教职工的人事(劳动)、工资待遇、社会保障和技术职称(职务)评聘政策。价格、财政、教育部门要根据职责分工,加强幼儿园收费管理。综治、公安部门要加强对幼儿园安全保卫工作的监督指导,整治、净化周边环境。卫生部门要监督指导幼儿园卫生保健工作。民政、工商、质检、安全生产监管、食品药品监管等部门要根据职能分工,加强对幼儿园的指导和管理。妇联、残联等单位要积极开展对家庭教育、残疾儿童早期教育的宣传指导。充分发挥城市社区居委会和农村村民自治组织的作用,建立社区和家长参与幼儿园管理和监督的机制。

(十)统筹规划,实施学前教育三年行动计划

各省(区、市)政府要深入调查,准确掌握当地学前教育基本状况和存在的突出问题,结合本区域经济社会发展状况和适龄人口分布、变化趋势,科学测算入园需求和供需缺口,确定发展目标,分解年度任务,落实经费,以县为单位编制学前教育三年行动计划,有效缓解"入园难"。

三、《3~6 岁儿童学习与发展指南》

为深入贯彻《国家中长期教育改革和发展规划纲要(2010—2020 年)》和《国务院关于当前发展学前教育的若干意见》(国发〔2010〕41 号),指导幼儿园和家庭实施科学的保育和教育,促进幼儿身心全面和谐发展,教育部于 2012 年 10 月 9 日正式颁布《3~6 岁儿童学习与

发展指南》(以下简称《指南》)。

《指南》以为幼儿后继学习和终身发展奠定良好素质基础为目标,以促进幼儿体、智、德、美各方面的协调发展为核心,通过提出3~6岁各年龄段儿童学习与发展目标和相应的教育建议,帮助幼儿园教师和家长了解3~6岁幼儿学习与发展的基本规律和特点,建立对幼儿发展的合理期望,实施科学的保育和教育,让幼儿度过快乐而有意义的童年。

《指南》从健康、语言、社会、科学、艺术五个领域描述幼儿的学习与发展。每个领域按照幼儿学习与发展最基本、最重要的内容划分为若干方面。每个方面由学习与发展目标和教育建议两部分组成。

目标部分分别对3~4岁、4~5岁、5~6岁三个年龄段末期幼儿应该知道什么、能做什么,大致可以达到什么发展水平提出了合理期望,指明了幼儿学习与发展的具体方向;教育建议部分列举了一些能够有效帮助和促进幼儿学习与发展的教育途径与方法。

实施《指南》应把握以下几个方面:

(一)关注幼儿学习与发展的整体性

儿童的发展是一个整体,要注重领域之间、目标之间的相互渗透和整合,促进幼儿身心全面协调发展,而不应片面追求某一方面或几方面的发展。

(二)尊重幼儿发展的个体差异

幼儿的发展是一个持续、渐进的过程,同时也表现出一定的阶段性特征。每个幼儿在沿着相似进程发展的过程中,各自的发展速度和到达某一水平的时间不完全相同。要充分理解和尊重幼儿发展进程中的个别差异,支持和引导他们从原有水平向更高水平发展,按照自身的速度和方式到达《指南》所呈现的发展"阶梯",切忌用一把"尺子"衡量所有幼儿。

(三)理解幼儿的学习方式和特点

幼儿的学习是以直接经验为基础,在游戏和日常生活中进行的。要珍视游戏和生活的独特价值,创设丰富的教育环境,合理安排一日生活,最大限度地支持和满足幼儿通过直接感知、实际操作和亲身体验获取经验的需要,严禁"拔苗助长"式的超前教育和强化训练。

(四)重视幼儿的学习品质

幼儿在活动过程中表现出的积极态度和良好行为倾向是终身学习与发展所必需的宝贵品质。要充分尊重和保护幼儿的好奇心和学习兴趣,帮助幼儿逐步养成积极主动、认真专注、不怕困难、敢于探究和尝试、乐于想象和创造等良好学习品质。忽视幼儿学习品质培养,单纯追求知识技能学习的做法是短视而有害的。

四、《幼儿园教师专业标准(试行)》(2012年)

为促进幼儿园教师专业发展,建设高素质幼儿园教师队伍,2012年教育部根据《中华人民共和国教师法》,特制定《幼儿园教师专业标准(试行)》(以下简称《专业标准》)。

幼儿园教师是履行幼儿园教育工作职责的专业人员,需要经过严格的培养与培训,具有良好的职业道德,掌握系统的专业知识和专业技能。《专业标准》是国家对合格幼儿园教师专业素质的基本要求,是幼儿园教师开展保教活动的基本规范,是引领幼儿园教师专业发展的基本准则,是幼儿园教师培养、准入、培训、考核等工作的重要依据。

(一)基本理念

1. 幼儿为本

尊重幼儿权益,以幼儿为主体,充分调动和发挥幼儿的主动性;遵循幼儿身心发展特点和保教活动规律,提供适合的教育,保障幼儿快乐健康成长。

2. 师德为先

热爱学前教育事业,具有职业理想,践行社会主义核心价值体系,履行教师职业道德规范。关爱幼儿,尊重幼儿人格,富有爱心、责任心、耐心和细心;为人师表,教书育人,自尊自律,做幼儿健康成长的启蒙者和引路人。

3. 能力为重

把学前教育理论与保教实践相结合,突出保教实践能力;研究幼儿,遵循幼儿成长规律,提升保教工作专业化水平;坚持实践、反思、再实践、再反思,不断提高专业能力。

4. 终身学习

学习先进学前教育理论,了解国内外学前教育改革与发展的经验和做法;优化知识结构,提高文化素养;具有终身学习与持续发展的意识和能力,做终身学习的典范。

(二)实施建议

(1)各级教育行政部门要将《专业标准》作为幼儿园教师队伍建设的基本依据。根据学前教育改革发展的需要,充分发挥《专业标准》引领和导向作用,深化教师教育改革,建立教师教育质量保障体系,不断提高幼儿园教师培养培训质量。制定幼儿园教师准入标准,严把幼儿园教师入口关;制定幼儿园教师聘任(聘用)、考核、退出等管理制度,保障教师合法权益,形成科学有效的幼儿园教师队伍管理和督导机制。

(2)开展幼儿园教师教育的院校要将《专业标准》作为幼儿园教师培养培训的主要依据。重视幼儿园教师职业特点,加强学前教育学科和专业建设。完善幼儿园教师培养培训方案,科学设置教师教育课程,改革教育教学方式;重视幼儿园教师职业道德教育,重视社会实践和教育实习;加强从事幼儿园教师教育的师资队伍建设,建立科学的质量评价制度。

(3)幼儿园要将《专业标准》作为教师管理的重要依据。制定幼儿园教师专业发展规划,注重教师职业理想与职业道德教育,增强教师育人的责任感与使命感;开展园本研修,促进教师专业发展;完善教师岗位职责和考核评价制度,健全幼儿园绩效管理机制。

(4)幼儿园教师要将《专业标准》作为自身专业发展的基本依据。制定自我专业发展规划,爱岗敬业,增强专业发展自觉性;大胆开展保教实践,不断创新;积极进行自我评价,主动参加教师培训和自主研修,逐步提升专业发展水平。

五、中共中央 国务院《关于学前教育深化改革规范发展的若干意见》(节选)

为进一步完善学前教育公共服务体系,切实办好新时代学前教育,更好实现幼有所育,中共中央、国务院于2018年11月7日颁布了《关于学前教育深化改革规范发展的若干意见》(以下简称《若干意见》)。

(一)指导思想:以习近平新时代中国特色社会主义思想为指导,全面贯彻党的十九大精神和党的教育方针,认真落实立德树人根本任务,遵循学前教育规律,牢牢把握学前教育正确发展方向,完善学前教育体制机制,健全学前教育政策保障体系,推进学前教育普及普惠安全优质发展,满足人民群众对幼有所育的美好期盼,为培养德智体美劳全面发展的社会主义建设者和接班人奠定坚实基础。

(二)基本原则:坚持党的领导;坚持政府主导;坚持改革创新;坚持规范管理。

(三)主要目标是:到2035年,全面普及学前三年教育,建成覆盖城乡、布局合理的学前教育公共服务体系,形成完善的学前教育管理体制、办园体制和政策保障体系,为幼儿提供更加充裕、更加普惠、更加优质的学前教育。

(四)科学规划布局。各地要充分考虑人口变化和城镇化发展趋势,结合实施乡村振兴战略,制定应对学前教育需求高峰方案。

(五)调整办园结构。各地要把发展普惠性学前教育作为重点任务,结合本地实际,着力构建以普惠性资源为主体的办园体系,坚决扭转高收费民办园占比偏高的局面。大力发展公办园,充分发挥公办园保基本、兜底线、引领方向、平抑收费的主渠道作用。

(六)实施学前教育专项。国家继续实施学前教育行动计划,逐年安排建设一批普惠性幼儿园,重点扩大农村地区、脱贫攻坚地区、新增人口集中地区普惠性资源。

(七)积极挖潜扩大增量。充分利用腾退搬迁的空置厂房、乡村公共服务设施、农村中小学闲置校舍等资源,以租赁、租借、划转等形式举办公办园。

(八)规范小区配套幼儿园的建设使用。

(九)鼓励社会力量办园。政府加大扶持力度,引导社会力量更多举办普惠性幼儿园。

(十)优化经费投入结构。国家进一步加大学前教育投入力度,逐步提高学前教育财政投入和支持水平,主要用于扩大普惠性资源、补充配备教师、提高教师待遇、改善办园条件。

(十一)健全学前教育成本分担机制。各地要从实际出发,科学核定办园成本,以提供普惠性服务为衡量标准,统筹制定财政补助和收费政策,合理确定分担比例。

(十二)完善学前教育资助制度。各地要认真落实幼儿资助政策,确保接受普惠性学前教育的家庭经济困难儿童(含建档立卡家庭儿童、低保家庭儿童、特困救助供养儿童等)、孤儿和残疾儿童得到资助。

(十三)严格依标配备教职工。各地要及时补充公办园教职工,严禁"有编不补"、长期使用代课教师。民办园按照配备标准配足配齐教职工。各类幼儿园按照国家相关规定配备卫生保健人员。

(十四)依法保障幼儿园教师地位和待遇。各地要认真落实公办园教师工资待遇保障政策,统筹工资收入政策、经费支出渠道,确保教师工资及时足额发放、同工同酬。

(十五)完善教师培养体系。办好一批幼儿师范专科学校和若干所幼儿师范学院,支持师范院校设立并办好学前教育专业。中等职业学校相关专业重点培养保育员。根据基本普及学前教育目标,制定学前教育专业培养规划,扩大本专科层次培养规模及学前教育专业公费师范生招生规模。前移培养起点,大力培养初中毕业起点的五年制专科学历的幼儿园教师。

(十六)健全教师培训制度。

(十七)严格教师队伍管理。认真落实教师资格准入与定期注册制度,严格执行幼儿园园长、教师专业标准,坚持公开招聘制度,全面落实幼儿园教师持证上岗,切实把好幼儿园园长、教师入口关。

(十八)落实监管责任。强化各级党委和政府及各有关部门的监管责任,建立健全教育部门主管、各有关部门分工负责的监管机制。

(十九)加强源头监管。严格幼儿园准入管理,各地依据国家基本标准调整完善幼儿园设置标准,严格掌握审批条件,加强对教职工资质与配备标准、办园条件等方面的审核。幼儿园审批严格执行"先证后照"制度,由县级教育部门依法进行前置审批,取得办园许可证后,到相关部门办理法人登记。对符合条件的幼儿园,按照国家相关规定进行事业单位登记。

(二十)完善过程监管。

(二十一)强化安全监管。

(二十二)严格依法监管。

(二十三)稳妥实施分类管理。

(二十四)遏制过度逐利行为。

(二十五)分类治理无证办园。

(二十六)全面改善办园条件。

(二十七)注重保教结合。

(二十八)完善学前教育教研体系。

(二十九)健全质量评估监测体系。

(三十)加强党的领导。全面加强党对学前教育事业的领导。

(三十一)健全管理体制。认真落实国务院领导、省市统筹、以县为主的学前教育管理体制。

(三十二)完善部门协调机制。

(三十三)建立督导问责机制。

(三十四)研究制定学前教育法。

(三十五)营造良好氛围。

六、《学前教育专业师范生教师职业能力标准(试行)》

为贯彻落实党的十九届五中全会精神和《中共中央 国务院关于全面深化新时代教师队伍建设改革的意见》,推进师范生免试认定中小学教师资格改革,建立师范生教育教学能力考核制度,教育部研究制定了《学前教育专业师范生教师职业能力标准(试行)》。

(一)师德践行能力

1.遵守师德规范

(1)【理想信念】

学习贯彻习近平新时代中国特色社会主义思想,深入学习习近平总书记关于教育的重要论述,以及党史、新中国史、改革开放史和社会主义发展史内容,形成对中国特色社会主义的思想认同、政治认同、理论认同和情感认同，能够在教书育人实践中自觉践行社会主义核心价值观。

树立职业理想，立志成为有理想信念、有道德情操、有扎实学识、有仁爱之心的好老师。

(2)【立德树人】

理解立德树人的内涵，形成立德树人的理念，掌握立德树人途径与方法，能够在教育实践中实施素质教育，依据德智体美劳全面发展的教育方针开展教育教学。

(3)【师德准则】

具有依法执教意识，遵守宪法、民法典、教育法、教师法、未成年人保护法等法律法规，在教育实践中能履行应尽义务，自觉维护幼儿与自身的合法权益。

理解教师职业道德规范内涵与要求，在教育实践中遵守《新时代幼儿园教师职业行为十项准则》，能分析解决教育教学实践中的相关道德规范问题。

2. 涵养教育情怀

(1)【职业认同】

具有家国情怀，乐于从教，热爱教育事业。认同教师工作的价值在于传播知识、传播思想、传播真理，塑造灵魂、塑造生命、塑造新人；了解幼儿教师的职业特征，理解教师是幼儿学习与发展的支持者、合作者、引导者，创造条件激发幼儿好奇心、求知欲，积极引领幼儿行为，帮助幼儿自主发展。

领会学前教育对幼儿发展的价值和意义，认同促进幼儿全面而有个性地发展的理念。

(2)【关爱幼儿】

做幼儿健康成长的启蒙者和引路人，公正平等地对待每一名幼儿，关注幼儿成长，保护幼儿安全，促进幼儿身心健康发展。

尊重幼儿的人格和权利，保护幼儿游戏的自主性、独立性和选择性，关注个体差异，相信每名幼儿都有发展的潜力，乐于为幼儿创造发展的条件和机会。

(3)【用心从教】

树立爱岗敬业精神，在教育实践中能够认真履行工作职责，积极钻研，富有爱心、责任心，工作细心、耐心。

(4)【自身修养】

具有健全的人格和积极向上的精神，有较强的情绪调节与自控能力，能积极应变，比较合理地处理问题。

掌握一定的自然和人文社会科学知识，传承中华优秀传统文化，具有人文底蕴、科学精神和审美能力。

仪表整洁，语言规范健康，举止文明礼貌，符合教师礼仪要求和教育教学场景要求。

(二) 保育和教育实践能力

1. 掌握专业知识与技能

(1)【保育教育基础】

掌握科学照料幼儿日常生活的基本方法，了解幼儿日常卫生保健、传染病预防和意外伤害事故处理的相关知识，掌握面临特殊事件发生时保护幼儿的基本方法。

掌握教育理论的基本知识和3~6岁幼儿身心发展特点、规律,具备观察、分析与评价幼儿行为的能力。熟悉幼儿园教育的目标、任务、内容、要求和基本原则。

认识融合教育的意义和作用,了解有特殊需要幼儿的身心发展特点及教育策略,掌握随班就读的基本知识及相关政策,基本具备指导随班就读的教育教学能力。

(2)【领域素养】

掌握幼儿健康、语言、社会、科学、艺术等领域教育的基本知识和方法,理解幼儿园各领域教育之间的联系,能在教育实践中综合运用各领域知识,实现各领域教育活动内容相互渗透。

(3)【信息素养】

了解信息时代对人才培养的新要求,掌握一定的现代信息技术知识,具有安全、合法与负责任地使用信息与技术的意识。

2. 开展环境创设

(1)【创设物质环境】

能够创设安全、适宜、全面,有助于促进幼儿成长、学习、游戏的物质环境,合理利用资源,为幼儿提供和制作适合的玩教具和学习材料。

(2)【营造心理环境】

理解教师的态度、情绪、言行在幼儿园及班级心理环境形成中的重要性。能够构建和谐的师幼关系,帮助幼儿建立良好的同伴关系,营造良好的班级氛围,让幼儿感受到安全、舒适。

3. 组织一日生活

能够安排和组织幼儿园一日生活的主要环节,具有将教育渗透一日生活的意识,能够与保育员协同开展班级常规保育和卫生工作。

4. 开展游戏活动

(1)【满足游戏需要】

了解幼儿游戏的类型和主要功能,根据各年龄阶段幼儿的游戏特点,满足幼儿游戏的需要。

(2)【创设游戏环境】

能够合理、有效地规划和利用户内外游戏活动空间,能够根据幼儿的发展和需要创设相应的活动区,提供丰富、适宜的游戏材料,引发和促进幼儿的游戏。

(3)【支持幼儿游戏】

能够提供充足的游戏时间,鼓励幼儿自主选择游戏内容、伙伴和材料,支持幼儿主动地、创造性地开展游戏,充分体验游戏的快乐和满足。

学会观察分析幼儿的游戏,支持幼儿在游戏活动中获得身体、认知、语言和社会性等多方面的发展。

5. 实施教育活动

(1)【设计教育活动方案】

能够根据《幼儿园教育指导纲要(试行)》《3~6岁儿童学习与发展指南》的要求,以及幼儿的兴趣需要和年龄特点,选择教育内容,确定活动目标,设计教育活动方案。

(2)【组织教育活动】

学会运用各种适宜的方式实施教育活动,鼓励幼儿在活动中主动探索、交流合作、积极表达,能够有效观察幼儿在活动中的表现,并根据幼儿的需要给予适宜的指导。

(3)【实施教育评价】

了解幼儿园教育评价的目的与方法,运用观察、谈话、家园联系、作品分析等多种方法,了解和评价幼儿。能够基于幼儿身心特点,利用技术工具分析幼儿学习过程、收集幼儿学习反馈。

能够运用评价结果,分析、改进教育活动开展,促进幼儿发展。

(三)综合育人能力

1. 育德意识

树立幼儿为本、德育为先理念,了解幼儿社会性-情感发展的规律和个性特征,能有针对性地开展育人工作。

具有教书育人意识。理解活动育人的功能,能够在保教活动中有机融入社会主义核心价值观、中华优秀传统文化、革命文化和社会主义先进文化教育,为培养幼儿适应终身发展和社会发展所需的正确价值观、必备品格和关键能力奠定基础。

2. 育人实践

掌握活动育人的方法和策略,基于幼儿的身心特点合理设计育人目标、活动主题与内容,能够抓住一日生活中的教育契机,开展随机教育,培养幼儿良好的生活习惯和亲社会行为。

3. 班级管理

熟悉校园安全、应急管理相关规定,基本掌握班级空间规划、班级常规管理等工作要点。熟悉幼儿教育及幼儿成长生活等相关法律制度规定,能够合理分析解决幼儿教育与管理实践相关问题。

4. 心理健康

关注幼儿心理健康,了解幼儿身体、情感发展的特性和差异性,掌握幼儿心理健康教育的基本知识,及时发现和赏识每个幼儿的点滴进步,注重激发和保护幼儿的积极性、自信心,能够参与心理健康教育等活动。

5. 家园协同

掌握人际沟通的基本方法,能够运用信息技术拓宽家园沟通交流的渠道和途径,积极主动与家长进行有效交流。

掌握开展幼儿园、家庭和社区各种协同活动的方式方法,能够开展幼儿园与小学教育的衔接工作。

(四)自主发展能力

1. 注重专业成长

(1)【发展规划】

了解教师专业发展的要求,具有终身学习与自主发展的意识。根据学前教育课程改革的动态和发展情况,制定教师职业生涯发展规划。

(2)【反思改进】

具有反思意识和批判性思维素养,初步掌握教育教学反思的基本方法和策略,能够对教育教学实践活动进行有效的自我诊断,提出改进思路。

(3)【学会研究】

初步掌握教育研究的基本方法,能用以分析、研究幼儿教育实践问题,并尝试提出解决问题的思路与方法,具有总结和提升实践经验的能力。

掌握专业发展所需的信息技术手段和方法,能在信息技术环境下开展自主学习。

2. 主动交流合作

(1)【沟通技能】

具有阅读理解能力、语言与文字表达能力、交流沟通能力、信息获取和处理能力。

掌握基本沟通合作技能与方法,能够在教育实践、社会实践中与同事、同行、专家等进行有效沟通交流。

(2)【共同学习】

理解学习共同体的作用,掌握团队协作的基本策略,了解学前教育的团队协作类型和方法,具有小组互助、合作学习能力。

本章知识结构

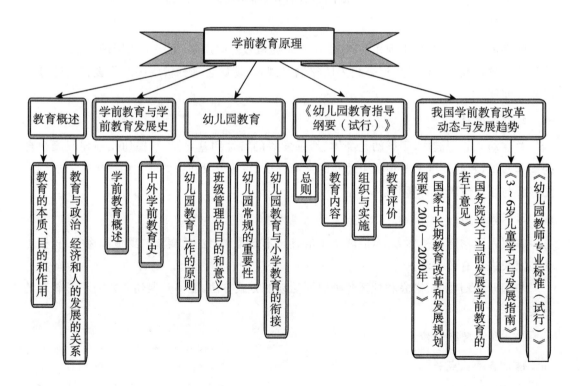

本章小结

(一) 本章主要内容

(1) 教育的本质、目的和作用。

(2) 中外学前教育的主要事件,以及著名学前教育家的著作与观点。

(3) 学前教育五大领域的目标与六大基本原则。

(4) 幼儿园教育与小学教育衔接的具体要求。

(5)《幼儿园教育指导纲要(试行)》的基本内容。

(6)《国家中长期教育改革和发展规划纲要(2010—2020年)》《国务院关于当前发展学前教育的若干意见》《3~6岁儿童学习与发展指南》《幼儿园教师专业标准(试行)》《关于学前教育深化改革规范发展的若干意见》《学前教育专业师范生教师职业能力标准(试行)》等文件的相关内容。

(二) 本章的重点、难点

学前教育发展过程中的教育事件与国内外教育家的主要思想;学前教育的性质与原则;幼儿园教育的原则;幼儿园教育与小学教育的衔接;《幼儿园教育指导纲要(试行)》《国家中长期教育改革和发展规划纲要(2010—2020年)》《国务院关于当前发展学前教育的若干意见》《3~6岁学习与发展指南》《幼儿园教师专业标准(试行)》《关于学前教育深化改革规范发展的若干意见》《学前教育专业师范生教师职业能力标准(试行)》等文件中的各类知识点。难点是运用教育家们的理论解释现实问题。

(三) 学习时要注意的问题

本章学习时要注意下列几个方面:

(1) 理解教育的本质,理解教育在社会发展、人的发展中的作用;

(2) 识记学前教育发展中的重大事件与国内外教育家的主要思想;

(3) 识记幼儿园教育的目标,理解幼儿园教育的基本原则;

(4) 识记六个文件中的相关内容,了解我国学前教育改革的发展趋势。

备考指南

本章内容在国家教师资格考试中占有较大的比例,学习时要注意下列几个方面:概述部分可以根据教育的本质、教育与社会、教育与人的关系这三个基本点入手,识记相关知识点,并理解教育对社会政治、经济与人的发展的具体作用;史实部分,主要是熟记重要的知识点,能够区分各教育家之间观点的差异;幼儿教育部分则主要是理解与运用,即用相关的原则去解释教育现象;六个文件的复习可以用图表的方式进行梳理,然后对照记忆,主要把握学前教育的未来发展趋势。本章有较多的客观的知识点,所以一般以识记为主,主要用客观题的方式进行考核。

自测训练

一、单项选择题

1. 陶行知的生活教育理论注重"教学做"合一,强调( )。
   A. 做是中心   B. 学是中心
   C. 教与学是中心   D. 教是中心

2. 下列选项中,对幼儿园教育质量影响最小的是( )。
   A. 经费投入   B. 师幼互动
   C. 教师学历   D. 高档园舍

3. 幼儿教师选择保育教育内容最主要的依据是( )。
   A. 幼儿发展   B. 社会需求
   C. 学科知识   D. 教师特长

4. 《国家中长期教育改革和发展规划纲要(2010—2020年)》提出要重点发展( )。
   A. 农村学前教育   B. 城镇学前教育
   C. 特色学前教育   D. 特殊学前教育

5. 1923年,陈鹤琴在南京创办了我国第一所幼儿教育实验中心,其全称是( )。
   A. 怀德幼稚园   B. 湖北武昌蒙养院
   C. 中国福利幼稚园   D. 私立南京鼓楼幼稚园

6. 下列有关幼小衔接的说法,正确的是( )。
   A. 儿童入学适应困难,是因为幼儿园教育过于游戏化
   B. 幼小衔接完全是幼儿园的责任
   C. 幼儿园的幼小衔接工作不仅仅在大班,小中班也应该开展
   D. 幼小衔接主要是教儿童拼音、认字等内容

7. 从科学知识取向转向儿童经验取向的代表性教育著作是( )。
   A.《理想国》   B.《爱弥儿》
   C.《大教学论》   D.《林哈德和葛笃德》

8. 某教师针对不同发展水平的儿童提供了不同难度的操作材料,这遵循了( )。
   A. 全面发展原则   B. 发展适宜性原则
   C. 保教合一原则   D. 独立自主性原则

9. 根据《幼儿园教育指导纲要(试行)》规定,幼儿园体育的重要目标是( )。
   A. 培养运动人才   B. 获得比赛奖项
   C. 培养幼儿对体育的兴趣   D. 训练技能

10. 提出"教育即生活"的教育家是( )。
    A. 卢梭   B. 杜威
    C. 蒙台梭利   D. 福禄贝尔

11. 学前教育的对象通常是( )。
    A. 0~3岁   B. 3~6岁   C. 0~6岁   D. 0~12岁

12. 学前教育的本体价值是（　　）。
A. 促进社会发展　　　　　　B. 促进儿童发展
C. 促进教师发展　　　　　　D. 促进幼儿园发展
13. 学前教育的组织性要素是（　　）。
A. 学前儿童　　　　　　　　B. 学前教育者
C. 学前教育措施　　　　　　D. 幼儿园环境
14. 以下不属于学前教育特点的是（　　）。
A. 基础性　　B. 公益性　　C. 启蒙性　　D. 发展性
15. 西方教育史上第一本附有插图的儿童百科全书是（　　）。
A.《世界图解》　　　　　　B.《大教学论》
C.《幼儿园指南》　　　　　D.《母育学校》
16. 开端计划是（　　）实施的。
A. 中国　　B. 英国　　C. 美国　　D. 德国
17. 学前教育要面向所有的儿童，使所有儿童都从中获益，体现了（　　）。
A. 普惠性原则　　　　　　　B. 全面发展原则
C. 保教结合原则　　　　　　D. 基础性原则
18. 学前教育最重要的实施途径和方法是（　　）。
A. 保育　　B. 游戏　　C. 艺术　　D. 知识教育
19. 世界上最早的学前教育专著是（　　）。
A.《理想国》　　　　　　　B.《大教学论》
C.《母育学校》　　　　　　D.《童年的秘密》
20. 1837年，创办了世界上第一所以"幼儿园"来命名的学前教育机构的是（　　）。
A. 奥伯林　　　　　　　　　B. 欧文
C. 福禄贝尔　　　　　　　　D. 巴乌利美夫人

二、简答题
1. 简述教育家陶行知的学前教育思想。
2. 简述幼儿园教育与小学教育的主要区别。

三、论述题
结合实践论述幼儿园教育的基本原则。

四、材料分析题
材料：
实习生小赵发现，在保教活动中，教师总是请某几个儿童发言，结果导致某些儿童茫然端坐，从不举手。她疑惑地询问一个不举手的儿童，得到的回答是："反正举了手老师也不会叫我。"
问题：
请从学前教育的原则和教育公平的视角论述上述现象。

第五章 生活指导

考纲内容

- 熟悉幼儿园一日生活的主要环节,理解一日生活的教育意义。
- 了解生活常规教育的要求与培养幼儿良好生活、卫生习惯的方法。
- 了解幼儿卫生保健常规、疾病预防、营养等方面的基本知识。
- 了解幼儿园常见的安全问题和处理方法,了解突发事件如火灾、地震等的应急处理方法。

考纲解读

本章的主要内容是日常生活基本知识、保健类知识、营养类知识、疾病预防类知识与基本的安全知识五个方面。就考试层次而言,包含了识记、理解、运用三个层次。基本的知识点有:日常生活部分,主要包括幼儿园一日生活的主要环节、保教人员的常规以及学前儿童生活常规养成三个方面;保健部分,主要包括儿童身体发育的特点与保健、儿童生长发育规律与评价指标两个方面的内容;营养部分,要求了解儿童所需要的营养素的构成,如何合理安排膳食以及良好饮食习惯的养成等内容;疾病预防部分,要求了解常见的疾病和传染病的预防及护理;安全知识部分,要求掌握常见的意外事件及处理方法等内容。此外,还需要考虑如何运用相关知识解决实际问题。

第一节 幼儿园一日生活

幼儿园一日生活是构成幼儿日常生活的重要组成部分,幼儿园应当为幼儿提供健康、丰富的生活和活动环境,满足幼儿多方面的需求,使他们在快乐的童年生活中获得有益于身心发展的经验。

一、幼儿园一日生活的常规

幼儿园一日生活主要包括以下常规:

(一)晨间接待

晨间接待是一天工作的开始,关系到儿童是否能在幼儿园度过安全、愉快的一天,关系到教师是否能顺利地完成保教任务,达到教育目标。

1. 保教人员的常规

(1)在儿童入园前做好活动室内外的清洁工作及开窗通气。

(2)以饱满的精神、热情的态度、亲切的话语去迎接每个入园的儿童。与家长沟通,了解儿童在家的情况,耐心倾听家长的嘱托。

(3)引导儿童放好相关物品。

(4)晨间检查。晨间检查要求保健医生对每个儿童进行认真、细心的观察,认真做好一摸(摸是否发烧)、二看(看喉部、皮肤和精神)、三问(问饮食、睡眠、大小便情况)、四查(仔细检查儿童有无携带不安全物品,发现问题要及时处理)。

(5)值日生工作的组织与指导(中、大班设值日生),前一天做好值日生的交接工作(值日生要有标记),叮嘱其第二天提前到园。

2. 学前儿童的常规

(1)衣着整洁,愉快地来园接受晨间检查。

(2)能用普通话主动地、有礼貌地向老师、同伴问候,向家长说再见。

(3)不带危险品、零食入园,将自己的随身物品整齐地摆放在固定的地方。

(4)学会告诉老师自己的身体有无不舒服的感觉。

(5)积极投入晨间活动。

(二)晨间活动

晨间活动是幼儿园一日活动中不可缺少的环节,教师可根据气候情况安排户外或室内的活动。晨间活动的形式多样,如小型建构活动、阅读活动、体育活动、美工活动、音乐活动、自选活动等。

1. 保教人员的常规

(1)准备好玩具、材料和体育活动器械,并带领儿童对其进行观察,与儿童进行交谈等。

(2)激发儿童积极参加锻炼的兴趣,不仅能关注全体,更要照顾个别。

(3)注意儿童的活动量和活动的安全,及时检查儿童的服饰、情绪,活动后护理。

(4)早操前10分钟,让儿童收拾整理好玩具、材料,做好参加早操活动的准备。

2. 学前儿童的常规

(1)喜欢参加体育锻炼,乐意与同伴交换或合作使用体育器具。

(2)热身后能知道脱去外套,并放在指定的位置。

(3)活动后能整理、摆放玩具、器具。

(三)升国旗、做早操

早操是幼儿园在早晨开展的、以基本体操为主要内容的一种体育活动形式,也是幼儿园一日活动中不可或缺的环节,是全园儿童都要参与的锻炼活动。

1. 保教人员的常规

(1)做好早操前的准备工作,如服装、鞋子、轻器械、场地等的准备。

(2)要以身作则,与儿童共同参加升国旗仪式。

(3)要精神饱满,动作示范规范、熟练、有力。

(4)注意基本动作的练习和操节变换,活动密度适合。

(5)注意安全,避免碰撞,保持距离,对儿童不当的行为给予提示。

2. 学前儿童的常规

(1)依次自然地进入活动场地。

(2)尊敬国旗,升旗时立正,注视国旗,行注目礼。

(3)听从指挥做操,精神饱满、情绪愉快,姿势正确、动作整齐。

(4)用完轻器械后放回原处,注意爱护。

(四)如厕、喝水

1. 保教人员的常规

(1)指导儿童正确地使用手纸、整理衣裤,便后用流水洗手。

(2)指导儿童安全有序地取水,并观察其饮水量,保证日饮水量达400~600毫升。

(3)提醒幼儿按需如厕。

2. 学前儿童的常规

(1)学会自理大小便。

(2)便后会用手纸从前向后擦屁股,用肥皂、流动的水洗手,整理服装,不在厕所逗留。

(3)排队轮流洗手,方法正确。不玩水,并用自己的小毛巾擦手。

(4)用自己的茶杯喝水,用后放回固定的地方。

(五)集体教学活动

幼儿园集体教学活动是面向全体幼儿的、统一的集体活动,是幼儿园教学活动最普遍的组织形式,是教师有目的、有计划地组织进行有效学习的活动过程,也是儿童在幼儿园一日活动中非常重要的环节。

1. 保教人员的常规

(1)做好教育活动前的准备工作,包括环境准备、制订教育活动计划、教具和学具准备。

(2)注意培养儿童正确的体姿,保护儿童的视力和嗓子。

2. 学前儿童的常规

(1)活动前,逐渐转入安静状态。

(2)在老师的指导和启发下,逐渐养成动脑、动手和手脑并用的习惯。

(3)在活动过程中,积极思考,踊跃发言或提问,不干扰别人,不和其他小朋友发生争执,不影响活动秩序。

(六)区域活动

区域活动,是学前儿童以快乐和满足为目的,以操作、摆弄为途径的自主性学习活动,也是儿童在幼儿园一日生活中日趋重要的环节之一。

1. 保教人员的常规

(1)创设与教育教学相匹配的区角,提供丰富的玩具材料。

(2)区域材料的摆放符合游戏的要求和儿童易取易放的原则。

(3)尊重儿童的意愿,以引导者的角色,及时给予其指导与帮助。

(4)鼓励儿童自主商讨、制定规则,并用适当的方式进行记录。

(5)活动结束时,引导儿童开展必要的评价,分享经验和快乐。

2. 学前儿童的常规

(1)选择自己喜欢的区域活动,不随意更换游戏材料,遵守各区域的游戏规则。

(2)积极尝试操作各种区域材料,遇事能积极思考,尝试自己解决问题。

(3)积极与同伴交流、协调、分享、合作,能爱护和整理玩具和材料。

(七)游戏活动与体育活动

1. 保教人员的常规

(1)综合安排创造性游戏与规则性游戏,使两种游戏的时间相对均衡。

(2)准备充足的游戏材料,符合安全、卫生和教育的要求。

(3)尊重儿童的意愿,适时介入,适当指导。

2. 学前儿童的常规

(1)能主动参与游戏,与同伴友好协作,注意安全。

(2)在老师指定的场地内游戏,共同商讨并遵守游戏规则。

(3)会收拾整理玩具。

(4)在体育活动中,注意力集中,遵守规则,巩固和提高动作的技能。

(八)进餐活动

1. 保教人员的常规

(1)鼓励儿童独立进餐,吃完自己的一份饭菜。

(2)提醒儿童进餐速度及食量要适当,对特殊者给予个别照顾。

(3)提醒儿童饭后要漱口、擦嘴。

(4)组织儿童进行餐后活动。

2. 学前儿童的常规

(1)安静进餐,保持桌面、地面和衣服整洁。

(2)不挑食,不剩饭菜,不过量进食,养成良好的进餐习惯。

(3)正确使用餐具。餐后漱口并用自己的餐巾擦嘴,将餐具放到指定地点。

(九)睡眠与起床

1. 保教人员的常规

(1)创设温馨、舒适的睡眠环境。

(2)指导并帮助儿童有顺序地穿脱鞋、衣、裤,并折叠放在固定地点。

(3)随时巡视观察,纠正其睡姿和习惯,照顾有特殊需要的儿童。

(4)起床时,观察儿童的情绪,指导并帮助其穿衣、梳洗,检查着装。

2. 学前儿童的常规

(1)保持安静,不高声讲话或嬉笑喧闹,脚步放轻,进入午睡室。

(2)有顺序地穿脱衣裤,将衣物放在指定的地方,能自己盖好被子。

(3)不带玩具上床,养成良好的睡姿与习惯。

(4)起床后自己学习叠被子,穿衣、裤、鞋,乐意帮助同伴。

(十)离园

1. 保教人员的常规

(1)清理儿童的衣物和用品,做好离园的整理工作。

(2)稳定儿童的情绪,开展形式多样的游戏活动。

(3)主动与家长交流当日儿童在园的一日生活情况,做好与家长的交接工作。

(4)引导儿童在离开教室时主动与同伴和老师道别,将小椅子、玩过的玩具和材料送回固定的位置。

(5)遇到陌生人来接,必须马上联系家长,确认接送者的身份。

(6)儿童离园后,要做好活动室的清洁卫生,关好门窗。

2. 学前儿童的常规

(1)愉快地离园回家,带好回家用品。

(2)有礼貌地同老师、小朋友告别。

二、幼儿园一日生活常规的养成

幼儿园一日生活常规可以通过有意识的教育活动、日常生活中的随机教育和渗透性教育、生活环境中的隐性教育、家园一致的言传身教等途径去培养。具体而言,在培养儿童幼儿园一日生活常规时应该注意下列几个方面:

(一)建立良好的师幼关系

首先要建立良好的师幼关系,让学前儿童信赖教师,这样教师提出的要求就容易让儿童所接受。良好的师幼关系具有互动性、发展性、分享性、民主性和平等性等特点。

(二)创设宽松的环境氛围

为学前儿童创设宽松、民主、自由的精神环境,让他们在轻松自由的氛围中生活,感受到教师的爱。教师应该明白,幼儿园一日生活常规不是用来管教、限制儿童活动的,而是用来帮助儿童更自由地生活在集体中。

(三)规则要求要符合儿童的年龄特点

幼儿园一日生活常规要根据年龄特点分层提出、循序渐进。各年龄阶段的常规具有一致性,但同样的常规对不同年龄阶段的儿童的具体要求并不相同,是螺旋式上升的。

(四)创造机会让儿童多练习

充分的、多次的实践练习是幼儿园一日生活常规养成的关键。所以,教师应尽最大的努力创造条件,为儿童提供练习的机会。

(五)榜样示范,做儿童的表率

学前儿童以具体形象思维为主,教师和小朋友们的言行都会给他们造成各种各样的影响。所以,教师必须时时、事事、处处规范自己的言行举止,给儿童做出表率。另外,教师可以让儿童向儿童学习、儿童教儿童学习,这是常规培养的有效方法。

(六)保教人员间保持一致

教师之间密切配合、要求一致、持之以恒是做好幼儿园一日生活常规工作的基础。每位教师都要对幼儿园一日生活常规有一个统一的认识,坚持统一的标准。另外,在保教活动的任何一个环节都要注意幼儿园一日生活常规的训练。

(七)家园合作形成教育合力

家庭是幼儿园重要的合作伙伴,应本着尊重、平等、合作的原则,争取家长的理解、支持和主动参与。家庭与幼儿园形成教育合力是培养儿童幼儿园一日生活常规的关键。有了家长的支持和配合,常规培养才能收到良好的效果。

第二节　学前儿童身体发育的特点与规律

身体发育是指组织、器官的结构与功能从简单到复杂,从低级到高级的分化演变过程。学前儿童的身体发育是按照一个可以预期的顺序进行的,它比较严格地受到时间的制约。大多数正常的儿童在生长发育过程中都会成呈现阶段性、顺序性等发展规律。

一、学前儿童身体各系统发育的特点与保育

学前儿童身体因处于不成熟状态和生长发育过程中,决定了他们各器官、系统在形态、结构和功能等方面有别于成人。

(一)运动系统的特点与保育

1. 骨骼

与成人相比,学前儿童骨骼中含有机物较多,所以骨的韧性强、弹性大、硬度小不容易骨折,但易发生"青枝骨折";不良的体姿可能导致"脊柱生理性弯曲"。

2. 肌肉

学前儿童肌肉中水分较多,蛋白质及储存的糖原较少,因此肌肉柔嫩,收缩力较差,力量小,易疲劳,疲劳后恢复较快。学前儿童的大肌肉发育早,小肌肉发育晚。

3. 关节和韧带

学前儿童的关节窝较浅,关节面软骨相对较厚,所以韧带的伸展性大,关节活动的范围也比成人大。但学前儿童的韧带较松弛,肌肉纤维比较细长,力量差,关节的牢固性差,所以容易发生脱臼。

4. 保育要点

(1)教育儿童要保持正确姿势,防止骨骼畸形。

(2)积极开展户外活动和体育活动,促进骨骼生长。

(3)合理安排膳食和生活,保证充足的营养供给。

(4)衣服要宽松适度。

(5)适当煅炼掌指骨,促进精细动作发展。

(二)呼吸系统的发育与保健

1. 呼吸系统的发育

(1)鼻是呼吸道的起始部分,是保护肺的第一道防线。鼻腔对空气起着清洁、湿润和加温的作用。咽是呼吸和消化系统的共同通道,分别与鼻腔、口腔和喉腔相通。学前儿童的咽鼓管粗、短、直,呈水平位。当咳嗽、擤鼻涕时,容易受压力的作用将口咽部的细菌、病毒通过咽鼓管推入中耳,引发中耳炎。

(2)学前儿童呼吸系统中的鼻、咽、喉、气管、支气管的防疫功能比较薄弱,易发生呼吸系统疾病;肺泡数量少,含气量少,肺容量小,组织的弹性比较差,易感染肺炎。年龄越小,呼吸频率越快,呼吸节律不齐,这与他们的呼吸中枢发育不完善有关。

2. 保育要点

(1)养成用鼻呼吸的习惯,不要用嘴呼吸。

(2)教会正确地擤鼻涕和打喷嚏的方法。

(3)保护嗓子,不大声喊叫。

(4)养成专心吃饭的好习惯,不要边吃边说话。

(5)保持室内通风换气,开展户外活动和体育锻炼。

(三)消化系统的发育与保健

1. 牙齿

学前儿童的乳牙一般在6～7个月萌出,最迟不应晚于1岁。2岁半左右牙齿全部长齐,共20颗。6岁左右萌出第一恒磨牙,又称六龄齿,然后乳牙顺序脱落,换上恒牙,共28颗或32颗。

乳牙的生理功能包括:

(1)咀嚼食物,帮助消化;

(2)促进儿童颌骨的发育;

(3)有助于儿童的正确发音;

(4)有助于儿童恒牙的顺利萌出。

乳牙的保护:

(1)从出生到2岁半是儿童乳牙发育的重要时期,因此应保证营养充足,多晒太阳;

(2)给儿童提供适宜的刺激;

(3)避免外伤;

(4)经常漱口和刷牙。

2岁左右,饭后可用清水漱口。到3岁左右儿童就该学着刷牙了。

2. 流涎

6～7个月的婴儿,唾液分泌增加,但口腔浅,婴儿还不会及时地把口水咽下去,所以常流涎口外,叫"生理性流涎"。

3. 消化功能逐渐增强

由于学前儿童生长发育快,代谢旺盛,对营养物质的需求多,而消化系统发育尚不成熟,容易发生消化功能紊乱和营养缺乏,应该注意对消化器官的保护。

4. 保育要点

(1)做好学前儿童牙齿的保护工作。要定期检查牙齿,发现问题要及时处理;要教给儿童正确的刷牙方法。

(2)要建立合理的饮食制度,教育儿童要细嚼慢咽,不暴饮暴食。

(3)培养儿童定时排便的习惯。要让儿童懂得多吃蔬果、多喝水、多运动的好处。

(四)神经系统的发育与保健

1. 学前儿童神经系统发育的特点

(1)脑量迅速增加。新生儿的脑量是350克,6个月时达到600克,1岁时达到900克,3岁时达到1000克,6岁时达到1200克,而成人的脑量为1450克。由此可见,学前期的儿童脑量增加极为迅速。

(2)中枢神经系统的发育。中枢神经系统的发育顺序是先皮下,后皮质。新生儿出生时,脊髓和延髓的发育已经基本成熟,但小脑的发育很差;大脑皮质的发育随着年龄的增长而逐步成熟。

(3)高级神经活动的特点。高级神经活动的特点是:兴奋过程占优势,条件反射建立少,第一信号系统发育早于第二信号系统发育。

(4)脑耗氧量大。神经系统的耗氧量大于其他系统;学前儿童的脑耗氧量为全身耗氧量的50%,而成人为20%;学前儿童脑的血流量占心排血量的比重大;学前儿童对缺氧十分敏感,对缺氧的耐受性差。

(5)可利用的能量来源比较单一。大脑工作的能量只有糖提供。

2. 保育要点

(1)精心安排丰富、适宜的活动,刺激神经系统的发育。

(2)保证充足的睡眠,促进神经系统发育的进一步完善。

(3)根据大脑活动的规律,合理制定生活制度、安排各项活动。

(4)合理的营养供应有利于神经系统的正常发育。

(5)注意用脑卫生,要保持室内空气清新。

(五)感觉器官的发育与保育

1. 眼的发育与保育要点

(1)3岁前是儿童视觉发育的敏感期,提供适宜的视觉刺激,可以促进儿童视觉的发展。

(2)5岁以前的儿童通常有生理性远视。因此儿童要经常远眺或看绿色植物,减少视觉疲劳。

(3)婴幼儿晶状体的弹性好,调节范围广,要注意科学用眼,预防近视。

(4)对眼的保护要注意活动室的科学采光,光线要来自左上方,避免强光直射眼睛。

(5)保持正确的坐姿,座椅的尺寸要符合不同年龄段儿童的身体发育要求。

(6)定期检查视力以便及时发现眼部问题,及时进行干预。

2. 耳的发育与保育要点

婴幼儿的辨别能力不如成人精细,但其辨别能力会随年龄的增长而提高。在听觉方面,除了要求听见声音以外,还要求能辨别声音的差异。此外,人的平衡感、旋转能力的发展也与耳的结构有密切关系。耳的保育要点如下:

(1)洗头、洗澡时要注意避免污水进入耳朵。

(2)避免噪声对幼儿的危害。噪声不仅会对人的听觉造成不良刺激,甚至对人的神经系统也会造成不良刺激,使人感到不适、烦躁。

(3)加强听力练习,促进幼儿辨别声音的能力。

(4)加强平衡练习,提高幼儿的抗眩晕能力。

3. 皮肤的发育与保育要点

学前儿童的皮肤对温度变化敏感,散热和保温功能均不及成人。人体的皮肤有感觉、触觉、压觉、痛觉、温觉、冷觉等变化的能力,同时,它还有保护人体器官、调节体温、排泄(汗液、皮脂)吸收作用。皮肤的保健要点如下:

(1)保持皮肤的清洁,让幼儿经常洗头、洗澡、剪指甲,洗手是保持清洁卫生的重要方法。

(2)保持皮肤的完整性。儿童皮肤的保护机能差,对外界的各种刺激(冷、热、光照、化学物质、蚊虫叮咬等)敏感,易感染。

(3)要选择儿童专用护肤品,冬季要注意防裂、滋润。

(4)衣物的选择尽可能透气吸汗,要经常更换衣服,保持清洁卫生。

(5)让儿童知道多喝水、多运动可以促进皮肤的代谢,使皮肤保持弹性。

二、学前儿童生长发育规律与评价指标

不同年龄阶段的儿童在生长发育过程中都会呈现典型特征,应当根据儿童生长发育的形态指标、生理功能指标、生化指标、心理行为发育指标对儿童的生长发育情况进行综合考量。

(一)学前儿童生长发育规律

儿童的生长发育状况是反映其健康状况的一面镜子。生长发育包括体格发育和心理精神的发育两个部分。学前儿童具有以下共同的发展特征:

(1)生长发育既有连续性又有阶段性;

(2)生长发育的速度不是直线上升的,而是呈波浪式;

(3)各器官系统的发育呈现不均衡;

(4)生长发育按一定程序进行;

(5)每个儿童的体格发育有其自身的特点。

(二)生长发育评价指标

1. 形态指标

生长发育形态指标是指身体各部分在形态上可测出的各种量度(如长、宽围度,重量等)反映学前儿童身体外形的变化的指标,其中使用最广泛的是身高、体重和头围。

2. 生理功能指标

生理功能指标是指身体各系统、各器官在生理功能上可能出现的各种量度。体检常用的生理功能指标有血压、心率、脉搏、肺活量、握力、背肌力、新陈代谢率、体温等。学前儿童常用的生理功能指标为脉搏、体温。

3. 生化指标

生化指标是反映机体内代谢活动的指标,学前儿童常用的生化评价指标为血红蛋白、转氨酶、胆红素等。

4. 心理行为发育指标

心理行为发育指标是指反映儿童心理活动、个性特征、行为特点的指标,主要采用量表对儿童心理综合发展水平或某一单项发展水平进行评价。常用的量表有斯坦福-比纳智力量表、韦氏儿童智力量表、儿童行为量表、康奈尔儿童多动症量表、感觉统合调查表、儿童心理健康与行为问题量表等。

(三)定期健康检查

《托儿所幼儿园卫生保健工作规范》规定要对儿童做定期体格检查,全面了解儿童的生长发育及健康状况,定期评价儿童体格发育水平。一般,1岁以内每3个月检查一次,1周岁做一次总的健康评价。1~3岁每半年检查一次,3岁做一次总的健康评价。3~6岁每年检查一次,6岁做一次总的健康评价。托幼园所工作人员接受健康检查的频率是每年一次。

第三节 学前儿童的饮食营养及指导

合理的饮食、充足的营养是保证儿童生长发育和身心健康的物质基础。幼儿园应当在了解学前儿童对营养的需求的基础上,合理安排膳食,做到科学育儿。

一、学前儿童对营养素的需求

营养素是指食物中所含能够维持生命和健康并促进机体生长发育的化学物质。营养素按其功能和化学结构一般分为六大类,即蛋白质、脂类、碳水化合物、矿物质、维生素和水。其中,蛋白质、脂类和碳水化合物均可在体内产生热能,供给机体的能量需要,故又称为三大产热营养素。

(一)蛋白质

蛋白质具有构造新细胞、新组织,修补组织,调节生理,提供热能等四大功能。膳食中长期缺乏蛋白质会影响儿童的生长发育和智力发展。蛋白质的来源广泛,各种动物性食物如牛、羊、猪、兔等家畜肉,鸡、鸭、鹅等禽肉,鱼类等水产品,蛋类及奶产品,大豆及其制品均为蛋白质的良好来源,不仅蛋白质含量高,而且蛋白质的营养价值也高,属于优质蛋白质。

(二)脂类

脂类包括中性脂肪和类脂质两个部分。一般所说的脂肪是指狭义的脂肪,即中性脂肪。脂类是人体的"热量仓库",具有供给和储存能量的作用;保护机体的内脏器官,维持体温;改善食物的感官性状和食品风味,增进食欲,增加饱腹感;促进溶性维生素的吸收利用等作用。

(三)碳水化合物

碳水化合物是一类价廉物美的营养素,其所具有的功能价值独特,是神经系统和心脏的主要能量来源。它是构成机体组织的重要成分,是人体最主要、最经济、最合理的热能来源,每日由碳水化合物供给的热能应占总热能的50%以上。碳水化合物具有解毒、保护蛋白质的作用。

(四)矿物质(无机盐)

无机盐即无机化合物中的盐类,旧称矿物质。

人体所需的矿物质有几十种,包括钙、镁、钾、钠、磷、氯、硫、铁、锌、碘、铜、硒、氟等,它们参与机体的构成、调节体内代谢,是儿童生长发育所需的重要营养素,儿童容易缺乏的矿物质主要有钙、铁、锌、碘。

(五)维生素

维生素是维持人体正常生命活动所必需的营养素,在物质代谢中起着重要的作用。但维生素既不参与机体组织的构成,也不提供热能,人体的需求量少(以微克为计量单位),大多不能在体内合成,必须从食物中获取。儿童容易缺乏的几种维生素有维生素 A、维生素 D、维生素 B_1、维生素 C。

(六)水

水是构成身体组织细胞的主要成分;水是机体物质代谢所必不可少的溶液媒介,机体内一切化学变化必须有水参与才能进行;水是血液和尿液的主要成分,具有运输营养物质和排泄的功能;水是体腔、关节、眼球等器官良好的润滑剂。比如,泪液可防止眼球表面干燥,关节滑液对关节起润滑作用,人体通过血液循环将体内代谢产生的热量运送到体表去散发,以保持体温的相对恒定。儿童对水的需要量相对比成人多。

二、幼儿园的膳食管理

关注学前儿童的膳食营养,制定科学的食谱,切实提高膳食的质量,是幼儿园保育工作的重点之一。

(一)合理安排幼儿膳食的原则

1. 合理安排膳食时间

一般混合食物在胃中停留约为4小时,故两餐之间的间隔以4小时为宜。1岁半以后,学前儿童每日可进食4次,即三餐及午后一次点心。每次进餐时间不应少于20~30分钟,要求学前儿童要细嚼慢咽、专心吃饭、不拖延。

2. 注意膳食搭配

在学前儿童的膳食中,蛋白质所供热能应占总热能的12%~15%,脂肪所供热能占总热能的20%~30%,糖类所供热能占总热能的50%~60%。膳食中,优质蛋白占蛋白质总量的1/3~1/2为好。配膳时要注意粗细粮搭配、米面搭配、荤素搭配、谷类与豆类搭配、蔬菜五色搭配、干稀搭配。

3. 合理采用烹调方法

由于学前儿童的咀嚼能力尚弱,肠胃消化能力较差,食物宜碎、软、细、烂,不宜食粗硬的食物,且少吃油煎、油炸的食物。2岁以后可逐渐吃些耐嚼的食物,肉、菜可切成小丁、小片或细丝。3岁以前,吃的食物应去骨、去刺、去核,不宜吃刺激性强的食物,如酸、辣、麻的食物。

4. 食物的选择

食物的选择要保证新鲜、优质,避免变质、被污染。平衡膳食应选择四大类食物:

(1)含优质蛋白质的食物,如牛奶、鸡蛋、瘦肉、鱼、禽肉、豆制品等;

(2)富含维生素、无机盐和膳食纤维的食物,如蔬菜、水果;

(3)高热量食物,如粮食、薯类、白糖、油等;

(4)调味品,如盐、酱油、醋等。

(二)学前儿童饮食行为习惯培养

(1)建立合理的饮食制度,培养儿童认真吃正餐的习惯。保证儿童在吃好正餐的前提下才能满足他们吃零食的要求,否则就要限制零食的供给。

(2)学前儿童的饮食要定时、定位、定量,食前有准备。要培养儿童在座位上安静进餐的习惯,而不应该听凭其边走边吃或边看电视边吃饭。

(3)要养成饮食多样化的习惯,不挑食、不偏食。

(4)要细嚼慢咽,不要狼吞虎咽。

(5)注意饮食卫生,讲究进餐礼仪。进餐前要做好准备(餐前洗手,帮助擦桌子、摆碗筷);不吃不干净的食物;咀嚼、喝汤时不发出大的声响,不在饭菜中挑挑拣拣,不浪费食物;吃饭时不大声说话、不玩闹;餐后要收拾好自己的碗筷并放在规定的地方;餐后要擦嘴、漱口、洗手,不做剧烈运动。

第四节 学前儿童常见疾病及其预防和护理

疾病不仅会直接影响学前儿童的正常生长发育,而且会影响其成年后的体质和劳动力,因而对学前儿童的疾病进行预防以及护理,提高学前儿童的身心素质具有重要价值。

一、常见疾病及其预防和护理

学前儿童常见的疾病主要有肺炎、佝偻病、缺铁性贫血、腹泻、肥胖症、龋齿等,应当注意加强预防与护理。

(一)肺炎

1.肺炎概况

肺炎是由细菌或病毒,或某些疾病引起的肺部炎症,常见于冬季和春季,表现为发烧、咳嗽、气喘等症状。

2.肺炎的预防和护理

(1)加强体育锻炼,增强体质,是预防肺炎的重要措施。

(2)要保持室内空气新鲜,日照充足,温度、湿度适宜。

(3)感冒流行季节,不频繁出入公共场所,若要出门需戴口罩。

(4)为患儿提供清淡、营养、易消化的饮食;让患儿卧床休息,减少活动。

(二)佝偻病

1.佝偻病概况

佝偻病是指由于儿童体内缺乏维生素D,引起全身钙、磷代谢失常的一种慢性营养性疾病,是3岁以下儿童的常见疾病。佝偻病在早期表现为神经兴奋性增高,易激怒、烦躁、多汗、夜惊、睡眠不安等;活动期出现骨骼改变,囟门闭合延迟等症状。

2.佝偻病的主要病因

(1)接触日光不足。

(2)生长过快。

(3)疾病的影响。

(4)饮食不合理。

3.佝偻病的预防和护理

(1)合理饮食,多食富含维生素D和钙质的食物,提倡母乳喂养。

(2)早产儿、低体重儿、双胞胎应在医生的指导下补充维生素D。

(3)及时治疗易导致佝偻病的疾病。

(三)缺铁性贫血

1.缺铁性贫血概况

缺铁性贫血是由于体内缺乏铁元素,致使血红蛋白合成减少而发生的贫血。其症状表现为心慌、气促、头晕、耳鸣、精神不振、注意力不集中、易激动等。

2.缺铁性贫血的主要病因

(1)先天储铁不足。

(2)饮食中铁的摄入量不足。

(3)生长发育过快。

(4)疾病的影响。

3. 缺铁性贫血的预防和护理

(1)注意孕母的营养,多吃含铁丰富的食物。

(2)提倡母乳喂养,合理添加辅食。

(3)合理安排儿童的饮食,培养良好的饮食习惯,多吃含铁丰富的食物,如蛋黄、猪肝、猪血、木耳、海带等。

(4)及时治疗各种肠道疾病和寄生虫病。

(四)腹泻

1. 腹泻概况

腹泻俗称"拉肚子",多发生于夏、秋季节。其症状表现为:腹痛,可伴有发热;大便次数增多,易产生脱水。

2. 腹泻的主要病因

(1)喂养不当。

(2)食物或食具被病菌污染。

(3)某些疾病引起的消化功能紊乱。

(4)气候变化因素等。

3. 腹泻的预防和护理

(1)合理喂养,为儿童提供卫生、清洁的食物和食具。

(2)鼓励儿童进行适宜的锻炼,增强其抵抗能力。

(3)及时治疗某些易引起消化功能紊乱的疾病。

(4)口服补液盐,预防脱水。

(5)为儿童提供易消化、有营养、清淡的食物。

(6)注意腹部保暖,每次腹泻后应清洗屁股。

(五)肥胖症

1. 肥胖症概况

肥胖症是一种热能代谢障碍,是指由于饮食过量或喂养不当、缺乏运动等引起的体重超过正常20%以上的一种慢性营养性疾病。肥胖症所带来的危害不可忽视,易出现呼吸不畅、易感疲乏;延续到成人期易导致高血压、心脏病、糖尿病等疾病。

2. 肥胖症的主要病因

(1)遗传因素。

(2)摄入食物过多,运动过少。

(3)内分泌失调。

(4)心理因素,心理异常或有精神创伤可能会引起食欲异常。

3. 肥胖症的预防和护理

(1)适当增加运动量。

(2)注意饮食结构,减少高脂肪、高热量食物的摄入,多食蔬菜、水果和豆类食物。

(3)解除心理负担,应多关心儿童,多和他们沟通交流,解除他们的心理负担。

(4)定期进行体重监测。

(六)龋齿

1. 龋齿概况

龋齿是牙组织逐渐被破坏的一种疾病。它是学前儿童最常见的牙病。

2. 龋齿的主要病因

(1)牙齿结构的缺陷。

(2)食物残渣滞留。

(3)口腔中细菌的破坏作用。

3. 龋齿的预防和护理

(1)多晒太阳,注意营养,多晒太阳可以保证牙齿的正常钙化,增强牙齿的抗龋能力。

(2)氟化防龋,可以使用含氟牙膏来预防龋齿。

(3)注意口腔卫生,早晚刷牙,饭后漱口,少吃甜食。

(4)定期检查口腔,至少每半年检查一次牙齿。

二、常见传染病及其预防和护理

传染病是由病原体引起的,能在人与人,动物与动物或人与动物之间传染的疾病。

学前儿童常见的传染病有流行性感冒、麻疹、水痘、百日咳、流行性腮腺炎、猩红热、手足口病等,应当注意加强预防和控制。

(一)流行性感冒

1. 流行性感冒概况

流行性感冒是指由流行性感冒病毒感染而引起的急性呼吸道传染病,其流行性较强。流行性感冒的传播途径主要为空气飞沫传播和接触传播,多发生于冬、春季节,也可发生在夏季。

2. 流行性感冒的预防和护理

(1)接种流感病毒疫苗。

(2)注重户外活动和体育锻炼。

(3)加强营养,提高抵抗疾病的能力。

(4)流感流行期间,减少学前儿童外出次数。

(5)保持室内空气新鲜,光照充足,温度、湿度适宜。

(二)麻疹

1. 麻疹概况

麻疹是指由麻疹病毒感染引起的急性出疹性传染病。其传播途径主要为空气飞沫传播和直接接触传播,多见于冬、春季节。

2. 麻疹的预防和护理

(1)接种麻疹病毒活性疫苗。

(2)对接触者检疫3周。

(3)保持室内空气新鲜,光照要充足,温度、湿度要适宜。

(4)饮食应清淡、易消化、有营养,多让患儿饮白开水。

(三)水痘

1. 水痘概况

水痘是指由水痘病毒引起的急性传染病。其主要传播途径为空气飞沫、接触、母婴传播。水痘的传染性极强,易感者接触后90%发病,多发生于春、冬两季。

2. 水痘的预防和护理

(1)开窗通风,保持室内空气新鲜。

(2)远离水痘患者。

(3)若接触患者应进行检疫。

(4)保持皮肤清洁,勤剪指甲,内衣要勤换洗。

(四)百日咳

1. 百日咳概况

百日咳是指由百日咳杆菌引起的急性呼吸道传染病。其传播途径主要为空气飞沫、接触传播。该病多见于5岁以下的婴幼儿,以春、冬季节为多。

2. 百日咳的预防和护理

(1)接种百白破三联疫苗。

(2)加强体育锻炼和户外活动,提高抵抗力。

(3)注意对空气、物品进行消毒,消除病原体。

(4)保持室内空气新鲜,阳光充足。

(5)提供有营养的饮食,少食多餐,多喝水。

(五)流行性腮腺炎

1. 流行性腮腺炎概况

流行性腮腺炎是指由腮腺炎病毒引起的呼吸道传染病。其传播途径主要为空气飞沫、接触传播,多见于春、冬季,症状表现为腮腺肿大、肿胀部位疼痛、灼热,张口或咀嚼时痛感较为明显。

2. 流行性腮腺炎的预防和护理

(1)对患儿进行隔离护理。

(2)可服板蓝根冲剂进行预防。

(3)注意口腔清洁,常用淡盐水漱口。

(4)饮食以流质、半流质为宜。

(六)猩红热

1. 猩红热概况

猩红热是指由乙型溶血性链球菌感染引起的急性呼吸道传染病。其传播途径主要为空气飞沫、接触传播,多见于春、冬季节。

2. 猩红热的预防和护理

(1)注意休息,提高机体抵抗力。

(2)饮食宜清淡、稀软,多喝水。

(3)注意口腔清洁,可用淡盐水漱口。

(七)手足口病

1. 手足口病概况

手足口病是指由柯萨奇病毒感染引起的疱疹性传染。其传播途径主要为饮食传播、空气飞沫传播和接触传播,多见于夏季,5岁以下儿童多发。

2. 手足口病的预防和护理

(1)在手足口病流行期间,幼儿园要加强对学前儿童的晨、午检。

(2)注意休息。

(3)多饮水,多吃有营养、易消化的流质或半流质食物。

(4)保持口腔清洁。

(5)做好隔离消毒工作。

第五节 幼儿园常见的安全问题与处理

安全问题是幼儿园管理中重要的工作,意外伤害或安全事故会影响儿童的心理和生命安全。但由于学前儿童身心发展的特点,容易发生意外事故,因而幼儿园应当重视安全问题,加强预防和教育,遇到问题及时处理。

一、幼儿园安全问题产生的原因

幼儿园安全问题产生的原因主要有以下几个方面:

(一)学前儿童自身问题

(1)学前儿童的运动系统发育不成熟,运动机能不完善,运动时易发生安全问题。

(2)学前儿童的神经系统发育不完善,在走、跑、跳、上下台阶等方面,维持身体平衡协调的功能尚薄弱。

(3)学前儿童活泼好动,对事物缺乏完整认知,缺乏理智与判断力,情绪易冲动,导致易出现安全问题。

(4)学前儿童的安全意识薄弱、自救能力差,常常不能意识到事物、环境的危险性,如在玩滑梯时将小朋友推下滑梯。

(二)保教人员的安全意识和能力问题

(1)保教人员的安全意识薄弱。

(2)保教人员缺乏必要的安全知识。如,当儿童的头部摔伤时,头上的"大包"不明显就认为没多大问题,殊不知这可能造成颅内损伤。

(3)保教人员缺乏必要的安全事故急救能力。

(三)幼儿园的物质环境问题

幼儿园如果不注重物质环境的安全性,安全措施不到位,很容易给儿童带来意外伤害。幼儿园要定期检修房屋、门窗、地板、楼梯、栏杆等,以确保安全。玩具材料应无毒、外形光滑无锐角、易洗涤、消毒。玻璃球、木珠等玩具不宜太小。电器应安放在儿童触摸不到的地方。对药品、有毒物品要妥善管理。消除接送过程中的安全隐患,确保门卫的安全保卫工作。

二、学前儿童安全教育的内容

安全教育的目的是帮助学前儿童树立安全防范意识,教给他们必要的安全常识,不断提高他们的自我保护能力。

(一)帮助学前儿童建立安全防范意识

安全防范意识的建立是预防意外伤害发生的关键。保教人员应通过多种形式进行,如看图片、讲故事、唱儿歌、看视频、做小实验、讨论等,帮助学前儿童了解周围环境存在的不安全因素,尤其是幼儿园的意外伤害事件发生时应及时地进行教育,帮助学前儿童学习遵守规则,以保护自己和他人。

(二)提高学前儿童的自我保护能力

(1)了解交通安全知识和规则。如走路靠右行,"红灯停、绿灯行",过马路走人行道,不在马路上踢球、奔跑、游戏,不可将头、手伸出车窗外等。

(2)了解防火、防电、防水等知识。如不能玩弄火柴、打火机和蜡烛,让学前儿童知道玩火的危害性;不能摸电插座,不能触摸和玩耍正在运转的电风扇等电器产品;不能在湖、河的边上乱跑乱蹦等。

(3)食品安全方面的知识。如不随便食用或饮用不明物质,进食或喝水时不打闹,不能将硬币、玻璃球、黄豆等小物体含在口中,不乱吃药片等。

(4)不携带危险物品如小刀、剪刀、针等入园或午睡。

(5)防走失、拐骗。如不擅自离开幼儿园出走,外出活动时不随意离开集体,不吃陌生人的东西,不跟陌生人走,知道老师的姓名、家长的姓名和电话号码、家庭的详细住址等。

(6)遵守规则,如遵守运动规则和游戏规则等。

(7)安全地使用工具,掌握操作技能。如在握剪刀时,学会儿歌"小剪刀,向前伸,两个山洞竖起来,上面山洞爸爸钻,下面山洞妈妈,姐姐钻进去,小剪刀和宝宝乐开花"(大拇指是爸爸,食指是妈妈,中指是姐姐)所教的内容,很快掌握正确握剪刀的方法等。

(8)认识常见的安全标志,如禁止标志(禁止跳下、禁止通行、禁止靠近、禁止跨越等),警告标志(如当心滑跌、当心触电、注意安全等),指令标志(如系安全带、穿救生衣、必须洗手等),提示标志(如紧急出口、避险处、急救点等)。

(9)认识各种自然灾害的危害,如地震、台风、沙尘暴等,了解各种自然灾害的防护措施。

(10)学会打求救电话,如119(火警电话)、110(匪警电话)、120(医疗急救电话)、122(交通报警电话)等。

三、学前儿童常见的意外伤害及处理方法

学前儿童容易发生跌伤、烫伤、烧伤、异物入体、窒息、交通事故、意外伤害、食物中毒、活动中的意外、被拐等各种安全问题,面对突如其来的意外,保教人员及家长等救护人员需要具备一定的救助能力和应对办法。当发生事故时,急救原则是:①抢救生命;②防止残疾;③减少痛苦。

(一)外伤的处理

1. 擦伤

救护人员先观察儿童伤口的深浅。若伤口较浅,可用凉开水冲洗伤口,除去污物;若伤口较深,应先用生理盐水或凉开水清洗伤口,再用酒精进行消毒;若伤势较严重且有大量出血,需及时送医治疗。

2. 切割伤

救护人员可用碘酒对伤口进行消毒。如果是碎玻璃割伤的,须先清除碎玻璃片,敷上无菌纱布进行包扎止血。

3. 挫伤

救护人员可用凉水或冰块冷敷患处,切忌揉搓伤处,24小时后,用热毛巾敷患处,加速瘀血消散;可用七厘散或活血止痛散敷患处;限制受伤部位活动。

4. 烧(烫)伤

救护人员应立即消除致伤因素。如立即用凉水浇灭儿童身上的火焰,轻轻拭去身上的热粥、热菜等;快速降温,冷疗;根据具体伤情进行救治。

5. 猫狗咬伤

救护人员应立即用清水和肥皂反复冲洗伤口,并用手挤压伤口周围的组织将血挤出。马上用75%的酒精对伤口进行消毒,然后用碘酒消毒,及时送医院处理。

6. 蜂蜇伤

救护人员应仔细检查受伤处,将蜂刺拔出;挤压被蜇伤处,将毒液排出并用肥皂水充分

清洗受伤处;对伤口进行冷敷或冰敷,减轻肿胀和疼痛。如果伤口红肿严重或患儿出现昏迷、休克等全身症状,要及时送往医院。

(二) 骨折的处理

当发生骨折或怀疑儿童有骨折时,救护人员不要随意搬动伤者,以防搬运过程中造成骨折断端周围组织(神经、血管、内脏)新的损伤。尤其是脊椎、胸椎、颈椎骨的骨折,处理要小心,以防因处理不当导致脊神经受伤,造成伤者瘫痪。

正确的处理方法为:①查看儿童的伤口和全身情况,注意伤口是否出血,有无昏迷、休克现象,呼吸道是否阻塞等,检查时动作一定要轻柔,避免加重伤势;②防止休克,严重骨折时,儿童可能会出现休克,应争分夺秒地挽救儿童的生命,实行心肺复苏术(如口对口吹气、胸外心脏按压);③止血、包扎、止疼、固定,如果断骨刺穿了皮肤(开放性骨折)且伤口流血不止,应先止血、包扎,再固定。

(三) 异物入体的急救措施

如果一侧鼻腔有异物进入,救护人员可让儿童用手堵住无异物侧的鼻孔做擤鼻涕的动作,如无效应立即送医院处理;一旦发生气管异物,可用手指抠咽喉法、手掌背击法和腹部推压法处理;咽部进食中被鱼刺、骨刺卡住,可让儿童张开嘴,如看见异物可用镊子夹出,看不见可催吐,促使异物排出,用这两种方法都不能排出应立即送医院处理。

(四) 交通事故的急救措施

1. 保持镇定,紧急呼救

当儿童发生车祸时,救护人员应立即拨打求救电话120、110、122。

2. 在事故现场设立警示标志

救护人员应立即在现场设立警示标志,夜间要亮起危险警告灯。

3. 搬动受伤儿童

一般尽量少移动受伤儿童,但是,如果现场处境会危及儿童的生命,救护人员就要尽快想办法将儿童移动到安全的地方。

4. 就地急救

根据先救命后治伤的原则,救护人员对呼吸、心跳停止的儿童要立即进行人工呼吸和胸外心脏按压,随后将其迅速送往医院救治。

(五) 煤气中毒的急救措施

发生煤气泄漏时,救护人员应关闭煤气,立即将门窗打开,禁止明火,禁止开关电源,禁止在现场打电话;将儿童移至空气新鲜处,同时注意保暖;松开儿童的衣扣裤带,清除口鼻中的污物,保持呼吸畅通;若儿童呼吸、心跳微弱或停止,应立即实施心肺复苏术,待呼吸、心跳恢复后迅速将儿童送医院治疗。

(六) 误服毒物的急救措施

1. 催吐

救护人员可用手指、筷子等刺激儿童的咽部,引起呕吐。

2. 洗胃

救护人员让儿童吐后喝些温开水,再催吐,反复进行直至吐出物为清水。

3. 导泻

若儿童中毒 2 小时后精神尚好,救护人员可让儿童服用泻药,促使有毒物质尽快排出。

4. 补液

若儿童能饮水,救护人员让其多喝些盐水,以补充丢失的水分和盐分。

5. 收集

救护人员收集残留食物或是呕吐物,以便医生了解毒物的性质,尽快送医院治疗。

(七)电击、溺水窒息的急救措施

发生电击的情况时,救护人员可选择一种合理的方法让触电的儿童尽快脱离电源,如穿上胶底鞋,踩在干木板或塑料板上,拉下电闸等。

发生溺水窒息的情况时,救护人员应将溺水儿童救上岸,快速疏通呼吸通道,将儿童的头偏向一侧,清除其口、鼻内的泥沙、污物、藻类;倒水,将儿童俯卧在膝盖或肩头上,头朝下、脚朝上,按压其腹部和背部,使儿童呼吸道内的水自然流出;然后立即做人工呼吸、胸外心脏按压。

(八)鼻出血的处理

救护人员要保持镇静,让儿童安静地坐着;让儿童的头略向前倾,张口呼吸,用手指按压患侧鼻翼或捏紧两侧鼻翼 10～15 分钟,同时用湿毛巾冷敷前额、鼻部和后颈部位;出血较多时,可用脱脂棉卷塞入鼻腔,如果棉卷上能浸上 1%～2% 的黄麻素液,止血效果会更佳;若鼻出血仍不止,应紧急送医院。

(九)地震的应急措施

地震时要就近躲避,震后迅速撤离到安全的地方。地震时,幼儿园保教人员应该沉着冷静,组织儿童就近躲避,切勿让儿童到处乱跑或跳楼;地震一旦停止,应组织儿童快速、有序地沿安全通道撤离到空旷、安全的地方;如果被埋在废墟下,要想办法进行自救。

(十)台风的应急措施

台风来临前就应准备好手电筒、蜡烛、食物、饮水及常用药品,检查房屋是否坚固,以避免房屋倒塌造成人身伤害;台风来临时,尽量不要出门,应关紧窗户,将阳台上的花盆搬进室内;在台风中发生安全事故时,如头部被击伤、骨折、触电等,应立刻拨打 120 请求救助,并采取相应的自救策略。

(十一)火灾的应急措施

(1)火灾发生时,幼儿园保教人员应沉着冷静,广播告知全园、切断电源,呼叫 119、110、120。

(2)组织灭火行动组扑灭初起火源,关闭门窗,控制火势;其余的保教人员引导儿童及时疏散;撤离时要提醒儿童身体尽量贴近地面,沿墙角疏散,用折叠的毛巾或衣物掩捂口鼻,毛巾或衣物尽量用水浸湿,若无水用干毛巾或衣物亦可。

(3)稳定儿童的情绪。将儿童撤离到安全地带后,不得任意走动,更不能返回火灾区,要安抚儿童的情绪。教师要迅速清点人数,并向相关上级汇报相关情况。

本章知识结构

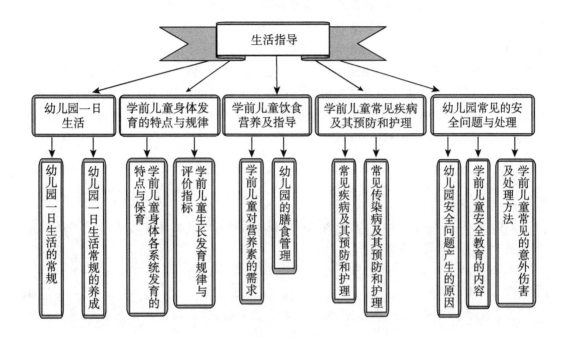

本章小结

(一)本章主要内容

(1)幼儿园一日生活的主要环节及其养成。
(2)运动系统、呼吸系统、消化系统、神经系统、感觉器官的发育特点与保育要点。
(3)学前儿童生长发育规律与评价指标的要素及具体内容。
(4)儿童生长必需的营养素,幼儿园的合理幼儿膳食的原则及优良饮食习惯的养成。
(5)肺炎、佝偻病等常见疾病的预防,流感、麻疹等常见传染病的预防护理。
(6)幼儿园安全教育的内容以及常见的意外事故的处理方法。

(二)本章的重点、难点

本章的重点是幼儿园常规的培养、儿童饮食营养的指导、儿童常见的意外事故及处理方法;难点是运用这些知识去分析现实问题,并提出建议。

(三)学习时要注意的问题

(1)熟记相关概念,如常规、营养素等。
(2)识记并理解儿童生长发育的特点、规律与评价指标。
(3)识记并理解各种指导与预防策略,同时注意将它们运用到保育教育的现实情境。

(4)学会运用各种理论解决生活中的实际问题,如突发事件的处理。

备考指南

生活指导是幼儿园教师的必备技能,也是国家教师资格考试的重要内容之一,所以要引起充分的重视。学习时可以根据学前儿童是如何生长发育的、需要哪些基本营养素,常见的疾病与传染病如何处理与预防、如何面对各种安全问题以及一日常规如何养成这样一个思维系统进行整理与理解。特别注意要熟记一些基本的概念,然后要注意如何根据学前儿童的发展特点进行指导。安全问题与疾病问题有许多常识性的知识,必须熟记在心。重点关注幼儿园一日生活常规的主要环节以及如何养成。本模块大多为识记性的内容,多以客观题的方式呈现,所以在复习时应准确记忆。

自测训练

一、单项选择题

1. 《幼儿园工作规程》指出,幼儿园应制定合理的幼儿一日生活作息制度,两餐间隔时间不少于( )。

   A. 2 小时　　　　　　　　　　B. 2.5 小时
   C. 3 小时　　　　　　　　　　D. 3.5 小时

2. 婴幼儿应多吃蛋、奶等食物,保证维生素 D 的摄入,以防止因维生素 D 缺乏而引起( )。

   A. 呆小症　　　　　　　　　　B. 异嗜癖
   C. 佝偻病　　　　　　　　　　D. 维生素 C 缺乏病

3. 《托儿所幼儿园卫生保健工作规范》规定,托幼园所工作人员接受健康检查的频率是( )。

   A. 每月一次　　　　　　　　　B. 半年一次
   C. 每年一次　　　　　　　　　D. 三年一次

4. 被黄蜂蜇伤后,正确的处理方法是( )。

   A. 涂肥皂水　　　　　　　　　B. 用温水冲洗
   C. 涂食用醋　　　　　　　　　D. 冷敷

5. 评价幼儿生长发育的重要指标是( )。

   A. 体重和头围　　　　　　　　B. 头围和胸围
   C. 身高和胸围　　　　　　　　D. 身高和体重

6. 幼儿在户外活动中扭伤,出现充血、肿胀和疼痛,教师应对幼儿采取的措施是( )。

   A. 停止活动,冷敷扭伤处
   B. 停止活动,热敷扭伤处

C. 按摩扭伤处,继续活动

D. 清洁扭伤处,继续活动

7. 参与糖类的代谢,对维持神经系统正常的功能起着重要作用,同时可以促进儿童的生长发育,增进食欲的是( )。

A. 维生素 A B. 维生素 D

C. 维生素 B_1 D. 维生素 C

8. 幼儿园一日生活中重要的但往往被忽视的生活活动是( )。

A. 入园 B. 睡眠

C. 饮水 D. 如厕

9. 下列各项中,属于由空气传播而引起的传染病是( )。

A. 流行性乙型脑炎 B. 细菌性痢疾

C. 甲型肝炎 D. 流行性脑脊髓膜炎

10. 学前儿童的骨骼特点是( )。

A. 有机物多,无机物少;硬度大,弹性小

B. 有机物少,无机物多;硬度大,弹性小

C. 有机物少,无机物多;硬度小,弹性大

D. 有机物多,无机物少;硬度小,弹性大

11. 为保护幼儿的脊柱,成人应该( )。

A. 推荐用单肩背包 B. 鼓励睡硬床

C. 组织从高处往水泥地跳 D. 要求幼儿长时间抬头挺胸站立

12. 教师引导幼儿擤鼻涕的正确方法是( )。

A. 把鼻涕吸进鼻腔 B. 先捂一侧鼻孔,再轻擤另一侧

C. 同时捏住鼻翼两侧擤 D. 用手背擦鼻涕

13. 对幼儿如厕,教师最合理的做法是( )。

A. 允许幼儿按需自由如厕 B. 要求排队如厕

C. 控制幼儿如厕的次数 D. 控制幼儿如厕的间隔时间

14. 皮疹是向心性分布(即躯干多,面部、四肢较少,手掌、脚掌更少)的疾病是( )。

A. 皮疹 B. 水痘

C. 手足口病 D. 猩红热

15. 幼儿突然出现剧烈呛咳,伴有呼吸困难,面色青紫。这种情况最可能是( )。

A. 急性肠胃炎 B. 异物落入气管

C. 急性喉炎 D. 支气管哮喘

16. 风疹病毒的传播途径是( )。

A. 肢体接触 B. 空气飞沫

C. 虫媒传播 D. 食物传播

二、简答题

1. 简述幼儿园一日生活常规的主要环节。
2. 简述流行感冒应如何预防。
3. 简述幼儿误服毒物应如何处理。

三、论述题

结合实例论述影响学前儿童生长发育的后天因素。

四、材料题

阅读材料,回答问题。

材料:

有人说,孩子患龋齿是从小吃糖多造成的,所以很多家长都严格控制孩子吃糖及含糖多的食品,以预防孩子患龋齿。

问题:

你觉得家长的做法是否合理?应如何防止儿童龋齿?

第六章 学前儿童游戏活动的指导

考纲内容

- 熟悉幼儿游戏的类型以及各类游戏的特点和主要功能。
- 了解各年龄阶段幼儿的游戏特点。
- 能提供相应材料支持幼儿的游戏,并根据需要进行必要的指导。

考纲解读

游戏是学前儿童生活的全部,也是幼儿园保教活动最基本的组织方式,因而游戏活动指导历来都是考试的重点所在。根据考纲要求,本章由三大内容组成:一是对游戏本质的认知,即要求了解游戏的定义、特征与功能,游戏的类型与价值,尤其是我国幼儿园常用的游戏分类;二是小班、中班、大班各阶段游戏的特点与指导;三是不同类型游戏的指导,即要求了解我国幼儿园常见的游戏种类,知道其特点,在此基础上能够提供适当的材料,并能进行正确的指导,同时明白教师的角色,知道游戏指导的基本原则。

识记层面的知识点包括游戏的定义、类型;理解层面的知识点包括游戏的特点与功能,学前儿童游戏的阶段性特征与类型特征;运用层面的知识点包括教师在游戏中的角色、指导游戏的基本原则以及各种游戏的具体组织与指导。学习时可以考虑根据不同的要求采用不同的学习方式。

第一节 学前儿童游戏概述

《3~6岁学前儿童的学习与指南》提到:"幼儿的学习是以直接经验为基础,是在游戏和日常生活中进行的。要珍视游戏和生活的独特价值,创设丰富的教育环境,合理安排一日生活,最大限度地支持和满足幼儿通过直接感知、实际操作和亲身体验获取经验的需要。"这充分体现了游戏对学前儿童的重要价值,教师应当重视游戏的重要作用。

一、游戏的定义与特点

游戏是学前儿童的基本活动,理解游戏的内涵和特点,可增进幼儿园教师的游戏指导能力。

(一) 游戏的定义

关于游戏的定义,不同的学者有不同的理解。柏拉图认为,游戏是一切幼子(动物的和人的)生活和能力提升需要而产生的有意识的模拟活动。亚里士多德认为,游戏是劳作后的休息和消遣,本身不带有任何目的性的一种行为活动。德国学者沃尔夫冈·克莱默则认为,游戏是一种由道具和规则构建而成的,由人主动参与,有明确目标,在进行过程中包含竞争且富于变化的,以娱乐为目的的活动。荷兰学者胡伊青加在《人:游戏者》中对"游戏"做如下定义:游戏是一种自愿的活动或者消遣,这种活动或消遣是在某一固定的时空范围内进行的,其规则是游戏者自由接受,但又有绝对的约束力,游戏以自身为目的而又伴有一种紧张、愉快的情感以及对它"不同于日常生活"的意识。我国学者邱学青认为,游戏是学前儿童在某一固定的时空中,遵从一定规则,伴有愉悦情绪,自发、自愿进行的有序活动。[①]

《幼儿教育词典》对"游戏"的定义是:游戏是幼儿的基本活动,是幼儿通过模仿和想象,有目的、有意识、创造性地反映现实生活的活动,是人的社会活动的初级形式。

可以说,游戏是一种主动、自愿、愉快、假想的社会性活动,是学前教育的基本手段。

(二)游戏的特点

尽管人们对游戏的定义各不相同,但其中反映出一些共同的特点。

1. 自主性

学前儿童从事游戏是出于自己的兴趣和愿望。在游戏中,游戏的形式、材料以及游戏的开始、结束都应由学前儿童自己掌握,按照自己的意愿、体力、智力来进行。

游戏是学前儿童自发自愿的行为,不受外来目的的要求和约束。如果学前儿童的游戏行为是受外在的目的强迫,则不能被叫作游戏。

2. 愉悦性

直接兴趣是学前儿童进行游戏的动力,学前儿童沉湎于游戏过程而不追求什么明确的目的,没有心理压力和负担,所以学前儿童在游戏中总带有愉快的情绪体验。

3. 虚构性

游戏含有假想的成分,在游戏过程中学前儿童可以自由自在地表达自己的情绪。游戏是在假想的情景下反映真实生活的活动,其情节的发展和角色的扮演、活动的方式和替代物的使用等均借助想象来进行。

4. 非功利性

游戏不直接创造财富,具有非生产性、非功利性的特点。学前儿童重视的是游戏的过程,而非游戏结果,无强制性的外在目的。

5. 具体性和过程性

游戏有主题、情节和角色,充满了语言和动作,有实际的玩具和材料。通过对这些具体事物的感知,在学前儿童的头脑中不断出现具体形象,即表象。游戏不是劳动,它没有实用的社会生产价值,不能直接创造财富。

6. 社会性和规则性

游戏的内容随着社会的发展而变化,是社会生活的侧影。尽管游戏是自由的,但任何游

---

① 邱学青. 学前儿童游戏[M]. 南京:江苏教育出版社,2008.

戏参加者都必须遵守相应的规则,否则游戏活动就不能开展。

二、学前儿童游戏的类型与特点

游戏是最适合学前儿童的一种活动形式。对于学前儿童游戏的分类不同的学者持不同观点,以下介绍四种游戏类型的划分方法,并着重介绍几种经典类型游戏的特征。

(一)游戏的类型

我们可以依据不同的分类标准,对游戏进行分类。下面介绍几种基本的游戏分类。

1. 按社会化程度分类

美国心理学家帕滕根据社会化程度对游戏做出以下分类:

(1)无所用心的行为。学前儿童不是在做游戏,而是注视碰巧暂时引起自己兴趣的事情。

(2)旁观者行为。学前儿童观看其他学前儿童的游戏,自己并不参加。

(3)单独一人的游戏。学前儿童独自一人专心玩自己的玩具。

(4)平行游戏。学前儿童在别的游戏学前儿童旁边玩。

(5)联合游戏。学前儿童在一起玩同样的或类似的游戏。但每个人可以按自己的意愿玩,没有明确的分工和组织。

(6)合作性游戏。学前儿童组织起来、为了达到某个具体目标所玩的游戏,游戏时有领导,有组织,有分工。

2. 按学前儿童智力发展阶段分类

皮亚杰从认知发展角度对学前儿童游戏做出以下分类:

(1)实践练习的游戏(感知运动游戏)。在这类游戏中,学前儿童反复练习感知觉和动作,是游戏的最早形式。

(2)角色游戏。学前儿童以模仿、想象和扮演角色来反映周围生活。学前儿童可以脱离当前对实物的感知,以表象代替实物做思维的支柱,进行想象,并学会用语言符号进行思维。

(3)规则游戏。这类游戏以规则为游戏中心,摆脱了具体情节,用规则来组织游戏。

3. 按学前儿童智力发展水平分类

(1)引起感官上新奇的、愉快的刺激的游戏,如手舞足蹈等。

(2)简单动作模仿的游戏。这类游戏有直接模仿,如仿照成人用筷、匙吃饭;有延缓模仿,如看过电视后,表演演员的几个动作。

(3)象征性游戏。利用表象和语言等象征性符号做游戏,如过家家。

(4)创造性游戏,如搭积木、主题游戏等。

4. 按教育作用分类

在我国的幼儿园中,一般将游戏按教育作用分为创造性游戏和规则游戏两类。

(1)创造性游戏。创造性游戏是指学前儿童主动地、创造性地反映现实生活的游戏。创造性游戏是学前儿童典型的、特有的游戏,多为自选、自主的游戏。它包括角色游戏、结构游戏、表演游戏等。

(2)规则游戏。规则游戏是指成人为发展学前儿童的各种能力而创编的、有明确规则的游戏。它多作为完成教育任务的教学手段,包括智力游戏、体育游戏、音乐游戏等。

(二)游戏的特点

1. 角色游戏

角色游戏是指学前儿童通过扮演角色,运用想象,创造性地反映个人的生活印象的一种游戏。它的主要结构包括人、物、情节以及内在规则四个方面。其通常都有一定的主题,如娃娃家、商店等,所以又称主题角色游戏。

角色游戏具有下列特点:

(1)印象性。角色游戏中的角色基于学前儿童对社会现实生活的印象,是现实生活的一种再现。游戏的主题、角色、情节、所使用的材料均与社会生活有关。

(2)表征性。角色游戏是学前儿童在对角色、动作、情景等方面进行的想象并表征出来的活动,是幼儿表征能力发展的产物。

(3)假想性。假想性表现在三个方面:对游戏角色的假想(以人代人),如扮演妈妈、老师等;对游戏材料的假想(以物代物),如用扫帚代替飞机;游戏情景的假想(情景转换),如将幼儿园假想成商店。

(4)扮演性。即学前儿童通过语言、表情、动作等来扮演现实生活中的各种角色。

(5)自主性。即学前儿童根据自己对社会生活中的种种印象,对游戏的情节进行设计和安排,并按照自己的意愿、兴趣和能力来进行游戏。

(6)社会性。角色游戏反映了学前儿童对成人社会生活的某种期盼。

2. 结构游戏

结构游戏又称"建构游戏",是指学前儿童利用各种结构材料或玩具,参照日常生活中的原型,建构不同的造型(如建筑物、生活用品等)的活动。

结构游戏具有下列特点:

(1)创造性与假想性。学前儿童根据不同的结构材料,结合日常生活中的原型进行创造活动,并将之假想为自己心中的事物。

(2)动手操作性。学前儿童必须亲自动手操作,对现实中的事物进行"再造"。

(3)艺术审美性。结构游戏要关注结构材料的使用、色彩的搭配、图形的对称、材料的排序等,具有艺术造型的性质。

(4)材料丰富性。结构游戏对玩具与结构材料的要求比其他游戏要高得多,而且不同主题对结构材料的要求也各不相同。

3. 表演游戏

表演游戏是指学前儿童根据文艺作品中的情节、内容和角色,通过语言、表情和动作等进行表演,创造性地反映现实生活的一种游戏。

表演游戏具有下列特点:

(1)内容源于文艺作品。表演游戏的主题、内容和角色等都源于一定的文艺作品,是对文艺作品的一种改造。

(2)兼具表演性和游戏性。表演游戏首先是根据故事情节进行表演,但这种表演是以学前儿童自我娱乐为主,而不是展现给别人看。

(3)结构性。由于表演游戏是"根据特定的文艺作品"进行的表演,因而必定受到文艺作品的规范,显示出结构性。

(4)创造性。尽管是根据特定的文学作品进行的游戏,但表演方式是学前儿童自创的,内容也可以根据需要进行增减。

4. 体育游戏

体育游戏是指根据一定的体育任务设计,由身体基本动作、情节、角色和规则组成的一种活动性游戏,是学前儿童体育活动的主要形式。

体育游戏具有下列特点:

(1)趣味性。体育游戏是学前儿童所喜闻乐见的活动形式,内容生动活泼、丰富多彩,具有趣味性和娱乐性。

(2)情境性。体育游戏有特定的氛围和情境,在特定的情境中进行特定的游戏。

(3)竞争性。体育游戏多半含有比赛的成分,含有对抗和竞争的成分。

(4)群众性。体育游戏由日常生活中的走、跑、跳跃、投掷、对抗等基本活动技能组成,它不需要专门的技巧和事先学习与训练就可以进行,群众基础深厚。

(5)综合性。体育游戏集德、智、体、美的训练于一体,而且几乎所有体育项目的练习都可以作为体育游戏的素材。

5. 智力游戏

智力游戏是指以培养学前儿童的思维敏捷和初步逻辑思维能力为目的,要求学前儿童运用一定的规则完成智力任务,从而丰富学前儿童的知识,锻炼学前儿童的思维能力的一种游戏。

智力游戏具有下列特点:

(1)以发展智力为主。这是智力游戏和其他种类游戏的根本区别。智力游戏主要关注的是发展学前儿童的感知觉、注意力、记忆力、想象力、创造力、思维力和操作能力等。

(2)趣味性。智力游戏仍然是游戏,而不是真正的学习。

(3)有相对严格的规则。智力游戏是学习因素与游戏因素的紧密结合,让学前儿童通过游戏产生对学习的兴趣,因而学前儿童必须遵守相应的学习规则。

6. 音乐游戏

音乐游戏是指以音乐活动为基础,在其中加入游戏的元素,以引导学前儿童对音乐产生兴趣,并发展学前儿童对音乐的感受力和表现力的一种游戏。

(1)音乐性。音乐游戏是伴随音乐展开的活动,因而音乐是音乐游戏的灵魂。

(2)动作性。在音乐游戏中,学前儿童要根据不同的旋律、节奏、节拍、速度等做动作,因而是一种伴随动作的游戏。

(3)创造性。音乐游戏要求学前儿童感受音乐的流动、旋律的起伏、节奏的跳跃、音色的变化、速度的统一与变化,并随时根据音乐的变化自由地做出自己的反应。

(4)协调性。音乐游戏要求学前儿童根据特定的音乐做动作,即边唱边做动作,这就要求学前儿童具有较好的协调性。

三、游戏的功能

游戏对学前儿童的成长和发展有着不可替代的作用,是达成"快乐而有意义的童年"的关键。

(一)游戏对学前儿童身体发展的促进作用

(1)游戏有利于学前儿童大肌肉的发展。
(2)游戏有利于学前儿童小肌肉的发展。
(3)游戏有利于学前儿童躯干肌肉的发展。
(4)游戏有利于学前儿童运动能力的提高。
(5)游戏有利于学前儿童对身体机能的认识。

(二)游戏对学前儿童心理健康的促进作用

(1)有利于解决学前儿童心理上的主要矛盾。
(2)有利于学前儿童宣泄紧张和负面情绪,促进优良情感的发展。
(3)有利于对学前儿童进行心理诊断。

(三)游戏对学前儿童认知发展的促进作用

(1)游戏是学前儿童智力发展的通道。
(2)游戏给学前儿童提供了获取知识的机会。
(3)游戏是学前儿童创造力发展的源泉。
(4)游戏是学前儿童语言发展的途径。

(四)游戏对学前儿童社会性发展的促进作用

(1)为学前儿童提供各种交往机会。
(2)有助于克服学前儿童的自我中心意识。
(3)培养学前儿童的合群行为和遵守规则的能力。
(4)密切亲子关系并培养学前儿童的亲社会行为和社会交往技能。

第二节 学前儿童游戏的年龄特点与指导策略

学前儿童游戏水平的发展和提高离不开教师对游戏活动的组织和指导,教师对游戏的设计和指导水平直接决定了学前儿童游戏的水平。

一、不同年龄阶段学前儿童游戏的特点

不同年龄阶段的学前儿童,其游戏具有不同的特点。

(一)小班学前儿童游戏的特点

(1)游戏的目的性和计划性不强,大多处于旁观或者独立游戏的状态,在成人的指导和示范下,才会逐渐建立游戏主题。

(2)兴趣不稳定,注意力持续时间较短,容易因为外界的影响而转移。

(3)规则性差,在规则性游戏中,小班学前儿童的规则意识较弱,经常按照自己的意愿随意修改游戏规则。

(4)精细动作技能和平衡能力较差。

(5)容易情绪化,在游戏中面临挑战或者冲突的时候容易表现出情绪化的行为。

(二)中班学前儿童游戏的特点

(1)游戏水平有了一定程度的提高,开始喜欢象征性的游戏。

(2)主动性进一步提高,具备了一定的自主性。

(3)社交能力增加,开始在游戏中表现出合作等行为。

(4)运动技能进一步发展,身体的协调和灵活性增加。

(三)大班学前儿童游戏的特点

(1)自我评价能力逐步提高,学前儿童的自主性进一步增加。

(2)规则意识逐渐确立,对自己行为的控制能力增加。

(3)认知上进一步发展,开始能够进行一些要求较低的智力游戏。

(4)动作平衡能力初步完善,特别是精细动作的控制能力增加。

二、不同类型游戏的指导策略

对于不同类型的游戏,可以采取不同的指导策略。

(一)角色游戏的指导策略

学前儿童角色游戏大致可以分为游戏前、游戏中和游戏后三个阶段,因而教师的指导也分为三个阶段。

1. 游戏前

(1)丰富学前儿童的生活经验,拓宽角色游戏的内容来源。丰富的现实生活经验是开展角色游戏的前提条件。丰富学前儿童的生活经验的途径主要有观察、参观访问、看图画书、讲故事等。

(2)提供固定的场所和设备,准备丰富、可塑的玩具和游戏材料。固定的场所和设备能吸引并便于学前儿童开展游戏,所以应在户内和户外施划有角色游戏的固定场地,玩具和游戏材料也应放在固定的地方,同时要便于取放。

(3)提供充足的游戏时间。学前儿童角色游戏所需时间一般都较长,每次不能少于30分钟。只有时间充足,学前儿童才能有寻找游戏伙伴、商量主题和情节、分配角色及准备材料等的机会。

2. 游戏中

(1)协助学前儿童按自己的意愿选择和确定游戏的主题。学前儿童是游戏的主人,教师是支持者或参谋者,而不是指挥者。因此,角色游戏的主题应根据学前儿童自己的需要和兴趣由其自己来确定。

(2)指导学前儿童选择和分配角色。角色选择与分配时要注意公平性和针对性。如果学前儿童在分配角色时产生纠纷,教师可以提醒、建议学前儿童用猜拳、轮流上场、推选、自荐、投票等方法公平地分配角色。

(3)指导学前儿童丰富游戏的内容和情节。教师可以参与到学前儿童的游戏中,并担任一定的角色,以角色的身份来促进游戏情节的发展。教师也可以通过提供需要的玩具和材料来丰富游戏的内容和促进情节的发展。

(4)教师要选择合适的介入时机,做到适时与适度。教师介入指导的时机主要有:游戏内容贫乏时;游戏中出现负面行为(如过激行为、主题不积极、不健康等)时;学前儿童对游戏失去兴趣,不能投入游戏时;学前儿童发生游戏技能困难时;学前儿童缺少材料,游戏难以继续时。

(5)引导学前儿童加强角色之间的内在联系,按角色的职责行动。小班学前儿童进行角色游戏时,同伴之间没有或很少交往;中班学前儿童有了与同伴交往的愿望,但交往技能较欠缺;大班学前儿童的交往技能也有待于进一步提高。教师应指导扮演某个角色的学前儿童加强与其他角色之间的联系与交往,并提高其交往技能。

3. 游戏后

游戏后的指导任务主要集中在愉快地结束游戏、整理玩具场地和评价总结三个方面。

(1)在愉快自然、学前儿童情绪尚未低落的状态下结束游戏能保持学前儿童下次继续游戏的积极性。如果游戏情节已告一段落,再往下发展有困难,这时即使游戏时间还没到,也应该提醒学前儿童结束游戏,以免产生倦怠感,失去对下次游戏的兴趣。

(2)游戏后的整理场地、收拾玩具的工作是培养学前儿童良好生活习惯的重要时机,教师千万不要包办代替。评价总结游戏时,教师要组织学前儿童讲评游戏,不要以教师评价为主。评价要具体、准确,切忌抽象、笼统。

(二)结构游戏的指导策略

1. 丰富和加深学前儿童对物体的印象

结构游戏通过造型反映物体的外形特征,这就要求学前儿童对周围环境中的物体和建筑物有细致的了解和深刻印象。因此,教师应增加学前儿童在事物结构造型方面的感性知识,包括不同物体和建筑物的形状、颜色、结构以及空间位置关系等,丰富学前儿童头脑中的造型表象。

2. 帮助学前儿童掌握建构的基本知识和技能

学前儿童结构游戏的基本知识技能主要包括:识别结构材料的性能、质地、作用的能力;操作的技能(排列与组合、插接与镶嵌、串套与编织、黏合、旋转等);设计构思的能力;分工合作的能力等。

(1)对于小班学前儿童,教师可用示范、讲解、提问、建议、启发等方法指导学前儿童:①认识各种结构材料并叫出其名字(积木、积塑等);②识别大小、形状、颜色、上下、中间、旁边等;③学习铺平、延长、围合、盖顶、加宽、加高等建构的基本技能;④鼓励学前儿童在模仿建构的基础上独立搭建简单的物体,并为结构物命名。

(2)对于中班学前儿童,教师应指导学前儿童:①认识高低、宽窄、厚薄、轻重、长短、前后等空间方位;②引导其设计结构方案;③有目的地选材和看平面图进行构造;④组织评议结构游戏成果。

(3)对于大班学前儿童,教师应指导学前儿童:①学会制订计划(协商、确定主题;商量结构步骤方法;分工合作;确定结构规则等),使大家创造性地共同建构一个复杂的物体;②要求将建构物制作得更加精细、整齐、匀称、复杂、新颖。

3. 引导和鼓励学前儿童进行创造性的建构

(1)引导学前儿童在掌握结构材料基本玩法的基础上,探索、挖掘现有结构材料的多种玩法,指导学前儿童运用新的技能去实现自己的构思。

(2)传授创新的方法,如变换颜色,变换体积,变换形状,变换材料,增减某一属性,重新组合原有属性,重新设计等。

4. 培养学前儿童良好的行为习惯

引导学前儿童学会爱护、整理、保管玩具的方法,并养成习惯。在鼓励独立进行创造性建构的同时也鼓励合作建构以培养团队合作精神。引导学前儿童珍惜爱护建构成果,不随意破坏别人的作品,对别人建构得不好的作品也不要持否定、轻视的态度。

(三)表演游戏的指导策略

1. 选择适合学前儿童表演的文艺作品

适合学前儿童表演游戏的文艺作品应符合以下要求:①内容健康,符合学前儿童生活经验;②情节要生动活泼,具有情趣性,场面不宜变化过多,如供小班学前儿童表演的作品最好只有一个场面;③角色性格特征鲜明,为学前儿童所熟悉;④人物对话要多,语言要简短,并有适当的重复,语言要和动作相配合。

2. 教师要帮助学前儿童熟悉文艺作品

教师要通过语言教育活动反复向学前儿童介绍文艺作品,使学前儿童掌握作品的主题、情节发展顺序、角色的语言和动作特点,充分理解作品的内容,以便学前儿童表演游戏。

3. 吸引学前儿童参加表演游戏的准备工作

教师应为学前儿童表演游戏准备必要的场地和玩具、头饰、布景等,并吸引学前儿童一起准备。准备的服饰、道具要求使用方便,稍有象征即可。

4. 鼓励学前儿童自然地、生动地表演

教师应鼓励、支持更多的学前儿童参加游戏,但是,角色的分配要尊重学前儿童的意愿,不可强迫学前儿童去充当他们不愿意表演的角色。

5. 重视在表演游戏过程中的指导

小班学前儿童需要教师示范表演,也可以是教师与学前儿童共同表演。当学前儿童学会一两个表演游戏后,可让学前儿童自己表演,教师给予指导。中班和大班的学前儿童应由他们自由、自愿地玩表演游戏,并在表演过程中启发学前儿童将作品中的过渡语言和静态描述性语言变成角色的语言和动作,引导学前儿童深刻地理解角色,形象地表现角色的性格特征等,鼓励学前儿童创造性地表演。

(四)规则性游戏的指导策略

1. 选择和编制适合的规则性游戏

在选择和编制规则性游戏时,应注意特定年龄班的教育任务和要求,以及学前儿童的知识经验水平、动作水平、智力水平等。小班学前儿童比较适合选择形象丰富的玩具、实物与动作相联系的游戏。教师可提供颜色鲜明、品种简单、形象生动的玩具材料。中班和大班的学前儿童则可以选择那些需要根据学前儿童已有的知识经验,借助语言进行的游戏。在游戏形式上,3~5岁的学前儿童喜欢非竞争性游戏,如猜谜游戏、拼图游戏、匹配游戏、大肌肉游戏等;5岁以上的学前儿童则喜欢竞赛性游戏、活动强度高的游戏,如棋类游戏等。教师可以为中大班学前儿童选择一些需要运用一定策略,在认知上有一定难度的规则性游戏。

2. 引导学前儿童熟悉游戏的内容和规则

在进行规则性游戏时,小班学前儿童往往注重游戏的过程,而不太在乎游戏的结果。教师在讲解游戏内容与规则时,要力求生动、简明和形象。讲解可与动作示范相结合,并在游戏过程中不断提醒小班学前儿童遵守游戏规则。中班学前儿童已初步具有竞赛意识,在游戏过程中要注意检查学前儿童对游戏玩法的掌握和执行规则的情况,对遵守规则的学前儿童给予鼓励,使其明确只有遵守游戏规则游戏才有趣味。大班学前儿童已普遍对游戏结果发生了兴趣,一般情况下,只需教师用语言讲解即可。教师可以要求大班学前儿童独立开展游戏,严守游戏规则,争取好结果,同时能够对游戏结果进行适当的评价。

3. 引导学前儿童正确地对待输赢和竞争

教师要引导学前儿童正确地对待输赢和竞争,让学前儿童认识到遵守游戏规则的意义(如不要耍赖,老耍赖就没人和你玩了,耍赖对别人不公平)。在对待输赢上,教师应该坚持游戏指导的"无奖励原则",将指导的重点放在游戏的过程而不是结果上。对游戏活动的评价应针对学前儿童的游戏技能或快乐,将学前儿童的注意力引导到"赢者"所用的有效策略上,引导学前儿童学习同伴的策略,意识到他人的想法和观点。

第三节 游戏过程中的教师

教师是学前儿童游戏的组织者和指导者,在学前儿童游戏中起重要作用。

一、教师在游戏中的角色

教师在游戏中可以扮演以下角色:

（一）游戏环境创设者

教师应根据本班学前儿童的兴趣、爱好、发展水平以及该年龄班的教育目标创设游戏环境。

（二）游戏材料的提供者

教师应该在游戏活动中逐步投放多样化的、灵活多变的游戏材料。

（三）游戏的合作者和参与者

在个别游戏中，教师可以作为合作者与参与者对游戏进程进行说明和指导。

（四）游戏的引导者

当学前儿童表现出不能理解规则，无法继续游戏或者出现矛盾等情况时，教师应根据实际需要进行恰当的引导。

（五）游戏的观察者

教师从游戏过程中观察、评估学前儿童的发展水平，为指导游戏提供基础。

二、教师指导游戏的基本原则

教师一旦介入学前儿童的游戏，就要选择合适的方式给予学前儿童有针对性的指导，从而提高学前儿童的游戏水平。指导时，教师应当遵循以下几个原则。

（一）游戏性优先原则

1. 游戏性优先原则的概念

游戏性优先原则是指教师在组织和指导游戏活动时，在游戏性、教育性、表演性、竞技性、科学性之间，要优先保障游戏特征的实现。游戏如果缺乏"游戏性"，就不能称其为"游戏"。

2. 游戏性优先原则的实施要求

(1)在游戏性与教育性之间，要保证游戏性优先原则。

(2)游戏不应承载过多的德育任务。

(3)在游戏性与表演性、竞技性、科学性之间，保证游戏性优先。

（二）主体性原则

1. 主体性原则的概念

主体性原则是指游戏活动的组织和指导要以学前儿童为主体、充分发挥学前儿童游戏的主动性、自由性、创造性、差异性、独立性，使学前儿童成为游戏的主人。

2. 主体性原则的实施要求

(1)要给学前儿童自主选择游戏的内容、材料、玩伴、方法等的权利。

(2)要相信学前儿童的能力，给其自由探索和尝试错误的机会。

(3)要尊重每一个学前儿童的兴趣和游戏方式。

(4)学前儿童参与游戏必须基于自愿。

(三)年龄适宜性原则

1. 年龄适宜性原则的概念

年龄适宜性原则是指游戏活动的组织和指导要尊重学前儿童的年龄特点,不要"拔苗助长"。

2. 年龄适宜性原则的实施要求

(1)教师在指导游戏时,一定要根据大班、中班、小班学前儿童不同的年龄特点,分层次设计、组织和指导。

(2)游戏的评价与奖励要根据学前儿童的年龄特征进行。

(四)开放性原则

1. 开放性原则的概念

开放性原则是指游戏中教师的指导不要拘泥于固定的、既定的游戏计划和实施程序,而必须是开放的,根据学前儿童的兴趣和需要进行灵活的调整。

2. 开放性原则的实施要求

(1)要尊重学前儿童游戏的兴趣和需要,并积极帮助学前儿童实现他们的想法和愿望,而不要将自己的兴趣和计划强加给学前儿童。

(2)保持游戏规则的灵活性。

(3)从学前儿童的需要中生成新的主题。

(4)以问题为契机促进学前儿童游戏的发展。

(五)情感积极性原则

1. 情感积极性原则的概念

情感积极性原则是指游戏活动的组织和指导中,要想方设法确保学前儿童在游戏中体验到积极的情绪情感,避免消极情绪情感的产生。

2. 实施要求

(1)游戏如果要分组的话,教师最好采用随机分组的方式,防止学前儿童因性别、能力、性格等而体验到来自同伴的"忽视"或"拒绝"的压力。

(2)当参与游戏的学前儿童年龄和游戏技能的发展水平不同时,教师应适当增加游戏用的"碰运气"成分,以使每个学前儿童都有"赢"的机会。

(3)在游戏过程中,教师不要常常让学前儿童停下游戏以纠正其"不正确"的动作。

(4)教师选择的游戏不要太难,也不要太容易。

(六)全面参与性原则

1. 全面参与性原则的概念

全面参与性原则是指在组织和指导游戏活动时,要尽可能让大多数学前儿童能够参与,而不是旁观与等待。

2. 全面参与性原则的实施要求

(1)尽量让每个学前儿童都能参与到游戏中。

(2)尽量让每个学前儿童不仅有身体的参与,而且也有心灵的参与,让每位学前儿童整个身心都投入游戏中。

(七)无奖励原则

1. 无奖励原则的概念

无奖励原则是指教师在组织和指导游戏时,不要为"赢者"提供奖品或奖赏。

2. 无奖励原则的实施要求

(1)不为"赢者"提供物质或精神奖励。

(2)将指导的重点放在游戏的过程而不是输赢上。

(3)对游戏活动的评价应针对学前儿童的游戏技能或快乐,将学前儿童的注意力引导到"赢者"所用的有效策略上,引导学前儿童学习同伴的策略,意识到他人的想法和观点。

(八)科学与想象整合原则

1. 科学与想象整合原则的概念

科学与想象整合原则是指不要将科学与想象、事实与童话对立,更不要用科学事实去纠正童话中的虚幻世界。科学与想象并不是对立矛盾的关系。科学所坚持的精神是实事求是,但想象、幻想与求实同样重要。科学上任何发明和进步都离不开想象和幻想。

2. 科学与想象整合原则的实施要求

(1)避免科学与童话的对立,不要用科学事实去纠正童话。

(2)注意整合科学与想象的关系,使科学与想象在游戏中和谐共处,不要扼杀而要保护和激发学前儿童的想象和幻想。

(九)创造性原则

1. 创造性原则的概念

创造性原则是指在游戏的指导过程中,教师要保护、维持和激发学前儿童的创造性,而不要压制甚至扼杀其创造性。

2. 创造性原则的实施要求

(1)引导并鼓励学前儿童对同一种材料想出多种玩法。

(2)建构出跟别人不一样的物体或情景。

(3)创造新颖丰富的游戏内容和情节。

(4)用不一样的表情、动作等创造性地表现作品人物。

(5)在协商的基础上创新规则等。

本章知识结构

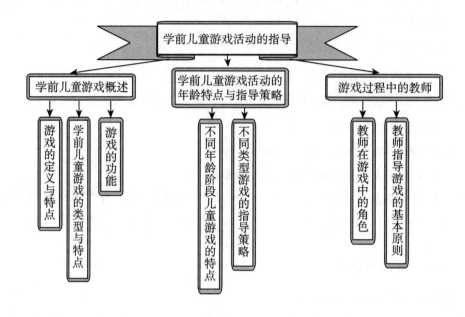

本章小结

（一）本章主要内容

（1）幼儿游戏的内涵、类型与特点，游戏的功能。

（2）不同年龄阶段幼儿游戏的指导，不同类型幼儿游戏的指导。

（3）教师在游戏中的角色，教师指导游戏的基本原则。

（二）本章的重点、难点

本章的重点是创造性游戏、规则性游戏的组织与指导；难点是结合幼儿年龄的特点和游戏的特点设计游戏活动。

（三）学习时要注意的问题

（1）熟记游戏的类型、特点与功能，能够区分角色游戏、结构游戏、表演游戏、体育游戏、智力游戏以及音乐游戏的区别与运用范围。

（2）清楚游戏的功能。

（3）理解不同年龄阶段游戏的特点，并据此进行科学的指导。

（4）注意在理解的基础上，运用游戏指导理论设计和指导各种游戏活动。同时，还要求能够运用相关的知识，分析与评价幼儿园游戏活动。

备考指南

本章重点考查不同游戏的指导策略,因而在学习时要特别注意游戏的设计、游戏的组织与指导。在具体学习时,首先要厘清不同类型游戏的特点与功能,明确其适用范围,然后知道如何根据不同年龄学前儿童的特点设计相应的游戏活动。建议自己选择几个游戏主题,根据不同类型、不同年龄的学前儿童的特点设计3~4个游戏活动方案,这样可以将游戏模块的各种知识融为一体。这一章的考查方式大多为论述题、材料分析题和设计题,所以考生必须从综合技能训练的角度去复习。当然,一些基础知识要求熟记在心,如游戏的类型、游戏的功能、教师指导游戏的基本原则、教师在游戏中的角色等。但重点应该放在理解与运用层次上。

自测训练

一、单项选择题

1. 学前儿童最早玩的游戏一般是（　　）。
   A. 练习游戏 B. 规则性游戏
   C. 象征性游戏 D. 建构游戏

2. 在我国的幼儿园中,一般将游戏分成（　　）。
   ①创造性游戏;②角色游戏;③有规则游戏;④体育游戏
   A. ①② B. ①③
   C. ②③ D. ②④

3. 创造性游戏是指学前儿童以想象为主,主动地、创造性地构建游戏内容来反映现实生活的游戏。下列不属于创造性游戏的是（　　）。
   A. 角色游戏 B. 结构游戏
   C. 表演游戏 D. 智力游戏

4. 幼儿园的"娃娃家"游戏属于（　　）。
   A. 结构游戏 B. 表演游戏
   C. 角色游戏 D. 智力游戏

5. 2~7岁幼儿的典型游戏是（　　）。
   A. 练习性游戏 B. 机能性游戏
   C. 象征性游戏 D. 规则性游戏

6. 皮亚杰认为发生于认知发展的感知运动时期的游戏形式是（　　）。
   A. 练习性游戏 B. 象征性游戏
   C. 规则性游戏 D. 角色游戏

7. 学前儿童拿一个竹竿当马骑,竹竿在这个游戏中属于（　　）。
   A. 表演性符号 B. 工具性符号
   C. 象征性符号 D. 规则性符号

8. 不属于表演游戏的种类的有( )。
   A. 娃娃家   B. 影子戏
   C. 桌面表演   D. 木偶戏

9. 幼儿在建构游戏中,由独自搭建发展为能与同伴联合搭建,主要反映了游戏中幼儿( )的水平。
   A. 运用材料   B. 社会性发展
   C. 建构形式发展   D. 行为发展

10. 下列关于幼儿游戏的说法不正确的是( )。
    A. 游戏是幼儿最喜爱的活动
    B. 游戏是幼儿对生长的适应,符合幼儿身心发展的特点
    C. 游戏是幼儿的自觉学习
    D. 游戏是幼儿生活的主要内容

11. 游戏的特点不包括( )。
    A. 自主自愿性   B. 虚构性
    C. 功利性   D. 愉悦性

12. 当教师以"病人"身份进入小班"医院"时,有6位"小医生"同时上来询问病情,每个孩子都积极地为教师看病、打针,忙得不亦乐乎。结果教师一共被打了6针;对下班幼儿这种游戏行为最恰当的理解是( )。
    A. 过于重视教师的身份
    B. 角色游戏呈现出合作游戏的特点
    C. 在游戏角色的定位中出现混乱
    D. 角色游戏呈现出平行游戏的特点

13. 《纲要》指出,幼儿园教育应尊重幼儿的人格和权利,尊重幼儿身心发展的规律和学习特点,以_____为基本活动,保教并重,关注个别差异,促进每个幼儿富有个性的发展。( )。
    A. 游戏   B. 集体教学
    C. 生活   D. 交往

14. 学前儿童2岁半以后能自己玩玩具,进行游戏,但不参与别人的游戏,似乎没有意识到其他学前儿童的存在,从学前儿童社会性发展水平看,这种游戏水平属于( )
    A. 非游戏行为   B. 独自游戏
    C. 平行游戏   D. 合作游戏

15. 皮亚杰所划分的游戏类型是( )
    A. 机能游戏、角色游戏和规则游戏
    B. 模仿游戏、尝试游戏和造型游戏
    C. 机能游戏、接受游戏和制作游戏
    D. 练习游戏、结构游戏和规则性游戏

16. 下列游戏类型中,社会性行为水平最高的是(　　)。
   A. 独自游戏　　　　　　　B. 平行游戏
   C. 联合游戏　　　　　　　D. 合作游戏

17. 角色游戏的中心环节是(　　)。
   A. 扮演角色　　　　　　　B. 想象活动
   C. 游戏内容　　　　　　　D. 自主自愿

18. 保障幼儿游戏权利的第一要素是(　　)。
   A. 开阔的活动空间　　　　B. 丰富的游戏材料
   C. 充足的游戏时间　　　　D. 熟悉的游戏伙伴

19. 幼儿反复敲打桌子,在房间跑来跑去,在椅子上摇来摇去,这类游戏属于(　　)。
   A. 结构游戏　　　　　　　B. 象征性游戏
   C. 规则性游戏　　　　　　D. 机能性游戏

20. 下列游戏中,自主性程度最高的是(　　)。
   A. 角色游戏　　　　　　　B. 结构游戏
   C. 表演游戏　　　　　　　D. 规则性游戏

21. 小班同一个"娃娃家"中,常常出现许多"妈妈在烧饭,每位幼儿都感到很满足"。这反映小班幼儿游戏行为特点是(　　)。
   A. 喜欢模仿　　　　　　　B. 喜欢合作
   C. 协调能力差　　　　　　D. 角色意识弱

22. 在角色游戏中,教师观察幼儿能否主动协商处理玩伴关系,主要考察的是(　　)。
   A. 幼儿的情绪表达能力　　B. 幼儿的社会交往能力
   C. 幼儿的规则意识　　　　D. 幼儿的思维发展水平

二、简答题

1. 角色游戏活动中教师的观察要点及其目的是什么?
2. 影响学前儿童游戏的个体因素有哪些?

三、论述题

结合实际分析角色游戏的教育价值。

四、材料分析题

1. 阅读材料,回答问题。

材料:
李老师设计了一个"三只蝴蝶"的游戏活动。她选了3位学前儿童扮演蝴蝶,又选了若干学前儿童扮演花朵。结果,学前儿童的兴趣不高,表现被动。还没等游戏结束,一个学前儿童就问李老师:"老师,游戏完了吗?我们可以自己玩了吧?"

问题:
请从幼儿游戏的特征和游戏指导的角度对这种现象进行分析。

2. 材料

教师在户外投放了一些"拱桥",希望幼儿通过走"拱桥"来提高平衡能力。但是,有些幼儿却将它们翻过来,玩起了"运病人"游戏,它们有的拖,有的拉,有的抬——玩得不亦乐乎。对此,两位教师的反应不同。A教师认为应该立即劝阻,并要求幼儿走"拱桥";B教师认为不应阻止,应支持幼儿的新玩法。

问题:

(1)你更赞同谁的想法?为什么?

(2)在材料中,你认为"运病人"的价值是什么。

第七章　幼儿园环境创设

考纲内容

- 熟悉幼儿园环境创设的原则和基本方法。
- 了解常见活动区的功能，能运用有关知识对活动区设置进行分析，并提出改进建议。
- 了解心理环境对幼儿发展的影响，理解教师的态度、言行在幼儿心理环境形成中的重要作用。
- 理解协调家庭、社区等各种教育力量的重要性，了解与家长沟通和交流的基本方法。

考纲解读

环境是影响儿童成长的重要因素，是一种隐性的教育资源，利用环境对学前儿童进行有效的教育是幼儿园教师必须拥有的技能。那么，环境是由哪些要素构成的？应该如何创设良好的环境？这是本章的基本内容。具体而言，本章的知识点由四个部分组成：一是幼儿园环境创设的基本原理，如幼儿园环境的基本构成要素、幼儿园环境创设的原则与要求、幼儿园环境创设的基本路径与基本方法等；二是幼儿园常见活动区的创设，要求理解常见活动区的基本功能、创设方法，而且要求根据相关知识对幼儿园常见活动区的设置进行分析与评价，并据此提出建设性意见；三是精神环境的创设，要求了解幼儿园精神环境在学前儿童成长中的重要性，知道精神环境的基本构成要素，特别是教师的态度言行对学前儿童的教育价值；四是社会环境，要求明确家庭与社区在学前儿童发展中的作用，知道并能运用相关的沟通与交流的技能。

第一节　幼儿园环境创设的基本原理

环境是直接或间接影响个体发展的重要因素。幼儿园环境是促进幼儿发展的重要教育资源，教师应当努力为学前儿童创设适宜的幼儿园环境，充分发挥幼儿园环境对学前儿童身心发展的作用。

一、幼儿园环境概述

幼儿园环境是对幼儿园空间、物质、氛围制度等因素的综合，理解幼儿园环境的内涵和类型，有助于教师利用环境开展保教活动。

（一）幼儿园环境的概念

幼儿园环境有广义和狭义之分。广义的幼儿园环境是指幼儿园教育赖以进行的一切条件的总和,既包括幼儿园内部小环境,也包括与幼儿园教育有关的家庭、社会、自然、文化等大环境。狭义的幼儿园环境是指幼儿园中对幼儿身心发展产生影响的一切物质要素和精神要素的总和,它涵盖了幼儿园的全体工作人员、幼儿、幼儿园房舍、设备设施、空间布局以及各种信息要素,并通过一定的教育制度与观念以及文化传统所组织的综合的、动态的、有形与无形相结合的教育空间范围。本书使用的幼儿园环境是狭义上的概念。

(二)幼儿园环境的分类

按活动形式来分,幼儿园环境可分为语言环境、运动环境、劳动环境和游戏环境;按幼儿园强调保教结合、保教并重这一特点来分,幼儿园环境可分为保育环境和教育环境;按幼儿的生活、安全、活动和交往的需求来分,幼儿园环境可分为生存环境、安全环境、活动环境和交往环境;按幼儿园课程的结构及特征来分,幼儿园环境可分为物质空间环境、组织制度环境和文化精神环境;按幼儿在园一日活动的类型来分,幼儿园环境可分为生活活动环境、游戏活动环境和学习活动环境等。

按构成内容的特质差异来分,幼儿园环境可分为物质环境、精神环境(心理环境)和制度环境三大类。

1. 物质环境

幼儿园的物质环境是指幼儿园内影响幼儿身心发展的物化形态的教育条件。如园舍建筑等有形的东西,它是促进幼儿身心全面发展的最基本保障。幼儿园的物质环境又可分为自然物质环境和社会物质环境。自然物质环境是指幼儿园中各种自然条件的总和,如花草、树木等都是幼儿园教育活动可以直接利用的教育资源。社会物质环境主要由幼儿园的活动室、户外活动场地、各种设备和活动材料、空间结构和环境布置等要素构成。

2. 精神环境(心理环境)

幼儿园的精神环境,又称幼儿园的心理环境,是幼儿园师生在园和班级中生活、交往的心理氛围,对幼儿具有潜移默化和持久的影响力。它的范围很广,包括影响教职工和幼儿的精神状态、情绪的一切因素。幼儿园的精神环境具体指学前儿童与教师、教师之间、学前儿童之间的人际关系及幼儿园的班风、园风等精神氛围。

与物质环境相比,精神环境是无形的、渗透的,它对幼儿的认知、情感与个性品质的形成、发展具有十分重要的作用。幼儿园物质环境创设目标的实现,在很大程度上取决于幼儿园精神环境的状况,取决于幼儿与教师、幼儿与幼儿之间相互作用的方式及关系。可以说,一所幼儿园能否成为真正的儿童乐园,主要取决于幼儿园的精神环境。

3. 制度环境

幼儿园制度环境主要是指那些保证幼儿园得以正常运行的相对稳定的行为规范价值标准与管理机制等。这些制度一般以书面或口头正式宣布的方式明确规定下来,主要包括面向成人的制度环境和指向幼儿的制度环境。

面向成人的制度环境由规范幼儿园内成人行为的各种规范构成,包括五类:①各岗位职责,包括教学、卫生保健、财务、门卫、厨房等各个岗位的具体职责要求;②行政管理制度,包括学习、会议、办公、考核、考勤、值班、交接班、财务管理、档案管理、家园联系、幼儿接送等制度;③安全工作制度,包括安全防范、大型玩具安全、消防安全、安全会议、门卫巡逻等制度;④教育教学工作制度,包括教研活动备课听课、业务学习、培训等制度;⑤卫生保健制度,包括卫生保健登记、儿童健康体检、晨检、传染病及常见病的预防与管理、幼儿作息、卫生消毒、膳食管理等制度。

指向幼儿的制度环境由规范幼儿生活和活动的各类规范构成,主要包括两类:①生活制度,即对幼儿在园一日活动的时间与顺序的安排和规定,如对幼儿入园、如厕、进餐、盥洗、户外活动、睡眠、离园的时间及顺序的安排与规定;②常规要求,即幼儿在一日活动中应该遵守的基本行为准则。幼儿园规定一些幼儿在活动中的常规要求,并让幼儿明确,这些要求,能使幼儿知道在集体中如何活动,如何与人相处。从幼儿园常规涉及的范围来看,幼儿园常规可以分为生活常规、区域活动常规、教学活动常规等。

(三) 幼儿园环境的教育价值

《幼儿园教育指导纲要(试行)》指出,环境是重要的教育资源,幼儿园应通过环境的创设和利用,有效地促进幼儿的发展。良好的幼儿园环境具有丰富的教育价值,有利于学前儿童获得体、智、德、美的全面发展。环境具有陶冶和启迪、导向和限制、平衡和补偿的重要作用。幼儿园的空间、设施、活动材料和常规要求应有利于引发幼儿的主动探索和幼儿间的交往。教师的态度和管理方式应有助于形成安全、温馨的心理环境;言行举止应成为幼儿学习的良好榜样;充分利用社区的教育资源,有助于引导幼儿适当参与社会生活,丰富生活经验,发展社会性。

1. 促进学前儿童的身体发展

良好的幼儿园环境有利于促进学前儿童的身体发展。良好的幼儿园环境能吸引学前儿童主动参与,积极与环境互动,不断地操作、探索。在参与环境创设的过程中,学前儿童的手指抓握能力、手眼协调能力和动手操作能力都得到了锻炼,有利于提高学前儿童的身体机能和体能。

2. 启发学前儿童的智力

良好的幼儿园环境有利于启发学前儿童的智力。良好的幼儿园环境包含各种充满教育元素的图片、文字和实物,能够潜移默化地使儿童通过操作和探究获得智力的发展。同时,学前儿童还可以通过参与环境创设,锻炼动手、动脑能力,激发好奇心和探究兴趣,培养想象力和思维能力。

3. 促进学前儿童的社会性发展

良好的幼儿园环境会加强学前儿童之间、学前儿童与教师之间的交流、合作,这有利于发展学前儿童互助、合作和分享的社会品质。在参与环境创设的过程中,不仅可以培养学前儿童的交往能力和适应能力,而且还能够促使学前儿童摆脱"自我中心主义",学会从他人的角度看待事物、思考问题,逐步实现由"自然人"向"社会人"的转变。

4. 提高学前儿童的审美能力

美育功能是幼儿园环境的重要功能,幼儿园环境的各种装饰和呈现方式,可以让学前儿童直观地感受美、欣赏美,有利于提升学前儿童的审美能力和审美情趣。而且环境还是诱发学前儿童创造美的主要因素,也是学前儿童创造美的载体。学前儿童在参与环境创设的过程中,不仅会受到环境潜移默化的熏陶,而且还能学会表现美和创造美,体验创造的乐趣,这有利于培养审美感和创造力。

二、幼儿园环境创设的原则

幼儿园环境创设的原则主要包括:

(一)安全性原则

安全性原则主要是指幼儿园的园舍建筑、设施设备、活动场地、玩具、教具等必须符合国家颁布的相关卫生标准和安全标准,对幼儿的身体或心理没有危险和安全隐患,不会造成儿童畸形发展。

在创设环境时,首先要考虑安全问题,如所有的材料有无化学污染,室内空间是否通风透气,图书角的光线是否充足,建筑物内外、各种设施是否有锋利的棱角,区域设计是否存在死角和盲区,活动区的空间规划是否方便幼儿进出,户外活动器材是否定期检查维修,等等。

(二)适宜性原则

适宜性原则是指幼儿园所有的物质条件都要从保障与促进学前儿童身心顺利和健康发展的角度出发,要与儿童的发展水平、年龄特点、兴趣爱好、个性特征等相互匹配、同步、协调,要能满足儿童全面发展的需要。

遵循适宜性原则就要按照两个"适合"来创设环境:一是适合儿童的年龄特征,即要符合特定年龄阶段的一般儿童的身心特征,体现儿童的年龄差异,满足儿童在不同发展阶段的需要;二是适合儿童的个性特点,即要充分考虑每个儿童的特点,包括每个儿童的动机需要、兴趣爱好、学习方式、能力水平、性格特点等,使环境尽量体现个性化。

(三)教育性原则

教育性原则是指幼儿园应考虑环境的教育价值,要为全体儿童提供足够的、多种多样的,可获取丰富的知识信息、情感体验及活动技能等的物质条件。环境是幼儿园课程的重要组成部分,是儿童的"第三位老师",是隐性的教育资源。

在创设环境时幼儿园应考虑:为达到教育目标,需要有怎样的环境与之配合;现有的环境因素中,哪些因素对教育目标的实现是有用的,可以利用的;哪些环境因素是需要创设的;哪些工作是需要幼儿家庭、社区做的等。

(四)主体性原则

主体性原则是指幼儿园环境的创设应尊重儿童在环境中的设计、支配、管理的主体地位。儿童不仅仅参与环境的创设,更是环境创设的主人,对环境有着绝对的支配权和管理权。主体性原则一方面强调儿童在环境创设和使用中的主体地位,另一方面也强调儿童在环境创设中表现出来的自主性、能动性和创造性。

在创设环境时,成人应思考"假如我是孩子,我想创设怎样的环境,怎么让孩子参与创设环境",而不是"我要为孩子创设怎样的环境,我怎么创设环境"。成人不仅应鼓励儿童参与环境材料的收集与制作等操作、实施的环节,而且也要积极鼓励儿童参与环境主题、内容的讨论和设计,以提高参与水平,培养儿童的参与意识和能力。

(五) 动态性原则

动态性原则是指幼儿园环境创设要从空间、内容、材料、规则等方面关注环境的不断变化和生成。一方面,环境创设都应尽量体现"动"的形式,这样的环境才能激发儿童与之互动。另一方面,"动态性"还体现在"变化性"和"生成性"。《幼儿园工作规程》中指出,合理利用室内外环境,创设开放的、多样的区域活动空间。幼儿园环境可变性的设计,可从可变空间、可变内容、可变材料和可变规则等方面入手。

首先,在可变空间上,在设置活动区时可以运用可移动的矮柜、隔板等,以解决儿童活动过程中的环境随时随地生成的问题。其次,在可变内容上,儿童学习的主题、时间、地点应富有弹性与变化。再次,在可变材料上,当儿童对已有的环境表现出厌倦时,就应及时更换材料,改变或创设新的活动区,以维持儿童的兴趣。最后,在可变规则上,在活动区内,儿童可以根据已有材料改变规则、增加新的活动方式,也可以根据新的规则更换或增减材料。

(六) 开放性原则

开放性原则是指幼儿园创设环境时不应"闭门造车",而应在空间、内容、方式和参与者等方面体现出开放的理念,形成开放的幼儿园环境系统。只有给儿童创设开放的环境,才能让儿童在开放的"生活世界"中得以自由地发展。

遵循开放性原则,幼儿园就要做到以下几点:

(1) 空间上的开放。这表现在幼儿园内空间的开放和幼儿园与社区之间的开放。

(2) 内容上的开放。这一方面表现在环境的内容不仅要常常变化,更要紧跟时代,做到"吐故纳新";另一方面还表现在"留白",为幼儿的自主性和创造性发展留出空间和机会。

(3) 方式上的开放。教师不仅要掌握环境创设的传统方式,同时也要及时采纳现代方式来设计环境。最常用的方法是选择适宜的措施来丰富儿童的学习环境。

(4) 参与者的开放。环境创设的主体不仅是儿童和教师,还应包括家长或其他人员。家长参与环境创设一方面体现了家园的沟通与合作,另一方面也让家长感受到了主人翁的地位,这样会使家长更容易站在教育的视角来与幼儿园形成教育的合力。幼儿园应该吸纳其他人员尤其是社会各领域的专业人才,借鉴他们的智慧,以此作为幼儿园的教育资源。

(七) 艺术性原则

艺术性原则是指幼儿园环境的创设在色彩和形式上要富有美感,且环境是清洁整齐的,能很好地激发儿童的情趣并陶冶情操,以促进儿童在体、智、德、美等方面全面发展。《幼儿园教育指导纲要(试行)》指出,艺术是实施美育的主要途径,应充分发挥艺术的情感教育功能,促进儿童健全人格的形成。要避免仅仅重视表现技能或艺术活动的结果,而忽视儿童在活动过程中的情感体验和态度的倾向。

在环境创设时,在保证它的合理性、安全性的基础上,还应考虑其艺术性。幼儿园环境的各种装饰和呈现方式不仅应让儿童感受美、欣赏美,而且还要引导儿童表现美、创造美。

在布置环境时,应留有一定的空间供儿童来创作。教师应给予儿童自由表现、创造的机会,用欣赏的眼光看待儿童,尊重儿童创造的美。教师可以在儿童作品的基础上通过边框修饰、背景衬托、组合拼接等方式来美化环境。

三、幼儿园环境创设的方法

幼儿园环境创设是儿童群体和教师集体共同参与完成的,在这个过程中实现环境创设的互动方法主要有讨论法、操作法、评价法和探索法。

(一)讨论法

教师与儿童之间、儿童与儿童之间的讨论是贯穿于整个环境创设过程的,包括对环境主题的选择、区域空间的布局、学习材料的选择与投放、区域活动规则的形成、环境的调整等的讨论。讨论法的运用有利于提高儿童参与环境创设的程度。

(二)操作法

操作法是指教师和儿童根据讨论达成的共识,动手操作完成空间布局、材料的收集与制作及其投放,并开展活动的方法。操作法是目前儿童参与环境创设最普遍的方法。

(三)评价法

评价法是指幼儿园对环境的教育价值和适宜性等进行评估的方法。它是幼儿园教育评价的一个方面,也是对幼儿园环境进行调整的依据。

(四)探索法

探索法是指幼儿园根据环境评估的结果对幼儿园环境的空间布局、活动区设置和材料投放等进行探索性调整的方法。

四、幼儿园环境创设的策略

(1)幼儿园应当将环境作为重要的教育资源,合理利用室内外环境,创设开放的、多样的区域活动空间,提供适合儿童年龄特点的丰富的玩具、操作材料和幼儿读物,支持儿童自主选择和主动学习,激发儿童学习的兴趣与探究的愿望。

(2)幼儿园应当营造尊重、接纳和关爱的氛围,建立良好的同伴和师生关系。

(3)幼儿园应当充分利用家庭和社区的有利条件,丰富和拓展幼儿园的教育资源。

第二节 幼儿园常见活动区的环境创设

活动区环境是幼儿园重要的教育资源,幼儿园要巧用空间,合理布局,根据学前儿童的兴趣和需要选择材料,为学前儿童创设适宜学习和发展的活动区环境。

一、活动区与常见活动区

活动区环境是儿童游戏的基础,每个幼儿园班级都应创设 4~7 个活动区,其中角色游戏区、建构区、美工区、图书区等都是常见的活动区。

（一）活动区的概念

活动区是指供学前儿童自由活动的、功能相对稳定的一定区域，又称活动角。

（二）常见活动区的概念

常见活动区是指幼儿园中常见的区域，如美工区、积木区、角色扮演区、科学区、数学区、阅读区、音乐区、沙水区、益智区等，这些区域是幼儿园教育活动的重要补充，是实现儿童发展的重要平台。

二、活动区教育的功能

随着课程改革的启动和《幼儿园教育指导纲要（试行）》的颁布，活动区不再是幼儿园的一种标志，也不仅是儿童在饭后的一个娱乐场所。创设活动区实际上是在创设一种教育活动区，它已经成为幼儿园课程中的重要组成部分。作为幼儿园教育区别于中小学教育的一种重要教育组织形式，活动区也为幼儿园实施"以游戏为基本活动"提供了空间保障和物质准备。活动区教育是小组教育和个别教育的重要场所，与集体教育相互配合、相互促进，共同实现教育目标，促进儿童身心和谐发展。

（一）为儿童提供小组学习和个别学习的平台

活动区活动一般以小组为单位，这就为儿童之间的交流、合作提供了机会和空间。在小组学习中，儿童可以从与同伴和成人的交流中获得认同感和归属感。同时，在活动区活动中，儿童可以根据自身情况确定活动的进程，自由地选择、操作材料，还可以反复操作以提高某种技能水平。因此，活动区活动为儿童提供了宽松、自由的活动空间。儿童在其中可以找到适合自己学习的最佳方式，体验快乐、成功和自信。

（二）为儿童提供静态和动态相平衡的课程

活动区活动与幼儿园的集体教育活动在儿童的发展中各自具有不同的、相互不可替代的作用。集体教育活动具有在较短的时间内进行较大范围的信息传递和集体智慧的相互碰撞与交流的优势，它的稳定性强，可以称为静态课程；而活动区活动则可以满足儿童自主个性化发展的需要，给予儿童更加充分、自主、愉悦的学习和游戏空间，其课程内容变化性较强，可以称之为动态课程。这两种课程应该是相辅相成的，而不应该偏重于某一方面，要做到相互补充、动静结合，共同促进儿童身心全面和谐发展。

（三）有利于培养儿童良好的行为习惯

在活动区活动中，儿童会获得很多开展自我服务、锻炼自理能力的学习机会。活动区活动促使儿童形成良好的行为习惯和责任感，如儿童在活动区活动中需要自己去取操作材料，活动结束后要自己把操作材料放回原处；活动区活动的规则可以促使儿童养成良好的行为习惯，如废纸入篓、保持安静等。

三、常见活动区创设的基本要求

常见活动区应当根据教育目标和儿童身心发展的特点进行创设，同时也要考虑幼儿园班级的空间、布局等物质基础因地制宜。

（一）常见活动区的选择

1. 常见活动区的选择应根据儿童的年龄特征、个性特点来决定

例如，根据小小班、小班儿童的特点，教育重点主要放在情感、动作、语言以及行为规则的培养上，因此，幼儿园可以设置生活区、娃娃家、美工区、阅读区、音乐区等。根据中大班儿童的特点，教育重点主要放在培养探究能力、思维能力、解决问题的能力上。所以，幼儿园可以设置科学探究区、益智区、角色扮演区、语言区、建构区、美工区和电脑区等。

2. 教师可以根据幼儿园、社区以及儿童家庭的教育资源对常见活动区进行灵活调整

幼儿园活动室的布局可以根据幼儿园园本特色、社区文化以及儿童家庭中一些可供利用的教育资源进行调整，这样便于收集和获取资料。此外，常见活动区的名称不必过分死板，可以更富有童趣、创意和新颖性。

（二）常见活动区的空间设计

1. 依据相关和分隔原理规划空间

在设置常见活动区时，有些活动具有共同的特质，例如，美工区、科学区都可能会涉及水，图书区、视听区都比较安静，而装扮区、积木区则相对嘈杂。因此，幼儿园在设置这些常见活动区时就要考虑区域之间的相关性，相关的常见活动区应靠在一起。例如，用水区应靠近水源，安静区应远离嘈杂区。此外，常见活动区之间特别是相邻的常见活动区之间应当保持弹性的结合，常见活动区之间的材料能够有效地结合使用，互通有无。例如，娃娃家与图书区相邻，在娃娃家扮演"妈妈"的儿童会到图书区拿书给"婴儿"读书；在美工区的儿童会想到沙水区用沙做"沙画"。常见活动区的空间设计可参见表7-1。

表7-1 常见活动区的相关性

活动区	相关的活动区
积木区	角色扮演区、数学区、沙水区、科学区
电脑区	数学区、美工区、图书区
数学区	电脑区、积木区、科学区
图书区	科学区、数学区、电脑区
美工区	绘画区、角色扮演区、积木区
音乐区	体育区、图书区、操作/数学区
科学区	图书区、数学区、电脑区
角色扮演区	积木区、美工区、音乐区
体育区	积木区、音乐区、数学区、角色扮演区
绘画区	美工区、角色扮演区、电脑区

除了要考虑活动区之间的相关性之外，同时也要注意其分隔与边界。例如，角色扮演区

的嘈杂和图书区的安静明显不相容,这两个区不应相邻,应用隔板或屏风隔开。另外,活动区之间应有清晰的边界,以促进学前儿童在适当的区域使用器材,也使设备和器材的丢失和误用率降至最低。边界也能减少活动的中断次数,以保障学前儿童对同一活动的专注和投入。

2. 常见活动区的面积要合理

常见活动区空间的大小影响着学前儿童的活动质量。常见活动区的面积过小,容易引起学前儿童的争吵;面积过大,又会造成学前儿童的互动交流减少,所以教师应根据常见活动区的特点合理设计其空间大小。那些能够单独活动的区域的面积可以相对小一些,如图书区、美工区等,一般容纳2～5人即可;那些需要多人合作完成的区域的面积则要相对大一些,如体育区、角色扮演区等,空间大有利于幼儿之间的分工合作。

(三)常见活动区的材料选择及投放要点

适宜的材料是指那些符合儿童的年龄特征,具有层次性且有利于儿童主动活动的玩具和材料。常见活动区的材料是儿童开展活动的基本条件,因此,幼儿园应本着安全、适宜、经济和实用等原则选择、投放材料。

1. 目的性

适宜的活动材料是达成教育目的的基本条件,因此常见活动区的材料必须体现幼儿园的教育目标。同时,教师在投放活动材料时,必须全面考虑学前儿童的兴趣、已有经验和发展需要等,在观察学前儿童与环境的互动中不断调整、完善教育目标和内容,不断促进学前儿童的发展。

2. 层次性

活动材料的投放必须具有层次性。首先,不同年龄阶段的学前儿童的发展程度各不相同,所以材料的投放要符合学前儿童的年龄特征。其次,同一年龄阶段的学前儿童的发展水平也各具特点,即使是同一个学前儿童,在不同的发展阶段也有不同的需要。因此,教师应该提供不同层次、不同难度的活动材料,以满足不同发展水平的学前儿童的需要。

3. 多样性

学前儿童所面临的世界是丰富多样的,因此,教师所提供给学前儿童的材料也应是多样化的。多样的材料有利于丰富学前儿童的经验和认识,培养学前儿童的创造性。

4. 开放性

教师可以多投放一些半成品、废品等低结构材料,以引发学前儿童的活动。低结构材料有利于诱发学前儿童的探索活动,促进儿童与环境之间的互动。

5. 动态性

常见活动区的材料应根据学前儿童的兴趣、需要及时调整更新。教师可以增加、删减或者组合材料,以使材料处于变化之中,满足学前儿童的兴趣需要。

(四)常见活动区的规则设计

在我国幼儿园班额偏大的国情下,教师很难兼顾到每个学前儿童的所有活动,在这种情形下,就需要创设会"说话"的环境,告诉学前儿童该做什么,不该做什么,材料应如何收放等。只有当环境会"说话"时,教师才有可能从繁杂的指导工作中解脱出来,因此,规则设计是环境创设,尤其是常见活动区环境创设的重要内容,而早期的规则教育对学前儿童规则意识的形成有着关键性作用。

1. 人数管理

教师在开展区域活动时经常会遇到这样的情况:有些区域人数过多,而区域面积有限,从而造成学前儿童之间的摩擦增多;而有些区域人数过少,显得冷清。面对这种情况,教师在开展区域活动前应该对常见活动区的人数进行有效管理。

(1)设置进区卡。教师根据活动和学前儿童的需要为每个活动区设置进区卡,学前儿童只有拿到进区卡才能进入到相应的常见活动区去活动。如积木区只设置了四张进区卡,有四个儿童已经拿了,那么第五个儿童就只能去其他常见活动区活动了。

(2)设计"身份卡"。教师为每个学前儿童设计一张"身份卡",写上学前儿童的名字或贴上他们的照片。教师在每个常见活动区的入口处设计一定数量的挂钩(挂钩的数量依据学前儿童的人数和常见活动区的面积而定),学前儿童进入常见活动区时需要将"身份卡"挂在挂钩上,当学前儿童看到挂钩已挂满时,就知道这个常见活动区的人数已满,不能再进入了。

2. 活动方式

活动方式是指活动的流程和材料的操作方法。教师可以为每个常见活动区的活动设计出大致的活动流程和材料操作方法,如医生如何照顾病人,理发师如何给客人理发,建构区中的房子如何搭建等,这些都可以通过图文并茂的形式呈现给学前儿童,告诉学前儿童该如何做。

3. 行为准则

各个常见活动区都有各自的行为准则,例如,美工区的行为准则可能会是:使用剪刀要当心,用过的笔放回笔筒里,各种颜色的橡皮泥不能混在一起,废纸要丢入篓中等。图书区会要求儿童:保持安静,一次只拿一本书,看完书后应放回原处等。幼儿园应提倡师幼共同讨论确定各个区域的行为准则,最后通过儿童化的、图文并茂的形式呈现出来。

4. 材料放置

常见活动区材料的收放对教师来说是一件很繁杂的任务,但教师如果在环境中设计一些有效的标识来引导学前儿童,那么这不仅能大大减轻教师的工作量,而且也能培养学前儿童良好的行为习惯。例如,在该放剪刀的地方画一把剪刀;在放洋娃娃的塑料箱上画上洋娃娃的图案等。

幼儿园中一些零散性材料可分类放在篮子或透明的塑料箱里,在每个篮子或箱子上也应有相应的标记。例如,在装有插塑类材料的箱子上可以贴一张插塑材料的图形,在装有圆珠类材料的箱子上贴一张圆珠的图形等。

四、常见活动区的功能与创设要点

不同的活动区具有不同的功能与创设要点。

（一）角色游戏区

角色游戏区满足了学前儿童参与社会生活的愿望,学前儿童积累了社会生活经验,为学前儿童提供了角色交往的机会,促进学前儿童的社会化进程,同时也有利于促进学前儿童的语言表达能力、问题解决能力和人际沟通能力的发展,培养假想能力和创造性。

角色游戏区环境创设的内容主要有区域布局、主题环境设计、材料准备、活动区管理等。

常见的角色游戏区主要有娃娃家、医院、理发店、超市、银行、服装店、食品店等。

（二）建构游戏区

建构游戏区的功能主要体现在锻炼学前儿童的空间知觉和想象力,为学前儿童建立数的概念、对称的概念、感知形体等提供了有利条件,发展了儿童的手眼协调能力和动手操作能力,并且培养了其恒心、细致、耐心等良好品质。

建构游戏区环境创设的内容主要有区域布局、区域环境设计、材料准备（积木、插塑料、纸箱等）、活动区管理。

（三）美工区

美工区是幼儿园美育的重要方式,它为学前儿童提供了一个自由欣赏和创作的空间。在这个活动区,学前儿童能感受美术的创意、自由表达和创作的乐趣,体验成就感和满足感,提高感受美、欣赏美和创造美的能力。

美工区环境创设的内容主要有区域布局、区域环境设计、材料准备（欣赏类、绘画类、手工类）、活动区管理等。

（四）图书区

图书区的功能是让学前儿童感受图书带来的愉悦感,有利于缓解学前儿童的不良情绪和压力,培养学前儿童良好的阅读兴趣和习惯,而且还能学前帮助儿童形成对图画和文字的敏感性,提高阅读理解能力等。

图书区环境创设的内容主要有区域布局、材料准备（园所购买图书、教师和学前儿童自带图书）、常见活动区管理等。

（五）自然角

自然角的功能主要是为学前儿童接触、认识大自然提供一个场所。它有利于激发学前儿童探究大自然的兴趣和好奇心,既是对学前儿童进行自然教育、培养科学素养的重要途径,也是幼儿园自然课程教学的重要补充形式。

自然角环境创设的内容主要有区域布局、材料准备（观赏类、观察类、操作类）、常见活动区管理等。

第三节 幼儿园精神环境的营造

幼儿园精神环境是指由人际关系、文化观念等无形因素交织在一起形成的心理氛围。精神环境较之物质环境,对学前儿童的影响是潜在而深远的,它对学前儿童的情绪情感、认知、态度、创造性等发展具有深远的意义。幼儿园的精神环境以人际关系、制度和文化为基本内容,其中,人际关系是体现幼儿园精神环境的决定性因素。

一、幼儿园精神环境的功能

幼儿园精神环境的功能主要表现在以下两个方面:

(一)精神环境对学前儿童发展的影响

1. 幼儿园精神环境直接影响着学前儿童的心理健康状况

积极健康的精神环境是学前儿童心理健康发展的关键。生活在温暖、自主、自由的氛围中的儿童,容易形成积极的个性特征、行为态度,获得良好的交往技能并表现出积极向上的交往行为。反之,压抑、恐吓、专制的精神环境对学前儿童的情绪情感、心理状况和人格发展等都会产生消极影响。

2. 幼儿园精神环境决定着学前儿童创造潜能的开发

良好的精神环境是学前儿童创造潜能开发的优良土壤。创新是需要土壤的,只有为学前儿童营造一种鼓励、自主、尊重的心理氛围,学前儿童才能自由、大胆地去探索、发现和表达,创造潜能才能得到最大限度的发掘。

(二)精神环境对教师专业发展的影响

1. 和谐的人际关系是教师专业发展的基本条件

对于教师来讲,人际关系主要包括同事关系和师幼关系。和谐的人际关系能满足教师最基本的安全需要和归属需要,在此基础上,教师才能追求更高层次的专业发展。

2. 明确而有效的制度规范是教师专业发展的保障

制度规范既是对个体基本权利的保障,也是规范个人行为的基本条件,因而明确、有效的制度规范为教师专业发展提供了坚实保障。

3. 健康向上的园所文化是教师专业发展的优良土壤

健康向上的园所文化有明晰的发展愿景、敬业奉献的精神、合作共赢的氛围和终身学习的组织特征,这样的环境氛围将会引导教师主动学习、不断反思,提高专业发展水平。

二、幼儿园精神环境的营造

在幼儿园的各种人际关系中,师幼关系是最重要的,它是决定学前儿童能否健康成长的核心所在。因此,幼儿园精神环境的营造关键在于教师,在于教师的态度和言行。

(一)教师的态度和言行在精神环境形成中的作用

教师的态度和言行是其儿童观、教育观和教育素养的现实反映。由于教师在师幼关系中处于主导地位,因此,创建良好师幼关系的关键在于教师端正态度和修正言行。

1. 教师良好的态度和言行是学前儿童安全感的保障

学前儿童从家庭来到幼儿园,人际关系中最基本的依恋对象也从父母转移到了教师,因此教师必须像父母一样爱护和关心学前儿童,满足其正当需要。如此,学前儿童的安全感才能得到保障。

2. 教师良好的态度和言行是学前儿童自尊、自信和自主性形成的基础

学前儿童的自我意识产生后,对自我的认知和评价主要依据成人对待他的态度,尤其是在他心中有权威的成人,主要是父母和幼儿园的教师。因此,教师良好的态度和言行对学前儿童自尊、自信和自主性的形成起着基础性作用。

3. 教师良好的态度和言行是学前儿童活泼、开朗性格形成的重要条件

学前儿童活泼、开朗的性格是建立在自尊、自信的基础上的。教师尊重学前儿童的人格和权利,满足学前儿童的基本需求,鼓励学前儿童主动探索,可以使学前儿童的自主性、独立性得到发展,为其养成活泼、开朗的性格奠定基础。

(二)建立和谐的师幼关系

1. 教师应读懂学前儿童并满足其正当需要

现代儿童观认为,儿童是一个处于发展中的独立完整而又富有个性,享有一切基本人权的社会人。教师读懂学前儿童,树立科学的儿童观、教育观是建立和谐师幼关系的前提。教师应多观察学前儿童、研究学前儿童、参与学前儿童的活动,在了解学前儿童的基础上,关注并满足其正当需求,让学前儿童感受到安全感。

2. 教师应树立师幼平等的观念

虽然教师在知识经验、人生阅历等方面优于学前儿童,但是在人格尊严、基本人权上教师与学前儿童是平等的,因此,教师必须树立师幼平等的观念,这是和谐师幼关系建立的基础。教师在日常活动的一言一行中应注意以平等的态度与学前儿童相处,蹲下来与学前儿童对话,尊重学前儿童的人格、权利,平等地对待每一位学前儿童。

3. 教师应重视师幼情感交流

教师在一日活动中不仅要注意知识与能力的教育,更要注重与学前儿童的情感交流。实践表明,师幼之间的情感关系对儿童的成长有着难以估量的影响。建立良好的师幼关系,情感交流是关键。在日常活动中,教师应给予学前儿童母亲般的关爱,注意安抚学前儿童的不良情绪,随时向学前儿童传达正向的情感。教师可以用自己的语言和肢体动作与学前儿童进行情感的交流和沟通,也可以通过创设和谐、宽松的氛围来鼓励学前儿童之间主动交往。

4. 教师应以宽容的态度对待学前儿童

学前儿童由于自身特点的原因,难免会犯一些小错误。面对"成天闯祸"的学前儿童,教师如果过于严厉,甚至体罚,学前儿童则会越来越害怕教师,并与教师疏远,甚至产生逆反心理,进而与教师对立。因此,教师应以宽容、理解的态度看待学前儿童的一切行为。其实,学前儿童正是在这种不断的尝试、探索、调整的过程中得以成长的。

5. 教师应加强对学前儿童的感恩教育

师幼关系是一种双向的互动关系,和谐师幼关系的构建不仅需要教师对学前儿童的关

爱、理解，同时也需要学前儿童回馈教师的爱。因此，教师要加强对学前儿童的感恩教育，使他们理解教师的教育行为，学会尊重教师的劳动付出，爱自己的老师。

（三）支持学前儿童的同伴关系

1. 教师应充分认识同伴关系的重要性

同伴关系是学前儿童最重要的社会关系之一，同伴交往是个体社会化的重要手段和内容，对学前儿童亲社会行为、社会交往能力、社会认知及情感等方面的发展具有重要意义。因此，教师应转变观念，认识到同伴交往不仅是学前儿童的基本权利，更是学前儿童自身发展的需要。教师应加强同伴交往方面的理论学习，结合幼儿园的实际对同伴交往做出正确的干预和指导。

2. 教师应为同伴交往创造良好的环境

有研究表明，整洁优美、井然有序的物质环境会在一定程度上安抚学前儿童的情绪，增强学前儿童行为的有序性，有助于学前儿童对社会性规范的遵从；相反，杂乱无章的物质环境则可能使学前儿童感到浮躁不安，易发生争吵、冲突。同时，教师应营造自由、宽松的心理氛围，鼓励、支持同伴之间的交往。

3. 教师应培养学前儿童的同伴交往技能

学前儿童由于身心发展水平所限，在社会交往中往往表现出"自我中心主义"的特点，因此，教师应教给学前儿童一些必要的交往策略，如轮流、商量、合作、分享等。有效的交往策略能促使学前儿童顺利地加入同伴活动，恰当地解决同伴冲突，提高交往能力。

（四）构建良好的成人关系

1. 构建良好的家园关系

（1）教师应充分认识家园合作的意义。《幼儿园教育指导纲要（试行）》中指出："家庭是幼儿园重要的合作伙伴。应本着尊重、平等、合作的原则，争取家长的理解、支持和主动参与，并支持、帮助家长提高教育能力。"在各阶段教育中，幼儿园教育更加需要家长的配合。家园合作是幼儿园教育工作的重要组成部分，是幼儿园完成教育任务、提高保教质量不容忽视的一项工作。

（2）教师应掌握家园合作的方法与技能。教师应树立正确的教育观念，以平等的态度对待家长，相互尊重、通力合作，积极争取家长的理解、支持和主动参与，并发挥专业优势支持、帮助家长改变落后的教育观念，提高教育能力，改进教育行为。

教师的沟通技能是保障其与家长沟通顺畅的基本条件。因此，教师应掌握基本的沟通技能技巧，如倾听的技巧、与不同类型的家长对话的技巧、描述儿童行为的技巧、提出建议或意见的技巧等。同时，教师应采用多种途径和方式进行交流与沟通，一方面要谋求价值观的统一，另一方面要积极争取家长参与幼儿园教育活动。

2. 构建和谐的同事关系

（1）教师应保持积极、健康的心理状态。教师自身健康的心理状态是幼儿园良好心理环境的重要基础，会直接影响学前儿童身心健康和人际交往能力的发展。教师应保持积极的心理状态和健康向上的生活态度,平时加强与同事之间的交流、讨论,释放工作、生活的压力。

(2)教师应本着平等、尊重、真诚的原则开展合作。幼儿园教师虽然在职位上有上下级之分,但是所有的教师在人格上都是平等的,因此,教师之间理应相互尊重、通力合作,共同促进学前儿童身心健康全面发展。

第四节　幼儿园的社会环境创设

家庭、社会与学校是三种教育力量,只有三者协调一致,才能使教育取得良好效果。那么,幼儿园应该如何协调各种教育力量形成教育合力,促进学前儿童的充分发展?

一、幼儿园与家庭的合作

家园合作是指幼儿园与家庭双方积极主动地相互了解、支持、配合,共同促进学前儿童的身心和谐发展的活动。家园合作是双向的,相对而言,幼儿园应处于主导地位。

(一)家庭的教育功能

1. 为学校(幼儿园)教育奠定基础

家长是孩子的第一任教师,也是终身的教师。学前儿童的发展是一个长期的过程,家庭教育的优劣会直接影响学前儿童未来的发展。相对而言,其他教育都是在家庭教育的基础上开展的,如果缺少家庭教育的支持和配合,那么其他教育的开展和进行将收效甚微。

2. 学前儿童认识和步入社会的起点

学前儿童对外部世界的认识完全是从对父母的认识开始的,因而家庭也就自然成为学前儿童步入社会的一个起点。在学前阶段,家庭不仅提供基本生活需要,同时传递特定的价值规范和生活经验,以及社会的基本行为准则,是他们步入社会的起点。

3. 促进学前儿童身心发展的关键所在

不同的家庭会对学前儿童产生不同的影响,适宜的家庭教育是学前儿童身心健康发展的关键所在。一个处于适宜的环境且家庭教育良好的学前儿童与一个处于单调环境,缺乏家庭教育的学前儿童相比,无论是其智力反应和个人修养,还是身体健康程度,都有着较大的差距。

4. 家长的教养态度决定学前儿童的性格与品德

有心理学家提出,家长的教养态度与儿童的性格与品质的发展之间有较高的相关系数,美国心理学家佩克与哈维格斯特在20世纪60年代的调查研究证明,儿童品德的发展与家长的教养态度之间的关系甚为密切。在家庭生活中,父母及家庭中其他成员对学前儿童的关切、期待与激励能直接或间接地促进学前儿童的自信心、道德品质、智力、语言和社会交往能力的发展;相反,那种漠不关心的、拒绝的、粗暴的、对学前儿童正当需要不予满足的态度,会阻碍学前儿童安全感、自信心、良好的情感和品德的发展,也会影响学前儿童智力和体力的发展。

总之,家庭教育是任何其他教育所不能代替的,学校教育、社会教育都是在家庭教育基础上的延伸、扩展和提高。人们要真正了解一个学前儿童,就应首先了解其家庭。要保证学前儿童的全面发展,就要加强幼儿园与家庭的联系,充分发挥家长和家庭教育的作用。

(二)幼儿园与家庭沟通的内容

幼儿园要取得家庭对学前儿童教育上的一致和配合,必须主动加强与家庭的联系,有责任做好家长的工作,具体工作如下:

1. 了解学前儿童的家庭及其在家的表现

学前儿童的家庭及其在家表现的具体情况是开展幼儿园教育的一个重要影响因素。因此,幼儿园教师应熟悉每个学前儿童的家庭情况,了解学前儿童的家里有些什么人,家庭的经济情况如何,学前儿童父母的政治思想、文化程度和工作情况怎样。除此之外,也需知道学前儿童在家的具体表现,如智力发展、兴趣、爱好、遵守作息制度以及生活习惯、游戏等实际情况,以便有针对性地开展幼儿园教育。

2. 向家长介绍幼儿园的各项工作

家长有权利知道学前儿童在幼儿园中的受教育情况,因此教师有责任向家长介绍幼儿园的各项工作,取得家长的关心和支持。具体而言,教师应全面而详细地向家长宣传幼儿园的教育目标、教育任务、教育内容、工作方法和工作计划,从而使家长认识到教育子女的重要意义,了解教育子女的基本知识,了解幼儿园的工作情况,主动关心和支持幼儿园的工作。

3. 向家长宣传学前儿童教育的知识

幼儿园可以通过本园的教师或者外请专家向家长宣传学前儿童教育的知识,帮助他们总结家庭教育经验,解决家庭教育中所遇到的实际困难。一方面,幼儿园教师应经常了解家庭中教育子女的好经验,进行总结并加以推广;另一方面,幼儿园也应该了解家长在进行家庭教育时所遇到的困难与要求,并帮助家长解决这些问题。

4. 向家长传授正确的教育观念和方法

一些家长在进行家庭教育时,由于教育观念和方法的偏离,总会出现这样或那样的违背教育原则的现象。这就需要教师凭借自己的专业特长,帮助家长确立正确的教育观念,掌握科学的方法,使家庭教育正常和合理地进行。

5. 吸收家长参加幼儿园工作

幼儿园应经常听取家长对幼儿园工作的意见,对一些合理的意见加以采纳,以改进幼儿园工作。幼儿园有许多工作可争取家长的帮助,解决幼儿园的一些困难。幼儿园要欢迎家长在业余时间参加幼儿园的工作,如志愿者、家长俱乐部、家长参与幼儿园教学工作等。

(三)幼儿园与家庭沟通的方式

幼儿园与家庭沟通联系的方式有个别联系方式和集体联系方式两种。

1. 个别联系方式

个别联系方式包括家庭访问、个别谈话与家长咨询、书面联系等。

(1)家庭访问。家庭访问是加强幼儿园与家庭联系的一种常用方式。教师在进行家访之前要注意：①明确目的，做到事先有计划、有准备。②注意访问方法。要从家长的实际出发，运用不同的方法交谈。③态度要诚恳、友好、自然。向家长汇报学前儿童的情况时，应首先肯定学前儿童的优点，而不是只谈学前儿童的缺点，或责备学前儿童和家长。④研究总结。家访之后，教师应对掌握的情况进行研究，并不断地总结经验以备后用。

(2)个别谈话与家长咨询。个别谈话能及时地互通情况，交换意见，是教师与个别家长联系最便利也最有效的方式。幼儿园也应定期或不定期地接待家长咨询。咨询是一种有效的指导家庭教育的方法。

(3)书面联系。通过书面联系，向家长报告学前儿童的情况，以征求他们对于幼儿园教育工作的意见。家园联系本、便条、通信、学前儿童发展情况汇报单等都属于书面联系。

2. 集体联系方式

集体联系方式包括家长会、家长开放日、家长接待室或父母育儿橱窗、家长座谈会、现代网络资源和通信设备、亲子活动等。

(1)家长会。家长会一般可分为全园家长会与班家长会。全园家长会是在全园工作计划中确定的，由园长主持；班家长会则是教师根据本班学前儿童的具体情况定时或不定时举行。

(2)家长开放日。幼儿园定期邀请家长来园、所参观和参加活动，可增进家长对幼儿园教育工作的感性认识。幼儿园在全园工作计划中可以订出"家长开放日"，也可以分班订出"家长开放日"。以每隔2~3个月进行一次为宜。活动之后，幼儿园征求家长对幼儿园工作的意见，以改进工作。

(3)家长接待室或父母育儿橱窗。幼儿园应设家长接待室或设置父母育儿橱窗，放置各种学前教育的相关资料，如优良的家庭教育经验介绍、相关书籍，以及幼儿园的工作安排等，便于家长来园参观时了解幼儿园的工作，以便丰富家庭教育的内容。

(4)家长座谈会。幼儿园应定期或不定期地举行家长座谈会，这类会议的人数不宜多，最好20人左右，并可按类型分别召开。家长座谈会可以交流教育经验，充分发挥家长自我教育的作用。

(5)现代网络资源和通信设备。譬如通过校园网、家长QQ群、家长微信群等进行沟通。

(6)亲子活动。开展亲子活动是幼儿园教师直接将教育理念、内容等向家长开放，通过亲子游戏、活动等形式加强与家长和学前儿童的沟通与交流。

(四)家园合作中的问题与解决策略

1. 问题

(1)家长与教师之间存在矛盾或冲突。

(2)合作不够深入，合作内容脱节。

(3)家长参与配合不够好，援助学前教育更少。

(4)母亲参与度明显高于父亲,不利于儿童阳刚性格的培养。

2. 解决策略

(1)沟通是家园合作的基础:平等尊重每位家长;关爱并肯定每个孩子;善用语言交流技巧;关注家长的需要并给予及时指导和帮助。

(2)互助是家园合作的内容:鼓励和引导家长直接或间接参与幼儿园教育;帮助家长树立正确的教育观念,掌握科学的教育方法。

(3)使用家园合作的方法,个别或集体联系,直接或间接的合作。

二、幼儿园与社区的合作

学前教育作为一种社会现象,是社区生活的有机构成部分,而社区的规划、建设的状况如何对教育质量的高低、效益的优劣影响极大。幼儿园与社区的合作是指幼儿园与其所处的社区密切结合,共同为幼儿的健康成长服务。

(一)幼儿园与社区合作的意义

1. 优化社区学前教育

学前教育与社区之间的合作,可以在一定程度上优化社区的学前教育功能,具体表现如下:

(1)向社区家庭普及优生、优育、优教的知识,指导家庭的优生、优育、优教;

(2)提高社区成员的文化素养,改进其陈旧观念与不良习惯,创造良好的社区生活环境与气氛。

2. 提高学前教育机构的教育质量

幼儿园的工作如果得到了社区的配合与支持,那么不仅会给工作开展提供便利,而且能较好地保证学前教育的质量。

3. 促进社区学前儿童的社会化发展

通过与社区进行合作,能扩大学前儿童与外部世界的交往范围。在社区中,学前儿童可以接触到形形色色的人,而在与这些人交往的过程中,儿童不仅能更加深刻地认识自己,同时也能了解他人以及外部世界的复杂性。因此,学前教育与社区合作,能促进每个儿童自我价值感、自尊和健康的自我概念的发展,而且从这个基础出发,儿童可以学习与其他人联系,并从中获得社会知识。

(二)幼儿园与社区合作的方法

具体而言,学前教育与社区合作的方式主要有以下几种:

1. 设置社区学前教育基地

社区学前教育基地的设置一般需要当地社区和其中的幼儿园等学前教育机构的相互配合,共同承担社区学前教育基地的工作。社区学前教育基地以服务社区为宗旨,应自觉地承担教育学前儿童的责任与义务,是社区的有机组成部分。社区学前教育基地以覆盖面广、形式灵活、影响持续等特点满足社区中各个家庭的学前教育需要。

2. 成立社区学前儿童早期教育中心

幼儿园等学前教育机构可与社区联合启动社区未入园儿童的早期教育，成立社区学前儿童早期教育中心。其具体形式有亲子班与家长学校两大类。

(1)亲子班。亲子班由社区组织，招收以幼儿园为中心的附近社区中的0~3岁未入园儿童，家长带孩子每周定期来园参与亲子活动。幼儿园则提供师资等，组织具体的亲子活动，多方面指导学前儿童家庭早期教育。

(2)家长学校。即幼儿园等学前教育正式机构与社区联合，举办家长学校，有目的、有系统地向学前儿童家长传播科学教育子女的知识，交流优秀的学前教育经验，树立正确的学前教育观念，并掌握一定的学前教育方法。

3. 借助社区教育资源开展社区学前教育

幼儿园应当充分利用社区的各种资源，如人口资源、文化资源、地域资源和学校资源，提升幼儿的活动和游戏空间，为儿童的健康成长创造良好条件。同时，社区应该充分发挥其公共文化设施的教育功能，如图书馆、博物馆、广播、电视等公共资源或大众传播媒体，以达到创造浓重、高雅的文化氛围，并对社区内学前儿童产生潜移默化的教育的目的。

另外，社区还可以招募一群热心早期教育的早教志愿者并给以指导，充分发挥社区的教育资源优势。

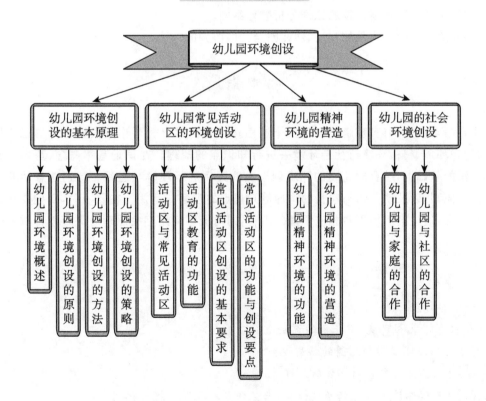

本章知识结构

本章小结

(一) 本章主要内容

(1) 幼儿园环境的概念、分类、创设的原则与方法。
(2) 幼儿园常见活动区的教育功能。
(3) 幼儿园各类常见活动区设置的基本要求。
(4) 幼儿园精神环境的组成要素与营造要点。
(5) 幼儿园与家庭的合作。
(6) 幼儿园与社区的合作。

(二) 本章的重点、难点

本章的重点是幼儿园环境创设的原则;幼儿园环境创设的方法,常见活动区设置的基本要求;幼儿园精神环境的营造。难点是根据幼儿园环境创设的方法解释和分析教育现实,营造良好的社会环境。

(三) 学习时要注意的问题

(1) 熟记一些关键概念,如幼儿园环境、活动区、幼儿园精神环境等。
(2) 识记并理解幼儿园环境创设的原则和方法;了解常见活动区的功能,能运用有关知识对活动区设置进行分析,并提出改进建议。
(3) 运用幼儿园环境创设的原理分析教育案例。
(4) 知道幼儿园与家长的沟通、幼儿园与社区协调的方法。

备考指南

本章考点涉及识记、理解与运用三个层面。考生在学习时要注意根据环境的三个构成要素:物理环境、精神环境与社会环境去进行知识点的梳理。在识记基本概念、基本原则和基本方法的基础上,结合幼儿园的环境创设实践案例进行理解与运用。特别注意幼儿园环境创设的原则,以及幼儿园与家长的沟通等知识点的理解与运用。在复习时,切记要注意识记基本概念,通过案例加深对相应原理的理解,同时能够运用相关原理对保育教育材料进行分析。

自测训练

一、单项选择题

1. 关于幼儿园环境,不正确的说法是(　　)。
   A. 幼儿园环境指幼儿园的物质设施
   B. 幼儿园环境包括内环境和外环境
   C. 幼儿园环境不仅包括物质设施,而且还包括人及各种文化因素

D. 幼儿园环境是幼儿园保育教育赖以进行的一切条件的总和

2. 某幼儿园进行图书角设计时，特别强调要保证室内空气的流通、光线充足、桌椅等无锋利的棱角等问题。该幼儿园进行图书角的设计时遵循的原则主要是（　　）。

A. 安全性原则　　　　　　　　B. 教育性原则
C. 开放性原则　　　　　　　　D. 适宜性原则

3. 某幼儿园中班正在开展"动物世界"的主题活动，教师在活动区放置了多种动物的照片并标明了动物的名字、生活习性、栖息地等文字。从环境创设的角度看，这符合（　　）。

A. 艺术性原则　　　　　　　　B. 主体性原则
C. 教育性原则　　　　　　　　D. 动态性原则

4. 王老师在进行班级主题墙饰的布置时，先征求全班小朋友的意见。小朋友们提出了很多建议，最后，王老师采用了小朋友们提出的"我们身边的科学"的主题，内容板块也根据小朋友们的意见，由"会动的玩具""弹性的秘密"等构成。王老师环境创设的方法属于（　　）。

A. 讨论法　　　　　　　　　　B. 探索法
C. 操作法　　　　　　　　　　D. 评价法

5. 幼儿园与家长沟通的方式大致有个别联系与集体联系两种。下列各项属于个别联系的是（　　）。
①家访　②家长会　③家园联系本　④网络平台

A. ①②　　　　　　　　　　　B. ①③
C. ②③　　　　　　　　　　　D. ②④

6. 关于活动区材料的投放，下列各项中正确的一项是（　　）。

A. 材料的种类应尽可能地单一化
B. 多提供成品材料以便幼儿操作
C. 提供不同难度和层次的材料，适应幼儿差异
D. 玩具和材料的摆放应是封闭式的，便于管理

7. 图书区以阅读为主。下列各项中适宜与图书区相邻的是（　　）。

A. 数学区　　　　　　　　　　B. 积木区
C. 沙水区　　　　　　　　　　D. 音乐区

8. 下列关于幼儿游戏活动区布置的说法，正确的一项是（　　）。

A. 以阅读为主的图书区可与娃娃家相邻
B. 自选游戏环境的创设是由教师进行的
C. 积木区可提供一些人偶、小动物、交通工具模型等辅助材料
D. 娃娃家应该是完全敞开式，让每个儿童都能看到里面有些什么

9. 精神环境又叫心理环境，下列各项中不属于幼儿园精神环境构成要素的是（　　）。

A. 园所文化 B. 人际关系
C. 环境装饰 D. 制度规范

10. 在幼儿园的各种人际关系中,对幼儿发展影响最大的是( )。

A. 师幼关系 B. 同事关系
C. 同伴关系 D. 干群关系

11. 幼儿园的精神环境不包括( )。

A. 家园关系 B. 同伴关系
C. 师幼关系 D. 教师同事关系

12. 幼儿园的环境应( )。

A. 儿童化 B. 现代化
C. 高档化 D. 小学化

13. 幼儿园投放的优秀活动材料的特征包括( )。

A. 能够有反应的材料

B. 现实生活中触手可及的物品

C. 先进的电子玩具

D. 能引起幼儿参与和学习行为的材料

14. 家长可以亲自体验和参与幼儿园的教学活动,观察自己的孩子在幼儿园的学习生活情况,这种家园合作方式称为( )。

A. 家长园地 B. 家园联系手册
C. 家长开放日 D. 家庭教育讲座

15. 幼儿教师把社区中威望高的人、助人为乐的人、宽容大度的人、责任感强的人引入到幼儿园里来,幼儿园教育利用的这种社区教育资源属于( )。

A. 人口资源 B. 文化资源
C. 地域资源 D. 学校资源

16. 幼儿园环境创设中,使用易于识别的生活行为规则标识图。其最主要的目的是( )。

A. 美化环境

B. 便于幼儿看图说话

C. 便于幼儿认识各种符号

D. 便于幼儿习得生活技能和行为准则

二、简答题

1. 简述幼儿园环境的教育价值。
2. 简述幼儿园环境创设的方法。
3. 简述幼儿园与家长沟通的方法。
4. 简述幼儿园精神环境对幼儿发展的影响。
5. 作为幼儿教师,如何在保教活动中营造良好的心理氛围?

三、论述题

1. 试论述教师在幼儿园环境创设中的作用。
2. 结合实际论述家园合作的内容与策略。

四、材料分析题

1. 阅读材料,回答问题。

材料:

甲班教师准备好材料,向孩子们宣布:"我们要把墙面打扮得很漂亮,老师请你们来参加,好不好?"

"老师,那画什么呢?"一幼儿问。

"你们喜欢什么呀?"老师以商量的口吻询问孩子。

"我喜欢宇宙。""我觉得有各种各样的小动物很好看。""画我们的幼儿园吧。"……孩子们七嘴八舌地讨论了起来。

老师微笑着,倾听着,她示意孩子们安静下来,然后宣布:"我们让墙面变成一个美丽的海底世界,好吗?"

然后,老师开始分配工作,将一些简单的鱼、水草分配给孩子们制作,自己则开始设计大鱼、海螺、珊瑚等。虽然有几名孩子撅起嘴说自己不喜欢画鱼,但孩子们基本上都服从了老师的安排,活动室恢复了安静。

小涵平时的绘画作品深得老师的赞赏,因此他分配到的工作是画鱼。接下这个任务后,小涵想了很久。小涵看过科学漫画,他知道在深海中的许多鱼由于常年不见阳光,眼睛基本上都退化了,而且是黑黝黝的。当小涵将自己设计的几条深海鱼递给老师时,老师不禁皱起了眉头:"小涵,你画的是什么呀?"

"这是深海中的鱼。"小涵辩解道。

"哦,是深海中的鱼呀。不过这贴在墙上不好看。这样吧,老师给你几张画得很好看的彩色鱼,你照着画吧。小涵肯定可以画得很好看,对不对?"

最后,一个美丽的海底世界出现了,基本上与老师当初设想的一致,老师欣赏着美丽的墙面,非常满意。有几个孩子则围着小涵,传阅着被老师否定的画,讨论着深海中各种奇特的鱼;大部分孩子已围在玩具架前玩了,他们对刚才画水草的游戏不耐烦了。

问题:

请结合幼儿园环境创设的原则分析甲班教师的做法。

2. 材料题

"不能让孩子输在起跑线上"这句难以查到出处的口号,正在成为家长、幼儿园、学校背后一股巨大的推动力,推动着相当多的家庭加入择幼儿园、择小学、择中学的队伍中。不少幼儿园主动适应家长和小学的需要,干脆把幼儿园的最后一年变成了学前班,不断进行习题和知识训练,学习的是上小学后的知识。不这样,孩子进入不了好小学,幼儿园的名誉也会受影响。同时,这也给小学的教育带来了极大的困扰,许多新生在入学前就学了不少数学、语文、英语知识,教师根本没有办法按照小学一年级的课本讲课,你讲什么他都会,但不讲不行。

结合上述材料,分析我国幼儿园和小学衔接存在的问题,并提出合理的解决策略。

五、活动设计题

请为幼儿园小班设计一份"环境保护"的教育主题活动。

第八章 教育活动的组织和实施

考纲内容

- 能根据教育目标和幼儿的兴趣需要和年龄特点选择教育内容,确定活动目标,设计教育活动方案。
- 掌握幼儿健康、语言、社会、科学、艺术等领域教育的基本知识和相应教育方法。
- 理解整合各领域教育的意义和方法,能够综合地设计并开展教育活动。
- 能根据活动中幼儿的需要,选择相应的互动方式,调动幼儿参与活动的积极性。
- 在活动中能根据幼儿的个体差异进行指导。

考纲解读

本章内容设置的目的在于考核学生设计和实施教育活动方案的能力。本章的题型主要以选择题、案例分析题和活动设计题为主。因此,考生学习本章要了解幼儿园教育活动的分类、综合性主题活动方案的结构,掌握综合性主题活动方案的设计步骤、教育内容选择的依据、教育目标制定的方法以及设计的原则,同时结合幼儿身心发展的特点,学会设计具体的教学活动方案。在实际教学过程中,依据幼儿的个体差异,学会灵活运用本章的知识点,解决实际教学过程中的问题,并运用相应的教育方法组织实施教学。

第一节 幼儿园教育活动设计的基本流程

从广义上说,幼儿园教育活动包括在幼儿园里所发生的一切活动,如游戏活动、教学活动、生活活动、运动活动等;从狭义上说,幼儿园教育活动主要指游戏和教学两大类活动。幼儿园教育活动具有目的性,但不强调计划性,而游戏活动包括学前儿童自主选择的创造性游戏和教师组织的规则性游戏。规则性游戏和教学活动具有较高的目的性和计划性,需要教师设计、组织和实施,而创造性游戏和生活活动主要通过教师的环境创设、材料投放和随机指导对学前儿童施加影响,根据其特点进行设计。总的来说,幼儿园教育活动包括教育活动的目标、教育活动的内容、教育活动的实施和教育活动的评价四大基本要素。

一、幼儿园教育活动的分类

可以根据不同的标准对幼儿园教育活动进行分类。

(一)根据教育活动的性质分类

幼儿园教育活动具有广泛性和启蒙性、趣味性和游戏性、活动性和主体性、整合性和渗透性、随机性和潜在性等特点。依据活动的性质,幼儿园教育活动可以分成运动活动、交往活动、认知活动、艺术活动、游戏活动等五种类型。

(二)根据教育活动的结构性分类

由于计划性的不同,幼儿园教育活动包括儿童自主生成的教育活动和有教师预先设置的教育活动。因此,幼儿园活动也是结构化的活动。按幼儿园教育活动的结构性分类,可以分为无结构游戏、低结构游戏、高结构游戏、完全结构游戏。无结构和低结构游戏往往由儿童发起,强调过程;高结构和完全结构游戏则往往由教师发起,强调结果。

1. 无结构游戏

无结构游戏是指以儿童的角色游戏为代表,通常由儿童发起,围绕儿童的兴趣和需要,儿童决定时间、空间和材料的运用,教师尊重儿童的游戏体验的一种教育活动。

2. 低结构游戏

低结构游戏是指儿童利用游戏材料的特点,根据自己的兴趣和想象创造出各种游戏的形式和结果,以儿童自主游戏为主的一种教育活动。例如,区角活动中的娃娃家,儿童可以积累丰富的感性经验。

3. 高结构游戏

高结构游戏往往有固定的游戏程序设计和规则要求,儿童根据教师预先设定的游戏规则进行游戏,但儿童可以有一定的想象和自主发挥的空间。例如,开心速递游戏,儿童可以根据速递规则玩速递游戏,但可以选择不同的角色进行。

4. 完全结构游戏

完全结构游戏是指围绕教师的主导要求,由教师发起,教师决定时间、空间和材料的运用,教师获得预期的经验的一种教育活动。

(三)根据教育活动的组织形式分类

幼儿园教育活动的组织形式是指教师组织儿童参与活动的形式。按幼儿园教育活动的组织形式分类,幼儿园教育活动可分为集体活动、小组活动、个别活动三种。

1. 集体活动

集体活动是指教师按照一定的教学目标,依据一定的原则,选择教学内容,设计教学过程,面向全班儿童实施教学过程的活动。

2. 小组活动

小组活动是指教师将全班儿童分成若干个小组进行的活动。这些活动既有教师安排的,也有儿童自发组织的。

3. 个别活动

个别活动是指儿童个体自由、自发组织的活动。

二、幼儿园教育活动的目标

幼儿园教育目标是总教育目的在幼儿园教育这一阶段的具体化,是国家对幼儿园或学前教育机构提出的培养人的规格与要求。

(一) 幼儿园教育活动目标的结构

儿童在幼儿园学习的过程中所达到的基本能力水平是幼儿园教育活动目标的体现。由于儿童在成长中的兴趣、需要、能力的变化和发展,幼儿园的教育目标也必须分层次制定,从而构成幼儿园教育目标的结构体系。总的来说,幼儿园教育目标的结构体系可以分为以下五个层次:

第一层次,幼儿园教育总目标,即幼儿园保育和教育目标。《幼儿园工作规程》第一章第三条明确规定了幼儿园教育的目标,即幼儿园的任务是按照保育与教育相结合的原则,遵循幼儿身心发展特点和规律,对幼儿实施德、智、体、美诸方面全面发展的教育,促进其身心和谐发展。并分别对德、智、体、美四个方面提出了要求:

(1) 萌发幼儿爱祖国、爱家乡、爱集体、爱劳动、爱科学的情感,培养诚实、自信、友爱、勇敢、勤学、好问、爱护公物、克服困难、讲礼貌、守纪律等良好的品德行为和习惯,以及活泼开朗的性格。

(2) 发展幼儿智力,培养正确运用感官和运用语言交往的基本能力,增进对环境的认识,培养有益的兴趣和求知欲望,培养初步的动手探究能力。

(3) 促进幼儿身体正常发育和机能的协调发展,增强体质,促进心理健康,培养良好的生活习惯、卫生习惯和参加体育活动的兴趣。

(4) 培养幼儿初步感受美和表现美的情趣和能力。

第二层次,幼儿园五大领域目标。《幼儿园教育指导纲要(试行)》第二部分"教育内容与要求"中明确阐明了五大领域的发展目标。

第三层次,幼儿园各年龄班幼儿发展的学期目标。

第四层次,幼儿园各年龄班发展的月目标。

第五层次,幼儿园各年龄班具体的活动目标,如日目标、各项具体活动目标等。

(二) 幼儿园教育活动目标的取向

幼儿园教育活动目标的制定要基于儿童的生理发展特点、心理发展特征,同时也要反映社会对儿童的期望。幼儿园教育活动目标大致有以下三个取向:

1. 行为目标

行为目标是指以儿童具体的、可被观察的行为为表述对象的幼儿园教育活动的目标。它所指向的是在教育活动实施以后,在儿童身上所发生的行为变化,表述的是可观察到的儿童行为,也就是儿童的学习行为变化的结果。它具体、明确,具有客观性和可操作性,能够指导教师具体实施教育活动并评价其效果。例如,在一个美术欣赏活动"美丽的窗花"中,如果活动的目标设计为"儿童能够说出窗花的颜色、样式和出现的形状,欣赏窗花鲜艳的色彩和生动的形象,能够表达对窗花的喜爱",它明示了儿童在活动中的行为期望。相比于类似"让儿童感受窗花,激发对窗花的兴趣"的目标,它更加具体,更有利于教师把握。

然而,行为目标虽然具有指导作用,但并不是具体的目标就是最合适的目标,而应在概括化和具体化的目标之间寻求一个合适的过渡。同时,行为目标局限于可观察到的外显的行为变化,而儿童的发展有时难以转化为这些行为指标,如社会情感或意志力的发展。所以，还需要其他方面的目标来补充行为目标。

2. 生成性目标

生成性目标是指在教育活动过程中自然形成的预期标准。相对于注重教育活动结果的行为目标，生成性目标更关注活动本身的过程，以儿童在教育活动中的表现为基础展开，强调儿童、教师和学习环境之间的交互作用。

生成性目标的建构以儿童获得的经验为目的，强调儿童主动活动的过程，关注如何为儿童提供适应其发展规律的学习经验，促进个性的完善。因此，不难看出，由于活动过程的非预定性，教师往往在实施活动之前无法预测，并且控制和操作难度较大，因而，生成性目标的建构难以被教师广泛地使用。

3. 表现性目标

表现性目标表述的是儿童在参与活动后得到的各不相同的结果。它所关注的是儿童在活动中表现出来的某种程度上首创性的反应形式，而不是事先规定的儿童行为变化的结果，强调的是儿童行为结果的开放性，儿童的个性化表现。表现性目标不是事先规定完成某一个学习活动或任务后获得的行为，而是强调每一个儿童在与环境的互动中所具有的个性化表现。虽然教师无法预知儿童的个性化表现，但不能否认，儿童个性的充分展示和发展对儿童自身发展的重要性。例如，对一次动物园参观的活动，如果从表现性目标的角度去设计，教师的关注点就不是"说出看到动物的种类"，而是"讨论动物园的动物们的生活，表达对动物的喜爱"等。

在教育活动的设计中，教师可以根据不同的目标取向来设计目标。不同的目标取向来源于不同的角度，不同取向所指定的目标都有其存在的价值，它们之间并不相互排斥或相互对立，而是相互补充和相互联系的。在教育活动的设计和实施中，教师对于行为目标的把握是最基本的要求，但要注意不能过度使用行为目标，把行为目标作为一个机械的过程，忽视儿童在教学活动学习中的主体性和教师的创造性，分裂结果和过程之间的有机联系。因而，教师需要全面地辩证地看待不同目标之间的关系，根据儿童身心发展和社会发展的需要，科学合理地设计活动目标，从而促进儿童在知识、技能、能力、社会性、情感等几个方面的和谐发展。

三、幼儿园教育活动的内容

如果说教育活动的目标是幼儿园教育活动的导向，那么，幼儿园教育活动的内容就是实现教育活动目标的载体和对象。首先，幼儿园教育活动的内容体现的是"教什么与学什么"的问题，通过递进式的学习过程使儿童掌握一些关键经验。其次，幼儿园教育活动的内容的组织形式必须能确保教育活动目标最大限度地达成所需要的效果。幼儿园教育活动的内容是广泛性的、启蒙性的，可按照儿童学习活动的范畴相对划分为健康、社会、科学、语言、艺术等五个方面，还可按其他方式作不同的划分。幼儿园教育活动各方面的内容应当促进幼儿的知识、技能、能力、情感态度等的发展。

（一）教育活动内容选择的原则

幼儿园教育活动内容的选择是一项复杂的工作。选择的依据要兼顾诸多因素，兼顾幼儿、幼儿园工作、家长、社会发展等各方面的需要，以保证活动内容的科学性和适宜性。选择的主要依据是较高一级的教育目标、儿童的兴趣及需要和儿童的年龄特点等。

1. 发展性原则

教育的目的是促进儿童的可持续发展，因此，从儿童终身学习和发展的角度看，幼儿园教育与未来学校教育之间需要必要的衔接。从教育活动内容选取的角度分析，首先，教育活动必须反映当代社会文化发展的进步，紧随时代发展的步伐，由此才能符合教育目标的要求，为满足社会发展需要奠定基础。其次，教育活动内容本身也要反映事物发展的内在规律，同时符合儿童身心发展连续性和阶段性的需要，体现教育内容和知识经验的衔接，遵循有序渐进、由浅入深、由易到难、由具体到抽象的规律，建立有关联和层次的认知系统。

2. 适切性原则

《幼儿园教育指导纲要（试行）》指出，教育活动内容的选择应该既符合儿童的兴趣和现有经验，又有助于形成符合教育目标的新经验；既贴近儿童的生活，又有助于拓展儿童的经验；既体现内容的丰富性、时代性，又注重儿童学习的必要性、妥当性以及与小学教育的衔接。这些原则要求是围绕儿童的生活经验提出的，所以，幼儿园教育活动内容的选择必须以儿童的生活经验为基准，尊重儿童在认知、情感、社会性发展、生理发育等方面的一般规律，提出既适应于儿童原有经验，又鼓励儿童自主建构的活动内容，并适应儿童"最近发展区"的难易程度。此外，协调社会生活经验和儿童个体生活经验的矛盾也显得尤为重要。

3. 目标性原则

教育内容是教育目标实现的有效载体，因此，作为教育活动内容选择的重要依据，教育内容的选择和编排必须与教育活动目标相对应。具体来说，能对应和有效实现教育目标的内容是有助于儿童基础知识和能力的增长，有助于发展儿童认知能力和积极情感态度的内容，有助于儿童掌握有效的学习方式和社会性交往的内容。

4. 兴趣性原则

儿童的年龄特征决定了兴趣是学习的最大内驱力，兴趣能使儿童有主动参与活动的愿望，并保持积极性。儿童的兴趣和需要是幼儿园选择教育内容不可忽视的重要因素。《幼儿园教育指导纲要（试行）》中指出，教师应善于发现幼儿感兴趣的事物和偶发事件中所隐含的教育价值，把握教育的时机，提供适当的引导。首先，教师需要运用基本的观察方法和技能捕捉儿童的兴趣点，注重个性差异，从儿童感兴趣的事物中生成教育活动的内容和材料。其次，教师也可以预设一些既有利于儿童发展，也能激发儿童兴趣的活动内容，如通过给小班儿童预设"颜料手指画"的内容，既能让儿童感受色彩的美丽，也能促进儿童想象力的发展。

（二）教育活动内容选择应避免的问题

1. 内容选取脱离目标定位

由于幼儿园教育活动目标的导向性，所以活动内容的选取依附于目标的制定。然而，在实际教学中,缺乏经验的教师往往本末倒置,盲目地选取内容后再分析其教育价值。造成的问题主要有重复的关键经验和由于内容和目标脱节造成的教育价值的缺失或流失。为了保证目标和内容有相对的一致性,教师在设计幼儿园教育活动时要以《幼儿园教育指导纲要(试行)》《3～6岁儿童学习与发展指南》和教材为蓝本对儿童的关键经验进行梳理,确定合适的目标和内容。

2. 内容选取超载

超载,顾名思义,即超过了承受的力度或超出了承受范围。体现在儿童活动设计中,主要是量和质的超载。量的超载即单位时间课时内,儿童活动的内容过剩,导致阶段性内容不清晰,或有"加时"等原因影响了幼儿园一日活动的顺利进行。质的超载分为高质超载和低质超载。幼儿园活动目标和内容的设定超出某个阶段儿童的发展需求和能力范围,儿童通过努力仍无法完成的,即为高质超载。相反的,儿童已掌握的、无须努力即可完成的,就是低质超载。超载导致幼儿园课程的失衡,因此,幼儿园教育活动设计者必须考量整个课程的价值和儿童的发展能力与需要,以此为基准选取适当的内容。

3. 预成与生成内容不适宜

当前,我国的儿童教育工作者越来越重视"儿童主体,教师主导"的教育理念,旨在创设最适宜儿童发展的环境和教学课程。西方教育理念的引入引起广大儿童教育工作者的反思,而预成与生成的关系是主要关注点之一。其中,一种倾向是教师急于结合新的教育理念,在生成过程中摒弃了传统的教育目标,从零散的儿童学习生活中萃取了一些内容,组成了"特色型"的课程设置;另一种倾向是教师重新反思、审视预成内容的价值,按照教材的线索一成不变地操作,致使生成内容的空间大大缺失。这两种倾向都体现了教师在幼儿园教育活动设计中对预成与生成内容的把握失当。因此,教师应联系幼儿园的实际情况,梳理分析预成内容中的价值,再从儿童生活的关键事件中选取最适宜儿童发展的内容,结合儿童的兴趣和需要,设计适宜的教育活动。

四、幼儿园教育活动的实施

确定了教育活动的目标,选取了适宜的教育活动内容,静态的内容得以呈现,然而,将静态的内容转化成动态的学习过程,则需要幼儿园教育活动的实施。

(一)教育活动组织和实施的基本要素

1. 教师的教育观念

《幼儿园教育指导纲要(试行)》中明确指出,教师应为儿童学习活动的支持者、合作者、引导者。在实际的教育工作中,当教师身处教育现场时,常纠结于是使用传统教育模式还是现代教育模式。教师不自觉地受传统教育观念的影响,在教育活动实施中张扬教师的权威性,影响儿童的自主性和相应的权利。要建立正确的教育观,教师应注意下述两点:

(1)处理好教师权威和儿童权利的关系。教师对儿童的身心发展提供保护、引导和教育支持,承担着把主流社会所倡导和肯定的价值观念、行为规范和知识技能传递给儿童的任务。教师的这一预设形象,加之我国传统文化的影响,使得教师的权威地位在幼儿园得以体现。然而,教师对社会角色接纳的理所当然,促使其在和儿童交往、互动中不自觉地带有权威意识。值得注意的是,教师的权威是有限度的,在引导儿童学习的过程中,要结合儿童的发展特点,尊重和相信儿童,建立相对平等和互相信任的师幼关系,民主地对待儿童,以接纳、尊重的态度,耐心倾听和理解儿童的想法和感受,鼓励儿童自主地探索。

(2)处理好教师主导和儿童主体的关系。现代的儿童观认为,教育活动过程中的儿童,是一个积极参与活动并建构相应知识经验的主体,儿童通过主动表达自己的感受、兴趣和需要,以及与伙伴、教师和环境的交流互动,实现自身的发展权利。从社会的角度看,儿童是一个独立的社会人、发展中的人,游戏、学习和发展是他们的基本权利,探索、交往、操作等都是他们满足发展需要的基本途径。所以,教师应当清醒地认识到教师的主导价值是服务于儿童的主体价值之上的。

2. 教师的教育能力

幼儿园教育活动是教师依照一定的教学目标,通过系统地为儿童创设适宜发展的环境和相应的学习材料,帮助儿童获得和提升经验,引导儿童健康发展的重要途径。因此,教师除了具备正确的教育观和儿童观以外,掌握相应的教育活动组织实施能力也尤为重要。

(1)观察儿童的能力。教育活动的复杂性和儿童的个体差异性需要教师具备敏锐的观察能力,善于观察是教师专业能力的基本要求。首先,教师在教育活动中要了解儿童的兴趣、需要、个体差异和发展能力的差异,以便更好地制定和调整教育目标和内容。同时,教师也要及时地观察儿童对学习环境、材料和组织形式的反应变化,分析了解儿童不同发展水平的需要,进而为儿童提供适时的指导。另外,教师还要通过观察儿童参与活动的态度和情感变化捕捉信息,鼓励儿童进行自主的探索和创造。

(2)与儿童积极互动的能力。教育活动是师幼双方交流互动的过程,教师在教育活动中发挥主导作用时,作为有目的性和计划性的主体,应当积极地与儿童沟通交流,通过教师主动发起或引导儿童发起的互动,鼓励儿童主动探索和大胆尝试。教师既要从与儿童的沟通着手,激发儿童学习探索的兴趣,引导儿童通过主动思考和与同伴交流合作促进自身发展和能力的提升;同时,也应当运用非语言的线索,通过非语言沟通的方式,如身体动作暗示和行为示范等与儿童进行情感交流,为儿童提供情感支持,增强他们的信心。

(3)及时转变角色的能力。在教育活动中,教师的角色具有多元性和特殊性,这取决于教育活动情境的复杂性。相比于传统意义上的"传道授业解惑",教师是儿童活动的支持者、合作者、指导者,角色的变化性要求教师根据具体的教育对象、教育目标、教育情境,把握合适的时机,灵活处理各个角色的更替。

(4)不断地反思和评价的能力。在教育活动的过程中,教师除了环境创设、材料投放与儿童积极互动外,还应当及时地针对儿童活动的进程进行评价,进而反思活动设计的有效性、教育行为策略的针对性和对儿童的影响,以此来确定自己的教育行为和儿童的态度之间的联系。一般来说,教师对活动的反思评价主要包括:活动的目标是否符合儿童的发展水平与能力;活动所提供的学习经验是否能促进儿童的关键性经验积累,进而促进儿童的认知发展;活动的组织形式是否符合儿童的年龄特征和兴趣需要;活动过程是否强调儿童的主体性和同伴间的合作交流等。

(二)幼儿园教育活动实施的问题及其对策

1. 过度关注个人而忽略了全体

在幼儿园教育活动中,教师常常为了个别儿童的发展,而忽略了其他儿童的发展和感受。此时,就会出现时间的浪费隐性和儿童无谓的等待。例如,在语言活动中,教师为了强化个别儿童的发音,运用了读音卡片等有针对性的材料,组织实施了强化性的活动。通过活动的实施,一方面,个别儿童掌握了发音规律,理解如何正确地读音;另一方面,由于儿童认知能力或意志力的差异,大部分儿童难以将注意力集中,因而造成了时间的隐性浪费。因此,教师预想的效果不但没有达成,反而妨碍了大部分儿童有意义的活动体验。

在教育情境中,教师若碰到类似的情况,在关注每一个儿童发展的基础上,应将个别儿童存在的问题扩展到全体,实施活动时使每一个儿童都参与进来。例如,教师在个别儿童发音不规范时,鼓励全体儿童积极倾听,并和儿童共同讨论分享信息、交流正确的发音方式,通过示范法,使全体儿童都引起注意,增强了活动的体验性。

2. 教学过程缺乏灵活性

对于教师来说,由于儿童的个体差异性,在以促进儿童发展为目标的活动组织与指导中必须遵循灵活性的原则。灵活性原则是灵活地处理"预设"和"生成"的关系。教师作为教育活动的设计者、组织者、引导者,自然会在教育行为或教学策略中体现一定的计划性。但是,教师也常常会碰到与以前的活动内容和材料类似,而导致不能引发儿童的兴趣的情况,或是由于儿童的自发探索,在某个活动环节派生出新的内容,从而取代了对原有内容的兴趣等情况。由此,教师的创新性不仅体现在既定的教学计划,而且还体现在敏锐地捕捉儿童的兴趣和需要,并以此作为灵活调整活动的基本点,在大部分儿童的经验和兴趣的范围里即时生成新的活动内容,从而体现儿童的主体性,在自主建构和探索中积累经验。

3. 教师忙于"过度照顾"

在儿童通过教育活动积累处于"最近发展区"内的经验时,教师的适当介入、引导和干预尤为重要。然而,在教育活动实践的环节,往往会出现极端的现象。一方面,教师频繁地介入活动引导儿童学习,就会取代了教师作为观察者的角色。这种"过度照顾"的方式不但不利于儿童的学习和关键经验的积累,反而干扰了他们自主探索的过程,剥夺了儿童提升独立性的机会。另一方面,教师有时既不履行观察者的角色,更不介入指导,任由儿童自由操作,虽然儿童可以得到愉快的体验,却无法有效地积累关键经验。

在幼儿园活动实施过程中,教师的指导是必要的,也是有前提的。教师必须通过观察分析儿童遇到的具体困难,是否可以通过自己的努力或同伴的协助和引导得到解决,进而根据需要,采取不同的方法给儿童提供支持。

第二节 综合性主题活动的意义和设计

《幼儿园教育指导纲要(试行)》指出,教育活动内容的组织应充分考虑到幼儿的学习特点和认知规律。本节和第三节将结合儿童发展特点,从各领域内容相互联系、相互渗透的综合性主题活动的设计和有目的性的单一教学活动的设计两个方面进行探讨。

一、综合性主题活动的意义

综合性主题活动的意义主要表现在以下三个方面:

(一)综合性主题活动顺应儿童经验的整体性特点

建构主义者认为,儿童在与环境互动的过程中,经过"同化—顺应"的循环往复过程不断汲取经验,建构自身对事物的解释。然而,儿童还不具备经验的整合能力,难以将单独一节课的内容主动综合起来。因此,教育活动本身需要具有整合性。

(二)综合性主题活动是实现各领域教育目标与内容整合的有效模式

根据儿童的学习特点和认知规律,各领域应该有机联系和互相渗透。主题活动的形式是整合儿童各方面经验的渠道之一。同一个主题,儿童可以通过动作、语言、声音符号、想象等多角度认知表达。比如,围绕"毛毛虫"这个主题,儿童可以通过角色扮演对毛毛虫进行想象或模仿,可以通过唱儿歌来表达毛毛虫的特点,可以通过故事描述来表达对毛毛虫的了解等,在各种认知中体现毛毛虫的形态、特点等。

(三)综合性主题活动可以涵盖认知、动作与情感目标

根据布鲁姆的教育目标分类系统,教育目标可以分为三个领域。综合主题活动由于其经验范围比单一的教学活动更加广泛,因而可以涵盖这三个维度,实现从不同角度促进儿童情感、态度、能力、知识、技能等多方面发展的目标。

二、综合性主题活动的设计

综合性主题活动是围绕核心主题将各领域内容整合在一起,对儿童实施全面的教育。幼儿园教师设计的综合性主题活动应当合理、科学、全面。

(一)综合性主题活动方案的结构

1. 主题目标

根据布鲁姆的教育目标分类系统,主题目标包括认知、动作、情感三个维度。

(1)认知目标。认知目标包括知识和认知技能两个方面。知识是指个体对周围的事物和现象的认识结果;认知技能是指个体对事物感知、理解的过程,如方案活动教学中经常体现的提出问题与猜想、经过调查收集信息、表达与交流等。

(2)动作目标。动作领域的目标包括粗大动作和精细动作两个方面。布鲁姆的教育目标分类系统将动作领域的目标从低到高分解为以下七个层次:①知觉。能够观察到动作的基本流程。②定势。它是为了某种特定的行动或经验而做出的预备性调整或准备状态,指儿童在生理和心理上做好了准备。③指导下的反应。指导下的反应是个体在教师指导下,或根据自我评价表现出来的外显的行为行动,如儿童对动作进行模仿。④机制。儿童能够独立完成动作的流程,由于不够熟练,部分动作仍处于模仿习得阶段。⑤复杂的外显反应。

儿童已具备所需要的动作形式,能够从事相对复杂的动作行动,并且能够进行得既稳定又有效,即花费最少的时间和精力完成这一动作。⑥适应。儿童能使自己的动作适合新的问题情境,是较高水平的动作技能。⑦创作。儿童根据在动作技能领域中形成的理解力、能力和技能,创造新的动作行动或操作材料的方式,如舞蹈的创作与编排。

(3)情感目标。情感目标包括情感与态度两个方面。例如,《3~6岁儿童学习与发展指南》中科学领域的亲近自然、喜欢探究属于情感领域的目标。亲近是一种态度,喜欢就是情感的表达。主题目标的表述由于其具体、明确性要求较低,可采用表现性目标的语言规范来表达。

2. 主题系列活动

主题系列活动是实现目标的过程安排,主要考虑活动内容和活动之间的关系、时间顺序等。

系列活动应包括单一活动、游戏活动和其他辅助活动。系列活动的表述可以是叙述式,也可以是表格式或网络图。其前提条件是要明确活动名称、活动地点、时间、组织形式等要素。

3. 环境的创设

环境的创设应围绕教育目标,部分环境要素随主题而变化。空间的布置和材料的投放都需围绕主题内容的变化而变化。

(二)综合性主题活动方案的设计步骤

1. 选择与确定主题

综合性主题活动方案的主题根据稳定性可以分为稳定的主题、相对稳定的主题、变化性主题和生成性主题。

(1)稳定的主题。稳定的主题一般来源于幼儿园的课程体系,是幼儿园根据儿童的发展需求设定的,如四季的变化、节日习俗等。

(2)相对稳定的主题。相对稳定的主题也来源于幼儿园的课程体系,往往是园本课程主题,和幼儿园的教育理念密切相关,具有一定的特色。如强调自然教育的幼儿园,会有倾向地设计一些关于植物种植方面的主题活动。

(3)变化性主题。变化性主题往往来源于社会的热点,如奥运会的举办,演变成鼓励儿童大肌肉运动的主题;或雾霾现象,演变成保护环境的主题等。

(4)生成性主题。生成性主题来源于儿童的兴趣、发展需要或教师经过观察发现的儿童问题。例如,儿童对毛毛虫的兴趣可以生成昆虫的主题;教师在儿童生活中发现了抢夺玩具的问题,可以生成分享互爱的主题等。

2. 确定主题方案的目标

确定主题目标需要经过内容分析、发展特点分析和目标陈述三个步骤。

(1)主题内容分析。首先,教师要通过发散性思维,将主题关键词蕴含的所有内容都罗列出来;其次,教师要根据儿童的认知水平、经验积累进行筛选,将儿童很容易完成的、已具备经验的内容和儿童完成较困难、难以学习掌握的经验删除;最后,教师要按照性质将儿童能够学习的内容之间的逻辑关系理清。

(2)发展特点分析。确定儿童已有的经验和认知的特点,再围绕主题学习内容,分析儿童的学习特点。

(3)目标陈述。根据认知、动作和情感三个维度将可能的目标和具体的目标罗列出来,一般在3~6条即可。

3.编制主题活动网络

编制主题活动网络,首先,教师要围绕目标,经过发散性的思考将可能的活动罗列出来;其次,教师要根据其教育价值和可行性进行选择;最后,教师要将选择好的活动根据儿童的学习规律按照一定的逻辑顺序进行编排。

4.设计系列活动

综合性主题活动设计在考试中以解决现实问题为主,历年考试通常先确定问题与现象,然后要求分析原因,确立目标,并设计解决方案。下面结合案例进行说明。

材料:
中二班儿童在娃娃家游戏中,接待客人主动热情,与长辈交往很有礼貌,可家长却说,孩子在家不是这样的,有客人来了很少打招呼,还经常对爷爷奶奶发脾气。

问题:
请针对上述儿童行为的反差,设计解决这一问题的教育方案。
(要求:写出问题的原因分析、教育主题、教育目标、活动组织和环境创设等。)

(1)原因分析。①儿童的心理特点。中班儿童的自制能力差,对家长有强烈的依赖心理。幼儿园的集体生活,对儿童的行为有所制约,与家里的生活环境完全不一样。孩子在家时,心理上产生放松的感觉,已有了荣誉感,需要在集体中获得一定的认可。②家长在平时的教育中没有重视对孩子的严格要求;保护过多,对孩子包办代替;教育方法不得当;忽视了家庭与幼儿园教育的一致性。

(2)教育主题。由此可以生成教育主题:文明礼貌的好孩子。

(3)教育目标。①认知目标:能够说出懂文明、讲礼貌的表现;在幼儿园和家里都能有文明礼貌的言行举止。②动作目标:能主动地帮妈妈或爸爸做一件事,体现对他们的关心;每天能对自己的爸爸或妈妈说一句:"爸爸(妈妈),您辛苦啦!"③情感目标:积极地参与幼儿园和家里的各种活动,为自己懂文明讲礼貌感到自豪。

(4)活动组织。综合性主题活动的组织安排如表8-1所示。

表8-1 综合性主题活动的组织安排

时间	活动名称	活动类型	活动准备	主要内容	组织形式
周一	故事欣赏《小公鸡有礼貌》	语言领域教学活动	课件故事书	1.教师通过课件讲述《小公鸡有礼貌》 2.组织讨论小公鸡的做法 3.教师读故事书,儿童分组扮演故事中的动物	集体教学,分组讨论

续表

时间	活动名称	活动类型	活动准备	主要内容	组织形式
周二	《咱们从小讲礼貌》	音乐教学活动	课件 钢琴曲《咱们从小讲礼貌》	1.教师通过播放课件使儿童掌握韵律 2.组织讨论钢琴曲中的讲礼貌行为 3.教师利用钢琴,组织儿童欣赏并歌唱歌曲	集体教学
周三	《我们是文明礼貌的好孩子》	影片观摩活动	以讲礼貌为主题的影片	儿童在幼儿园欣赏相关主题影片	集体教学
周四	怎么做一个文明礼貌的孩子	社会领域活动	文明礼貌行为的卡片	教师出示有关文明礼貌行为的卡片,组织儿童结合经验分享做到文明礼貌的办法	集体教学
周五	我能做到文明礼貌	社会领域活动	不同角色的衣服(爸爸、妈妈、叔叔、阿姨)	儿童分工进行角色扮演,演主人和客人	小组

(5)环境创设。①在表演区域投放不同角色的衣服,设置家庭的模拟场景。②主题墙:文明礼貌的言行图示或照片,卡片等。③家园共育:提前告知家长教育目标和家庭教育的要求;请家长准备有关文明礼貌的照片或视频。

第三节 教学活动的设计

教学活动在幼儿园中通常被称为教学,主要指集体的课堂教学活动以及教师对个别幼儿的专门指导,既与幼儿的日常生活、游戏和区域活动区别开来,又相互联系。有效的教学活动设计,应当在明晰教学活动要素的基础上,根据一定的原则来进行。

一、教学活动设计的原则

教学活动设计的原则主要体现在以下三个方面。

(一)教学目标突出领域元素

根据儿童注意发展的特点,有时为了突出教学重点,教师需要设置单一教学活动,突出领域元素,以此来帮助儿童实现学习目标,积累关键经验。例如,为了实现社会教育目标而选择讲故事的形式实施教学时,核心目标是故事所蕴含的情感和道理,而故事中的词汇、语音、句型等只是在学习中自然渗透。

(二)综合考虑师幼互动的组织形式

发生在幼儿园的师幼互动是具有多种场景、内容和形式的。一般来说,可以有以下几类:

(1)根据主体不同,可以分为教师与儿童群体的互动、教师与小组儿童的互动和教师与个别儿童的互动。

(2)根据场景的不同,可以分为教学活动中的互动、游戏中的互动和生活活动中的互动。

(3)根据互动发起者的不同,可以分为教师主动发起的互动和儿童主动发起的互动。

(4)根据互动目的的不同,可以分为正式的互动和非正式的互动。

教学过程的设计需要教师考虑每个环节的安排和互动的形式,安排教学环节时需要考虑儿童的学习特点,根据儿童内在的建构过程来安排教学环节。师幼互动的形式除了决定于儿童的需要以外,还要考虑时间、空间、材料和组织形式等要素。

(三)注意每一个教学环节的有效性

教师指导的教学活动具有结构性较强的特点,教学的每个环节和方法都是围绕目标和内容设计的,在教学过程的设计中应尽量减少与目标和内容无关的行为,过多的形式可能会难以实现教学目标。

二、教学活动方案的结构

教学活动方案是教师进行教学的基本依据,幼儿园教师需要对教学活动方案的基本结构有清晰的认识。

(一)活动目标

根据布鲁姆的教育目标分类系统,活动的目标可以从认知、动作、情感三个角度设定。然而,由于幼儿园高结构活动的内容较少,不是所有活动都会兼顾到这三个方面的目标。因此,幼儿园单一活动目标的设计,可以从知识与技能、过程与方法、情感与态度三个维度去确定。

1. 知识与技能目标

儿童在活动中获得的认知性经验,可能是知识,也可能是技能。例如,儿童认识人体,主要获得人体各个部位的名称、形状、功能等陈述性经验;学习踢足球,主要获得踢球的动作领域经验积累,即踢球的技能。

2. 过程与方法目标

过程与方法就是儿童获得经验的流程方法,教师在教育指导过程中一般强调感知的顺序性。例如,儿童学习认识人体,可以通过看、听、摸、记等顺序性的重复过程积累与人体相关的经验。

3. 情感与态度目标

情感与态度就是儿童在活动过程中产生的兴趣,积极性地表达对事物和活动的反应。如认识人体的过程中,在情感和态度上可能出现惊讶、好奇等反应。

(二)活动准备

1. 物质准备

幼儿园的教学活动,无论是综合性主题活动还是单一教学活动,教师都需要运用大量的符合儿童发展需要的感知、操作性材料,帮助儿童通过感知和操作来学习。

2. 经验准备

教师在活动准备阶段必须要明确,儿童学习某个内容时需要具备哪些经验。注意,经验准备不要与目标相同,否则不符合"最近发展区"的要求,即教学应当走在儿童发展的前面。如果儿童还不具备相关的经验,就要利用游戏、家园合作等多种形式的活动拓展儿童的经验,使儿童有先期经验的准备。例如,在多元文化活动中,学习歌曲《世界的色彩》,教师需要通过展示图片或视频等方式指导儿童认识不同颜色的人种,为歌词的理解奠定基础。

(三)活动过程

1. 导入

教育活动是教师有目的、有计划、有组织实施的活动,教师承担着引导儿童进入主题,通过探索、表达、重复等方式建构经验的任务。因此导入环节非常重要,它可以在较短时间内吸引起儿童的注意,激发儿童的学习兴趣,引导儿童主动探究和思考,保证活动进程的顺利。儿童的注意以无意注意为主,有意注意处于初始阶段。教师应根据儿童不同年龄的注意特征来设置合适的教学材料,并以此来吸引儿童的注意,进一步激发他们的兴趣。

2. 提问与回应

提问是教师运用语言与儿童进行互动的基本策略之一,其主要目的如下:

(1)帮助儿童提取已有经验;

(2)引导儿童进行观察、想象、思考和创造;

(3)了解儿童对活动材料或主题的态度与情感;

(4)帮助儿童围绕主题目标进行学习。

同时,教师的积极回应是其指导活动过程的重要策略,教师需要敏锐地意识到儿童的需要,并及时提供帮助。然而,一般来说,教师的"回应"和"暂时忽略"是相对而言的,教师的暂时忽略有时是为了给儿童留一些探索和思考的空间,使他们能主动思考和反思。

3. 任务展开与深入

为了检验提问与回应环节的学习效果,教师往往会给出有变化的任务来让儿童完成,这些任务既可以独立完成,也可以采取小组合作的方式。例如,儿童在学习认识人体时,教师可能会提供不同形状或不同颜色的鼻子的图片,让他们辨认。

4. 评价与巩固

在评价与巩固环节的设计中,教师往往会给出新的任务,让儿童完成,以达到评价学习效果和巩固学习成果的目的。新任务增加难度和变化是为了检验儿童能否顺利完成,实现教学目标。值得注意的是,如果完成的过程不顺利,教师需要明确后续的补救方向,通过迁移的方式延续儿童的学习。例如,在认识人体的活动中,教师希望检验儿童的观察方法时,可以给出眼睛或耳朵让儿童来感知认识。如果教师的目标是为了让儿童了解人的鼻子的形态特点,教师可以把大象、猴子、猫等动物的鼻子的图片和人的鼻子的图片放在一起,让儿童识别。

5. 拓展与应用

拓展与应用环节是评价后的引出部分,一般称为延伸活动。为了让儿童对关键经验进行巩固或创造,教师可将教学活动中获得的经验迁移到生活或游戏中,有时延伸为另一个教学活动。例如,认识人体之后,教师可以引导儿童自由绘画,表现人体器官的特点。

本章知识结构

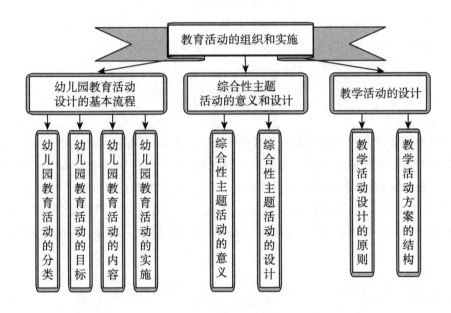

本章小结

(一)本章主要内容

(1)幼儿园教育活动设计的基本流程。

(2)幼儿园教育活动的不同分类标准与类型。

(3)幼儿园教育活动目标的三个取向及具体制定方法。

(4)幼儿园教育活动内容选择的原则,以及在选择过程中应避免的问题。

(5)幼儿园教育活动组织和实施的基本要素、问题及其对策。

(6)幼儿园教育活动评价的基本原则和应注意的问题。

(7)综合性主题活动设计方案的结构及设计步骤。

(8)教学活动设计的三大原则。

(9)教学活动方案的结构。

(二)本章的重点、难点

本章的重点是教育活动设计的基本步骤、原则、策略及注意的问题;难点是根据教育目标和幼儿的身心发展特点,确定活动目标、选择相应的内容、编写活动设计方案,并应用相应的教学方法来解决实际教学活动中的问题。

(三)学习时要注意的问题

(1)熟悉幼儿园教育活动的基本流程,特别注意综合性主题活动的结构与单一性教学活动方案的结构。

(2)熟记幼儿园教育活动设计的基本原则与方法。

(3)注意幼儿园教育活动设计中常见的问题以及处理方法。

(4)根据儿童年龄特点和不同教育活动形式的特点,设计一个活动方案。

(5)运用相关的原理解释或评价相关的幼儿园教育活动设计方案。

备考指南

幼儿园教育活动是国家教师资格考试中的重中之重,一般情况下占有极高的分值,所以考生在复习时应引起足够的重视。具体复习时应集中精力应对材料题与活动设计题,就是说要从大视野出发,将本章的知识进行结构化处理。如首先牢记幼儿园教育活动设计的四大环节,然后牢记综合性主题活动方案和单一性教学活动方案的结构模板,最后选择一两个主题进行设计练习。具体记忆时,考生可以参照"主题—结构—原则—方法—案例"的逻辑顺序进行。

自测训练

一、单项选择题

1. 下列各项中属于幼儿园教育活动特点的是( )。

A. 广泛性与启蒙性 B. 游戏性与趣味性

C. 活动性与参与性 D. 综合性与整体性

2. 幼儿园开展的角色游戏,从教育活动的计划性强弱的角度看是一种( )。

A. 非结构化的教学活动 B. 低结构化的教学活动

C. 高结构化的教学活动 D. 完全结构化的教学活动

3. 教师在指导幼儿观察图画时,下面指导语中容易把幼儿的观察引向观察个别事物的一句是( )。

A. 图上有些什么呢

B. 图上的小松鼠在做什么呢

C. 这张图告诉我们一件什么事呢
D. 图上讲的是什么故事呢

4. 在幼儿园教学活动中,提供交流机会最多的组织形式是(　　)。
   A. 个别活动　　　　　　　　B. 全园活动
   C. 小组活动　　　　　　　　D. 班集体活动

5. 根据布鲁姆的教育目标分类系统,"幼儿能通过种花的活动感受大自然的美丽"属于(　　)。
   A. 认知目标　　　　　　　　B. 动作目标
   C. 情感目标　　　　　　　　D. 能力目标

6. 幼儿教育活动设计的具体环节之一的是(　　)。
   A. 活动目标　　　　　　　　B. 活动过程
   C. 活动准备　　　　　　　　D. 活动延伸

7. 一个正方形能不能变成两个圆形?怎么做?教师请幼儿试一试。此案例运用了(　　)。
   A. 示范法　　　　　　　　　B. 演示法
   C. 操作法　　　　　　　　　D. 游戏法

8. 下列问题中,属于开放性问题的是(　　)。
   A. 你发现了什么　　　　　　B. 他是什么
   C. 他们一样吗　　　　　　　D. 你们愿意参加吗

9. 在教学活动内容选择的依据中,下列说法中不正确的一项是(　　)。
   A. 学前儿童的兴趣、经验　　B. 教师的爱好
   C. 儿童的教育目标　　　　　D. 知识的内在联系

10. 教师选择给幼儿的学习内容,应有一定的难度,而且是逐渐加深的,需要幼儿做出一定的努力才能学会,这体现了幼儿园教育活动的(　　)。
    A. 活动性原则　　　　　　　B. 发展性原则
    C. 直观性原则　　　　　　　D. 个别性原则

11. 学前教育工作的出发点和最终归宿是(　　)。
    A. 教育方针　　　　　　　　B. 教育目的
    C. 社会需求　　　　　　　　D. 专业成长

12. 幼儿园教育的根本目的是促进(　　)。
    A. 社会发展　　　　　　　　B. 幼儿身心和谐发展
    C. 教师专业发展　　　　　　D. 提升幼儿园的教育质量

13. 幼儿教育目的中属于纲领性的目标是(　　)。
    A. 领域教育目标　　　　　　B. 主题活动目标
    C. 具体活动目标　　　　　　D. 单元教学目标

14. 幼儿园游戏内容的基本来源是(　　)。

A. 现实生活 B. 想象和虚构
C. 幼儿同伴的交往 D. 成人的教育训练

15. 在幼儿园教育活动中,最能为幼儿提供交谈机会的组织形式是（   ）。
A. 小组活动 B. 班集体活动
C. 全员活动 D. 个别活动

16. 幼儿教师选择教育教学目标和内容的最主要依据是（   ）。
A. 幼儿发展 B. 社会需求
C. 学科知识 D. 教师特长

二、简答题

1. 简述制定幼儿园教育活动设计的步骤。
2. 简述幼儿园教育活动的类别和划分依据。
3. 简述综合性主题方案的基本结构。
4. 《幼儿园教育指导纲要(试行)》规定:"幼儿园的教育内容是全面的、启蒙性的,可以相对划分为健康、语言、社会、科学、艺术等五个领域,也可作其他不同的划分。各领域的内容相互渗透,从不同的角度促进幼儿情感、态度、能力、知识、技能等方面的发展。"

请结合实际和上述《纲要》精神,分析我国幼儿园教育内容选择应遵循的基本标准。

三、论述题

幼儿园教育活动中为什么需要关注幼儿学习与发展的整体性?

四、材料题

阅读材料,回答问题。

材料:

在开展"我和你"主题活动中,老师试着让每个孩子带一张自己的近照与同伴欣赏、交流,老师适时地捕捉孩子与同伴欣赏、交流时的各种有趣画面并拍录下来,当场播放。

当孩子们那一张张可爱的小脸出现在屏幕上时,孩子们都兴奋地叫了起来:"这是我!""这是你!"老师根据每个幼儿的不同特征即兴编唱着《我和你》的歌:"这是我的嘴巴小小的,这是我的辫子长长的,这就是我呀!我是××。这就是你呀!你是××。"孩子们在整个活动过程中,唱呀、跳呀、笑呀,开心极了。

问题:

(1)这则材料体现了什么教育理念?
(2)这种教育理念有何意义?

五、活动设计题

1. 请你以"去童童家做客"为题设计一个中班的教育活动方案。
2. 幼儿园中有大片的竹林,郁郁葱葱的竹子引发了幼儿一连串的问题:竹子为什么那么高?为什么竹子是抱在一起长的?竹子的里面有什么?竹子有皮吗?……

请你以"竹子的故事"为题,设计一个大班的教育活动方案。

3. 大班下学期,李老师发现幼儿普遍对小学的学习生活不够了解,一些幼儿对上小学有些担心。于是,教师准备开展"我要上小学"主题活动,希望通过多种形式的活动,增进幼儿对小学生活的了解,帮助幼儿进一步做好入小学的心理准备。

请你根据李老师班级情况,设计"我要上小学"的主题活动。

要求:(1)写出主题活动总目标。

(2)围绕主题设计3个子活动,写出其中一个子活动的具体活动方案,包括活动名称、目标、准备和主要环节。

(3)写出另外两个子活动的名称、目标。

第九章 幼儿园教育评价

考纲内容

- 了解幼儿园教育评价的目的与方法,能对保育教育工作进行评价与反思。
- 能够利用评价手段发现教育活动中出现的问题,提出改进建议。

考纲解读

幼儿园教育评价是衡量一所幼儿园教育质量的重要技术手段,是幼儿园管理中极为重要的组成部分。那么,何谓教育评价?评价的目的与功能是什么?评价的内容与方法有哪些?有哪些评价的模式?评价中要注意哪些问题?等等。诸如此类的问题就构成了本章的知识点。具体而言,本章的考点有:幼儿园教育评价的定义与范围、内容与原则、基本过程与方法、策略等。本章的知识点以识记与理解为主。

第一节 幼儿园教育评价概述

《纲要》中指出:"教育评价是幼儿园教育工作的重要组成部分,是了解教育的适宜性、有效性,调整和改进工作,促进每一个幼儿发展,提高教育质量的必要手段。管理人员、教师、幼儿及其家长均是幼儿园教育评价工作的参与者。评价过程是各方共同参与、相互支持与合作的过程。"可以说,评价是改进幼儿园教育质量的基本手段。

一、幼儿园教育评价的定义与功能

教育评价是一个复杂的概念,随时代的发展而不断发展,明晰教育评价概念的本质对于我们理解幼儿园教育评价的内涵有积极意义。

(一)幼儿园教育评价的定义与范围

1. 幼儿园教育评价的定义

幼儿园教育评价是指依据一定的标准和程序,有目的、有计划、有组织地对幼儿园各个方面的工作进行深入调查,并做出价值判断的过程。它是以幼儿园教育为对象,对其效用给予价值上的判断。或者说,幼儿园教育评价是以幼儿园为评价主体、指向幼儿园内部教育与保育活动的一种评价活动。幼儿园教育评价是幼儿园教育工作中重要组成部分,其目的是了解教育的适宜性、有效性,以便调整和改进工作,促进每一个儿童的发展。因此,对幼儿园教育的评价是提高幼儿园教育质量的必要手段。总的来说,幼儿园教育评价的目的在于获得改进教育与各个方面工作的依据。

2. 幼儿园教育评价的范围

(1)儿童发展评价,包括儿童情感与社会化、认知与语言、健康与动作技能等方面的评价。

(2)幼儿园教育活动评价,包括课内外教育教学活动方案、活动过程及成果等方面的评价。

(3)幼儿园教师评价,包括教师的保教能力、道德修养、专业基础等方面的评价。

(4)幼儿园环境评价,包括幼儿园的环境、家园结合等方面的评价。

(5)幼儿园保育活动评价,包括儿童生长发育状况、保育制度的制定和实施、保育设施、保育人员的配制和分工等方面的评价。

(二)幼儿园教育评价的功能

1. 诊断与改进

诊断和改进是幼儿园教育评价最主要的功能。诊断与改进是指评价者在收集、整理和分析信息资料的基础上,对评价对象的客观情况特别是所存在的问题进行诊断,为其进一步的改进提供支持,帮助其寻求改进的途径和方法。

2. 鉴定与选拔

幼儿园教育评价所具有的鉴定与选拔功能,是指评价者通过对所收集的信息资料进行整理和分析,对评价对象的客观情况做出证明或说明,为评价对象以后的发展或晋级提供依据。

3. 导向与调节

幼儿园教育评价是指评价者依据一定的评价准则进行价值判断的活动,评价活动的结果会对幼儿园有很强的"明示"效果。这种"明示"的效果会直接影响幼儿园的行为取向与方式,并促使幼儿园调整自己的工作思路,朝着评价者所预定的目标发展。

二、幼儿园教育评价的类型

根据不同维度幼儿园教育评价的类型各不相同,这里介绍主要分类的方法及评价的类型。

(一)根据评价的功能和进行时间分类

1. 诊断性评价

诊断性评价是指在活动开始前,对评价对象的准备程度做出鉴定,以便采取相应措施使计划顺利、有效地实施而进行的测定性评价。诊断性评价的实施时间,一般在活动开始之前。例如,刚入园时,幼儿园要对所有儿童的发展情况进行摸底测验,目的是让幼儿园教师了解儿童的发展情况。

2. 形成性评价

形成性评价最先是由美国学者斯克里文在1967年提出的,后经布鲁姆等人的努力而日趋完善。形成性评价是指通过诊断教育方案或计划、教育过程与活动中存在的问题,为正在进行的教育活动提供反馈信息,提高实践中的教育活动质量的评价。目的是了解教育过程的效果,及时反馈信息,及时调节,使计划、方案不断完善,以便顺利达到预期的目的。如教师一个赞许的眼神、一个安抚的动作都表达了教师的赞赏和认可,给儿童以成就感和愉悦感。又如,把表现出色的儿童的名字写到圣诞树上,给合作默契的小组贴上小星星,给进步快的儿童奖励一个笑脸,等等,都属于形成性评价。

3. 终结性评价

终结性评价是指评价者在教育活动结束后关于教育效果的判断。它关心的是教育活动的结果,基本上不涉及过程。它的目的是为了了解这项活动达到预期目标的情况以及它的最终效果或效益。因此,它与分等鉴定、做出教育资源分配的决策、预言评价对象的未来发展的可能性等相联系。因为终结性评价简单易行、较为客观,在幼儿园教育中被普遍地使用,如期末评选"好孩子""聪明宝宝"等。

(二)根据评价的参照体系分类

1. 个体内差异评价

个体内差异评价是指评价者把某类评价对象中的每一个个体的过去和现在进行比较,或者将同一评价对象的若干侧面互相比较。

2. 相对评价

相对评价是指评价者在某一类评价对象中先选取一个或若干个作为基准,再将该类对象逐一与基准相比较,判断其是否达到基准所具备的特征及其程度。

3. 绝对评价

绝对评价是指评价者以某种既定的目标为参照,目的在于判断评价对象是否达到这些目标,而不受团体的影响与约束,忽略评价对象在团体中所处的位置。

(三)根据评价是否量化分类

1. 定性评价

定性评价是指评价者用尽可能切合实际的语言和文字来描述评价对象的性质的一种评价。

2. 定量评价

定量评价是指评价体系中包含的相应的计量体系,以数量来显示评价对象的性质、功能,或反映其中的数量关系的一种评价。

(四)根据评价的主体分类

1. 内部评价

内部评价也称自我评价,是指评价对象通过自我认识和分析,参照某种标准,对自己组织的活动做出评价。例如,教师在完成保教活动后,对保教内容、方法、资源利用等方面进行的自我总结。

2. 外部评价

外部评价也称他人评价,是指由有关方面的人士组成评价小组或专门人员单独对评价对象进行评价,如幼儿园园长对教师的评价、家长对教师的评价等。

(五)根据评价的范围分类

1. 宏观评价

宏观评价是指评价者以学前教育的全部问题或涉及宏观决策方面的学前教育问题为评价对象进行的评价,如对 20 世纪 90 年代以来的学前教育政策进行评价。

2. 中观评价

中观评价主要是指以幼儿园内部工作为评价对象进行的评价,如对幼儿园环境的评价。

3. 微观评价

微观评价主要是指以幼儿发展的某个方面或侧面为评价对象进行的评价,如关于幼儿注意发展的评价。

三、幼儿园教育评价的原则

幼儿园教育评价的原则是进行幼儿园教育评价的行动准则。失去了原则的评价就是盲目的评价,那样的评价也就失去了存在的价值。因此,进行幼儿园教育评价必须明确并遵循幼儿园教育评价的原则。

(一)方向性原则

方向性原则也叫目的性原则,是指通过评价内容与标准的制定,评价过程的侧重,评价结果的肯定或否定,推动学前教育进程,推动幼儿园贯彻国家的教育方针,满足社会需求,不断提高学前教育质量。

幼儿园教育评价必须保证正确的方向。幼儿园教育评价的目标有总体的目标,有幼儿园工作的目标,有儿童发展的目标,相应地,幼儿园教育评价的方向性原则也应该体现在这三个方面的目标之中。幼儿园教育评价的总体目标是国家教委颁发的《幼儿园工作规程》中提出的儿童全面发展的保育教育目标。《幼儿园工作规程》不仅是指导和规范我国学前教育工作的行政法规,也是进行幼儿园教育评价的基本依据,其核心思想"促进每个儿童的发展"是幼儿园教育评价的总方向的集中体现。

(二)可行性原则

幼儿园教育评价是对学前教育现象进行实际的测量和评定,并根据测量和评定的结果做出价值判断。它有着非常强的实践性和操作性,因此,必须保证幼儿园教育评价的切实可行。为保证幼儿园教育评价的可行性,要注意以下几个方面:

(1)评价指标体系要简便易测。
(2)评价指标要有一致性和普遍性。
(3)不能过分要求量化的评价结果。

(三)全面性原则

全面性原则是指在进行教育评价时要全面收集信息,不能片面强调评价指标中的某一项目。只有遵循了全面性原则,才能保证评价指标的全面性以及在评价过程中收集到的信息的全面性，从而使评价工作更科学、更准确。

贯彻全面性原则，要求在幼儿园教育评价中要全面、充分地收集有关信息，不要偏听偏信。譬如，对一个教师的评价，不能只听取某个领导的意见，要听取幼儿园其他教师、员工的意见，听取广大家长的意见，还要征求幼儿对老师的意见，考察她所负责的某班幼儿的发展水平；对一个幼儿园的评价，不能只听取几个幼儿园教师的意见，而要听取各方面的意见，收集各方面的有关信息，然后再进行分析、归纳，做出恰当的评价。

（四）客观性原则

客观性原则是指评价者在评价幼儿园教育时应当秉承客观、公正、科学、实事求是的态度，特别是涉及每一个评价对象时，必须坚持客观、公正的原则。一旦确定了科学合理的评价标准，就不能随意改动或变更。只有这样，才有可能真正发挥幼儿园教育评价的功能和作用。

四、幼儿园教育活动评价的考查要点和应当注意的问题

幼儿园教育活动评价涉及幼儿园全部教育活动与保育活动，也涉及幼儿园的管理工作和幼儿发展水平等内容，对不同对象进行评价时也需要注意不同的问题。

（一）幼儿园教育活动评价的考察要点

(1)教育活动是否建立在对本班幼儿的实际了解的基础上。

(2)教育活动的目标、内容、组织与实施方式，以及环境能否向儿童提供有益的学习经验，有效地促进其符合目的地发展。

(3)教育的内容、方式、环境条件是否能调动起儿童学习的积极性，有利于他们主动学习。

(4)活动的内容、方式是否能兼顾群体需要和个性差异，使每个儿童都有进步和成功的体验。

(5)教师的指导是否有利于儿童进一步探索与思考，有利于扩展、整理和儿童的经验。

（二）幼儿园教育评价应当注意的问题

在评价教育活动时，凡涉及对儿童发展状况的评估，评价者应该注意以下四个方面的问题：

(1)全面了解儿童的发展状况，防止片面性，尤其要避免只重知识技能的掌握，忽略情感、社会性和实际能力的倾向。

(2)应在日常活动与教育教学过程中，通过对儿童的观察、谈话、儿童作品分析，以及与其他工作人员和家长的交流等方式了解儿童的发展和需要。

(3)应承认和关注儿童在经验、能力、兴趣、学习特点等方面的个体差异，避免用划一的标准评价不同的幼儿。

(4)应以发展的眼光看待儿童，既要了解儿童的现有水平，更要关注其最近发展区。

第二节　幼儿园教育评价的基本过程和方法

幼儿园的教育评价是一个有序的系统过程，有相对稳定的评价流程，其中评价方案中指标体系的设计是关键。同时，面对不同的评价对象与内容时，要选择合适的方法来进行评价。

一、幼儿园教育评价的基本过程

幼儿园教育评价的基本过程可以分为确定评价目的、设计评价方案、收集评价资料、处理评价结果和反馈评价结果五个步骤。

(一)确定评价目的

幼儿园教育评价的目的在于获得改进教育与各个方面工作的依据。因而，在对幼儿园教育进行评价之前，评价者应当首先确定本次评价的目的是为了解决或改进哪些问题，从而找到评价的方向。

(二)设计评价方案

设计评价方案是评价者对所要评价的对象或内容确定项目要素，并将项目逐级分解，将评价内容具体化，建立评价的指标体系。首先，确定评价对象涉及哪些方面的内容，从而将其分解成一些大的项目或要素。其次，将大的项目要素逐级分解形成指标体系，选择适宜的评价方法。

(三)收集评价资料

评价者根据设计的评价指标体系，采用多种方法对幼儿园进行数据收集，除了定量方法收集资料之外，评价者还要注意结合定性的方法深入收集资料，以补充、验证定量方法收集的资料。

(四)处理评价结果

评价者可以采用一定的数据处理方法，如社会科学统计程序(Statistical Program for Social Sciences, SPSS)等统计软件，根据评价的需要对所收集的数据进行统计和分析，得出合理可靠的结论。

(五)反馈评价结果

评价者根据统计分析的结果，向幼儿园提供评价研究的结果，以便幼儿园根据研究结果对问题进行改进。

二、幼儿园教育评价的方法

由于幼儿园教育评价的对象很多，内容很广泛，因而采用的评价方法应当是适宜的、合理的。

(一)观察法

观察法是指观察者通过感官或一定的科学仪器,在一定时间内有目的、有计划地对观察对象的行为进行考察、记录、分析的一种方法。这也是幼儿园教育评价工作中最为重要、最为常见的一种方法。

(二)访谈法

访谈法是指访谈者通过口头谈话的方式从受访者那里收集第一手资料的一种方法。

(三)问卷法

问卷法是指调查者通过书面形式,用统一的、严格设计的问卷来收集资料的方法。它是幼儿园教育评价中的一个重要的测量工具。

(四)测验法

测验法是指施测者对被测者的身体、认知、语言、社会性发展等方面进行测量的一种方法。

(五)检核表法

检核表是指依据学前儿童发展心理学、教育目标等编制的学前儿童的表现目标的一种表格。检核表法就是使用检核表进行教育评价的一种方法。教师可以通过观察和判断学前儿童是否达到检核表上的相应项目的指标来判断学前儿童的学习与发展情况。

(六)档案袋评价法

档案袋评价法是指评价者收集学前儿童在学习过程中有代表性的作品或典型的表现记录,以学前儿童的现实表现作为判断学前儿童学习质量的依据的评价方法。

(七)表现性评价法

表现性评价法是指评价者根据儿童的表现行为做出评价的一种方法。

(八)自我反思法

自我反思法是一种教师发展评价的方法,是教师对自己积累的保教经验、教学方法等进行有意识的反思,从而提高保教能力的方法。

(九)混合型评价法

混合型评价法是指评价者根据多视角、多元化的方法论,提倡理性主义和自然主义的结合,依据测评要素的性质选用多种技术的方法。评价者在多种评价情境中的不同成员(包括评价对象和其他评价相关人员)中收集评价对象的相关信息,采用多种适宜的分析技术,然后综合各种价值主体的评价结果,分析和汇聚各个测评要素的评价信息,最后做出整体性评价结论。

第三节 幼儿园教育评价的内容

幼儿园教育评价的内容包括儿童发展评价、幼儿园教师评价、幼儿园课程评价、幼儿园环境评价和幼儿园保育评价五个方面。

一、儿童发展评价

儿童发展评价是指评价者依据教育目标以及与此相适应的儿童发展目标，运用教育评价的理论与方法，对儿童身体、认知、品德与社会性等方面的发展进行价值判断的过程。它是幼儿园教育评价的重要组成部分。

(一)儿童发展评价的目的和意义

(1)有助于教师和家长了解儿童的发展状况，确保实现幼儿教育阶段的目标，是提高幼儿园教育质量的重要手段。

(2)有助于了解和评定儿童发展的水平，为因材施教和改进教育过程提供依据。

(二)儿童发展评价的内容

幼儿园教育内容由健康、语言、社会、科学和艺术五大领域构成，各领域的内容相互渗透，涵盖了儿童发展的各个方面，从不同角度促进儿童的全面发展。儿童发展评价的内容主要包括身体与运动、认知与语言、社会性与情感发展三个方面。

1. 身体与运动评价

身体与运动评价主要包括对生长发育、大肌肉动作、小肌肉动作、安全意识和能力发展的评价。

2. 认知与语言评价

认知与语言评价主要包括对词汇、口头语言、早期阅读、书写发展、学习品质、想象力和创造力等方面的评价，该评价可以通过标准化测验、自编测验、日常经营情境中的认知发展评价来进行。

3. 社会性与情感发展的评价

社会性与情感发展的评价主要包括儿童对自我认识发展、社会行为、同伴关系等的评价。

儿童发展评价包含的内容可以通过日常观察记录、个案追踪记录、儿童行为习惯养成反馈、家园联系反映、儿童测试结果、儿童成长档案等来体现。

二、幼儿园教师评价

幼儿园教师评价是指根据幼儿教育方针、政策、法规和幼儿园培养目标、要求，运用教育评价的理论、方法和技术，对教师在教育、保育中的行为表现与绩效，进行全面、客观、公正的价值判断，从而促进幼儿园教师专业发展的活动。它是幼儿园教育评价的一个重要组成部分。

(一)幼儿园教师评价的目的

幼儿园教师评价是为了更好地促进教师专业发展与提高保教质量。幼儿园教师评价既是依据评价标准对教师素质及教育实践进行诊断的过程，也是教师不断改进实践行为的过程。

(二) 幼儿园教师评价的内容

幼儿园教师评价包括常规性、专业性和发展性三个层次的内容。

1. 常规性评价

常规性评价的内容主要体现在服从安排、遵章守纪和工作负荷三个方面。

2. 专业性评价

专业性评价主要包括儿童发展的观察与研究、教育活动的设计与实施、儿童游戏的指导与帮助、教育环境的规划与创设、家园联系的建立与开展五个方面。

3. 发展性评价

发展性评价主要包括发展规划、学习反思、合作交流三个方面。

幼儿园教师发展评价可以通过教师专业发展计划与总结、各类实践活动、教师专业成长表现与访谈、家长问卷等方式进行。

教师发展评价指标的设计一般包括：①教师的设计和执行课程计划的能力；②对日常的儿童言行、环境变化等的敏感性；③主动挖掘家庭及周边资源开展主题活动；④主动发现自己的保教问题并作及时调整；⑤主动梳理经验及困惑；⑥形成良好的学习与研究氛围等。

三、幼儿园课程评价

幼儿园课程评价是指根据一定的标准，在收集、分析资料的基础上对构成幼儿园课程的目标、内容、实施过程和实施效果等做出价值判断的过程。幼儿园课程评价是幼儿园课程建设不断完善、不断走向课程园本化的重要环节，对课程的分析、调整起着不可代替的作用，更有利于儿童和教师的发展。

(一) 幼儿园课程评价的意义

对幼儿园课程的评价是一个全面的过程，一般可以从儿童发展性评价、教师专业发展和幼儿园的自主发展三个方面对课程做一个综合的评价。可根据幼儿园实际，逐步探讨幼儿园保教质量评价的操作方法，积累质量监控与评价的经验。在使用过程中，可将幼儿园课程部分的评价与儿童发展部分的评价有机结合。通过观察、访谈、检查资料、幼儿测试等方式，综合教师、家长的意见，全面了解儿童发展情况，检验幼儿园课程实施的成效，并不断进行改进和完善，逐步形成适合幼儿园的课程质量监控与评价机制。总的来说，幼儿园课程评价的意义在于以下三个方面：

(1) 通过对幼儿园课程评价，促进儿童发展；

(2) 通过对幼儿园课程评价，提升教师专业水平；

(3) 通过对幼儿园课程评价，提高幼儿园教育质量。

(二) 幼儿园课程评价的内容

幼儿园课程评价的内容包括幼儿园课程方案评价、幼儿园课程内容评价、幼儿园课程实施过程评价和幼儿园课程实施效果评价四个部分。

1. 幼儿园课程方案评价

课程方案是指课程开发者为了实现和体现既定的课程意图,对课程目标、内容或结构,以及课程实施与评价等方面,进行总体规划且能付诸实施所做的各种安排。幼儿园课程是完成幼儿园保教目标的主渠道。一份完整的课程方案应该包含幼儿园发展现状、课程理念和办园特色、课程目标、课程结构与设置、课程内容、课程实施建议以及课程评价建议等内容。其中,对大部分幼儿园来说,最难把握的是课程结构与设置,即幼儿园应为儿童提供哪些活动,又如何协调这些活动之间的比例。

幼儿园课程的自主化、多元化是近年来新课程改革的一个方向。要想实现这一目标,有赖于幼儿园将课程改革的核心精神真正落实到课程实施方案中,并在实际操作中贯彻执行。

2. 幼儿园课程内容评价

幼儿园课程实施方案是对幼儿园课程的预设性规划。理想的课程实施方案既应契合课程改革的主流价值观,也应充分展现幼儿园自身的特点。对幼儿园课程内容方面的评价一般从以下三个方面进行:

(1)课程内容方向的明确性;

(2)课程内容组织的科学性;

(3)课程内容结构的合理性。

3. 幼儿园课程实施过程评价

幼儿园课程实施方案是指幼儿园在领会国家和地方课程精神的基础上,充分考虑本园的基础与资源条件,对课程进行整体设计与规划,由此形成的平衡、和谐、适宜的书面课程计划。幼儿园课程实施方案是幼儿园课程实施与管理的基本依据。对幼儿园课程实施的过程进行评价,有助于发现幼儿园课程实施中的问题和漏洞,并随时做出改进。

4. 幼儿园课程实施效果评价

幼儿园课程实施效果评价是指评价者在幼儿园课程完成之后对其所取得的结果的评估。一般从课程对幼儿的价值、对教师发展的价值和幼儿园提升的价值三个方面进行评价。

四、幼儿园环境评价

幼儿园环境评价是指在评价者占有信息资料的基础上,对环境属性做出的价值判断。其目的在于使环境的创设围绕有利于儿童的方向发展。

(一)幼儿园环境评价的意义与要求

1. 幼儿园环境评价的意义

幼儿园环境评价主要有以下几个方面意义和价值:

(1)通过对幼儿园环境信息的收集、整理和分析,对幼儿园环境中所存在的问题进行诊断,为其进一步的改进提供支持,帮助其寻求增值的途径和方法。

(2)通过对当前幼儿园环境的了解,可以评估环境创设对儿童发展的效果。

(3)通过幼儿园环境的评估,指出幼儿园环境创设的方向和原则,从而创设安全、健康、自由、轻松的环境,进一步促进儿童的发展。

2. 幼儿园环境评价的要求

对幼儿园环境进行评价时,评价者应当客观公正,评价指标体系的设计应当合理有效,评价的过程应当科学严谨,对评估的结果应当实事求是。

(二)幼儿园环境评价的主要内容

幼儿园环境评价的主要内容包括物理环境评价和社会环境评价两个部分。

1. 物理环境评价

物理环境通常指幼儿园中的物质环境,包括室内、室外的各种建筑、设施、设备等。幼儿园的建筑、设备和器材都必须符合国家规定的卫生、安全标准和要求。对幼儿园的物理环境进行评价时可以从以下几个方面进行:

(1)室内环境。在设计和布置幼儿园物理环境和空间时,应注意以下几个方面的问题:在幼儿园的房舍内,儿童活动室的配置应使每班儿童都有为本班使用的一组房间,即组成一个班的单元,包括活动室、卧室、盥洗室和厕所、储藏室等。

(2)活动室。活动室的空间组织形态和运用方式应根据活动的需要而发生变化,既可以是开放的,又可以是封闭的。应按活动的喧闹或安静程度,有顺序地安排各种活动区域,避免将喧闹的活动区与安静的活动区混杂在一起,否则会导致活动区之间的相互干扰。在活动室内,应常为儿童设置一些私密空间,即能够提供一个或少数几个儿童活动的隐秘空间,这种空间能在视线上与其他空间分隔开来。活动室内各区域之间的通道必须十分明确,并有足够的宽度,使儿童能随意地从一个活动区流动到另一个活动区,也能根据需要在室内外之间进行流动。活动室内空间和物体的安排应有益于人际沟通。

(3)室外环境。幼儿园室内外的布置和摆设应以简单、和谐为原则,线条宜简洁明了,色调要柔和协调,陈列和摆设的东西不要太多,以免分散儿童的注意力。户外活动场地以矩形或不规则形较为理想。

2. 社会环境评价

幼儿园中的社会环境一般是指幼儿园中的制度环境和精神环境。幼儿园制度环境主要是指那些保证幼儿园得以正常运行的相对稳定的行为规范、价值标准和管理机制等。幼儿园的精神环境主要是指儿童交往、活动所需的物质环境,即儿童生活于其中的幼儿园心理环境,它是一种隐性的环境,也可以理解为一种氛围。幼儿园精神环境由幼儿园的制度、物质环境,幼儿园教师的观念和行为方式,以及与儿童有关的人际关系等因素综合影响而形成。

幼儿园的社会环境虽说是无形的,但会直接影响儿童的情感、交往模式和个性发展,这种影响又是广泛性、持久性、潜移默化性的。因此,对幼儿园的社会环境做出评价也是相对困难的。评价时,评价者可以着重从幼儿园的制度、组织气候和幼儿园中的人际关系尤其是师幼关系等方面进行。

五、幼儿园保育评价

幼儿园保育评价是指评价者对幼儿的生长发育情况以及幼儿园教师开展一日生活中的

保育要点进行评价,其目的是促进幼儿的生长发育、良好习惯的养成,以及提高教师的保教能力。

(一)幼儿园保育评价的要求

(1)在幼儿园教育中,保育和教育一样都很重要,一日生活皆课程,因此应当树立全面的保育观。

(2)幼儿园要认识保育评价的重要性,保育是幼儿园促进儿童身心健康成长的重要保证。

(3)幼儿园保育评价的目的是为了促进幼儿园保育工作的改进。

(二)幼儿园保育评价的内容

幼儿园保育评价的内容包括儿童身体的生长发育评价、儿童心理发展评价、保育制度评价、保育设施评价、健康教育评价和保育人员评价六个方面。

1. 儿童身体的生长发育评价

儿童的身体生长发育状况主要体现在儿童身体生长发育的水平和速度。最重要和常用的评价指标是身高和体重。

儿童身体生长发育的评价方法有发育离差评价法、指数评价法、发育年龄评价法、发育百分位数评价法、相关回归评价法等。

2. 儿童心理发展评价

儿童心理发展的水平主要表现在感知、运动、语言和心理过程等各种能力以及性格方面。常用的儿童心理发展的评价方法是谈话法、观察法、筛选检查法和诊断检查法。

3. 保育制度评价

保育制度评价主要包括以下几个方面:

(1)卫生制度评价。主要包括卫生消毒及隔离制度的评价。环境卫生方面要建立健全室内外环境清扫制度,对玩教具定期消毒清结,对餐桌消毒等。隔离主要是对传染病源的隔离。

(2)健康制度评价。健康制度评价主要是对幼儿园健康检查制度方面的评价,主要有:①入园检查,了解幼儿的疾病史,传染病史,过敏及生活习惯等;②定期体检,3岁以上的幼儿每年体检一次,每半年测身高、体重一次;③晨检和全日健康观察,认真做好"一模二看三问四查"。

(3)体弱儿保育制度评价。体弱儿是幼儿园中有特殊需要的群体,体弱儿童主要包括患有缺铁性贫血、营养不良、发育迟缓、先天性心脏病、哮喘及常见畸形的儿童。幼儿园要建立定期体格检查规范,以便早期发现儿童异常的发育及潜在的危险。

4. 保育设施评价

对保育设施的评价主要是针对保育设施的完善程度和服务质量。

5. 健康教育评价

幼儿园健康教育评价的内容主要有平衡膳食和合理营养,良好的生活规律和习惯,安全教育,预防接种,预防常见病,生长发育监测和心理卫生等。

6.保育人员评价

幼儿园应有专门人员负责膳食计划的制订、营养素的科学搭配和餐点的制备等,有专业的保育员和医务工作者。保育人员应符合《幼儿园工作规程》中规定的任职资格,明确各自的职责。

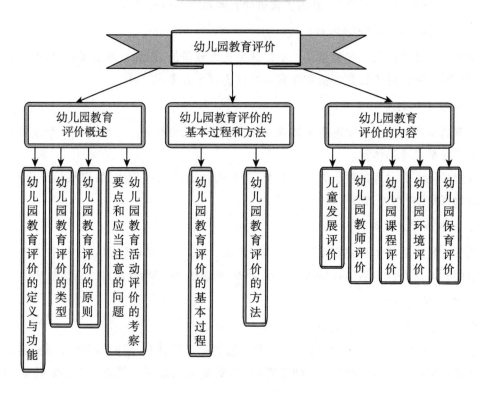

本章知识结构

幼儿园教育评价
- 幼儿园教育评价概述
  - 幼儿园教育评价的定义与功能
  - 幼儿园教育评价的类型
  - 幼儿园教育评价的原则
  - 要点和应当注意的问题
- 幼儿园教育评价的基本过程和方法
  - 幼儿园教育活动评价的考察
  - 幼儿园教育评价的基本过程
  - 幼儿园教育评价的方法
- 幼儿园教育评价的内容
  - 儿童发展评价
  - 幼儿园教师评价
  - 幼儿园课程评价
  - 幼儿园环境评价
  - 幼儿园保育评价

本章小结

(一)本章主要内容

(1)幼儿园评价的定义和评价的范围,以及评价的功能:诊断和改进、鉴定与选拔、导向与调节。

(2)幼儿园教育评价的基本过程:确定评价目的—设计评价方案—收集评价资料—处理评价结果—反馈评价结果。

(3)评价的方法:观察法、访谈法、问卷法、测验法、检核表、档案袋评价法、表现性评价、自我反思法、混合型评价。

(4)幼儿园教育评价的内容:儿童发展评价、幼儿园教师评价、幼儿园课程评价、幼儿园环境评价、幼儿园保育评价。

(二) 本章重点、难点

本章的重点是幼儿园评价的功能,儿童发展评价和幼儿园教师评价,评价的基本程序。难点是运用评价理论分析幼儿园保育教育实践。

(三) 学习时要注意的问题

(1) 熟记关键的概念,理解评价的功能以及基本过程和方法。

(2) 识记评价的内容,并结合实际对其进行理解。

(3) 理论学习与实践操作相结合。幼儿园教育评价的学习不能仅仅停留在了解评价知识层面,还应该把理论知识与实践操作结合起来,能够利用评价手段发现教育活动中出现的问题,提出改进建议。

备考指南

幼儿园教育发展评价是幼儿园教师必须掌握的重要内容之一,是学前儿童发展的重要依据。学习时首先要理解并熟记幼儿园教育评价的基本内涵和基本过程以及各种评价方法的内涵和操作步骤,了解幼儿园教育评价的内容,并能够根据幼儿园教育评价相关的理论知识对幼儿园的保育和教育工作进行评价。学习时要注意结合案例理解相关原理,重点放在评价方法的实际运用上。

自测训练

一、单项选择题

1. "通过评价,可以及时发现现行课程与预定目标之间的差距和问题,明确努力方向,提高教育效果,改善今后的保育、教育活动"。这句话反映的教育评价功能是(   )。

A. 鉴定与选拔　　　　　　　　B. 诊断与改进
C. 动机与聚合　　　　　　　　D. 导向与调节

2. 世界上第一个智力量表是(   )。

A. 斯坦福-比奈量表　　　　　B. 格塞尔婴幼儿发展量表
C. 比奈-西蒙智力量表　　　　D. 韦克斯勒量表

3. 单元、学期、学年结束时的评价,属于(   )。

A. 形成性评价　　　　　　　　B. 定性评价
C. 定量评价　　　　　　　　　D. 总结性评价

4. 幼儿园中教育评价的内容通常是(   )。

A. 学前教育的全部问题　　　　B. 幼儿园内部工作
C. 幼儿发展的某个方面　　　　D. 幼儿园教师的专业发展

5. 为了解大班幼儿游戏活动的心理特点,每周观察2次,每次1小时,连续观察一个月,然后把记录的材料加以整理和分析,此种观察方法属于(   )。

A. 日记描述法　　　　　　　　B. 时间抽样法

C. 事件抽样法 D. 轶事记录法

6. 幼儿园教育评价中最为著名和最为常用的质性评价方法是（　　）。
A. 临床法 B. 苏格拉底式评价
C. 访谈法 D. 档案袋评价

7. 幼儿园以"成长档案记录袋"的形式记录幼儿成长、评价幼儿的现有水平。这种评价体现的幼儿园教育评价原则是（　　）。
A. 全面性 B. 客观性
C. 个别化 D. 情境性

8. 幼儿园教育工作评价应当（　　）。
A. 以行政人员评价为主，专家等参与评价为辅
B. 以园长自评为主，教师等参与评价为辅
C. 以教师自评为主，园长等参与评价为辅
D. 以家长评价为主，幼儿等参与评价为辅

9. 对幼儿发展状况评估的目的是（　　）。
A. 筛选、排队 B. 教师反思性成长
C. 提高保教质量 D. 了解幼儿的发展需要

10. 社会测量法比较适合用于（　　）。
A. 幼儿发展评价 B. 幼儿园教师评价
C. 幼儿园课程评价 D. 幼儿园环境评价

11. 在教育过程中，教师评价幼儿适宜做法是（　　）。
A. 用统一的标准评价幼儿
B. 根据一次测评结果评价幼儿
C. 用标准化工具评价幼儿
D. 根据日常观察所获信息评价幼儿

12. 在"秋天的树"美术活动中，教师不适宜的做法是（　　）。
A. 让幼儿按照教师的范画绘画
B. 组织幼儿观察幼儿园中的树
C. 提供各种树的照片组织幼儿讨论
D. 引导幼儿观察有关树的名画

二、简答题

1. 简述幼儿园教育评价的基本过程。
2. 简述幼儿园教育评价的原则。
3. 简述幼儿园教师的教育工作评价的考察要点。

三、论述题

结合实例论述"评价是为了发展"的含义。

四、材料分析题

阅读材料,回答问题。

材料:

一个5岁的小女孩抱着自己的洋娃娃,自言自语地说:"还是你们好啊,不用去学跳舞、画画、弹琴,也不用去学……"在一个大班进行的关于"是做人好还是做动物好"的讨论中,有的小朋友说:"我认为动物更快乐,因为它们想到哪去就到哪去,可以无忧无虑地生活。"有的小朋友说:"我觉得动物好,动物想睡觉就睡觉,想玩就玩,人就不能,因为小朋友要上课。"

问题:

试从幼儿园教育评价的相关知识对小朋友的呼声进行评价。

参 考 文 献

1. 朱宗顺.学前教育概论[M].北京:高等教育出版社,2015.
2. 黄人颂.学前教育学[M].北京:人民教育出版社,2015.
3. 姚伟.学前教育学[M].长春:东北师范大学出版社,2012.
4. 左志红.幼儿园班级管理[M].上海:华东师范大学出版社,2015
5. 王萍.学前儿童保育学[M].北京:清华大学出版社,2015.
6. 秦金亮等.幼儿教师学做研究——学前教育研究方法新视野[M].北京:新时代出版社,2008.
7. 唐淑.学前教育史[M].北京:人民教育出版社,2019.
8. 秦金亮.早期儿童发展导论[M].北京:北京师范大学出版社,2014.
9. 王俏华.学前儿童发展[M].北京:北京大学出版社,2018.
10. 董吉贺.学前教育学[M].北京:北京大学出版社,2018.